高难度谈话 II

感恩反馈

有效接受反馈的科学和艺术

[美]道格拉斯·斯通 希拉·汉 / 著

王甜甜 / 译

光明日报出版社

图书在版编目（CIP）数据

高难度谈话 . II /（美）道格拉斯·斯通，（美）希拉·汉著；
王甜甜译 . -- 北京：光明日报出版社，2017.5（2018.6 重印）
书名原文：THANKS FOR THE FEEDBACK
ISBN 978-7-5194-2749-8

Ⅰ . ①高… Ⅱ . ①道… ②希… ③王… Ⅲ . ①口才学
—通俗读物 Ⅳ . ① H019-49

中国版本图书馆 CIP 数据核字 (2017) 第 064710 号
版权登记号：01-2017-3624

高难度谈话 II
GAONANDU TANHUA II

著　　者：[美] 道格拉斯·斯通　希拉·汉		译　　者：王甜甜	

策　　划：双螺旋文化

责任编辑：许　怡　　　　　　　　　　　　责任校对：傅泉泽
装帧设计：蒋宏工作室　　　　　　　　　　责任印制：曹　净
特约编辑：唐　浒　申　海　杨中秋　　　　特约技术编辑：张雅琴　黄鲁西

出版发行：光明日报出版社
地　　址：北京市西城区永安路１０６号，100050
电　　话：010-67078248（咨询），63131930（邮购）
　　　　　010-63497501，63370061（团购）
传　　真：010-67078227，67078255
网　　址：http://book.gmw.cn
邮　　箱：gmcbs@gmw.cn
法律顾问：北京德恒律师事务所龚柳方律师

印　　刷：北京兰星球彩色印刷有限公司
装　　订：北京兰星球彩色印刷有限公司
本书如有破损、缺页、装订错误，请与本社联系调换，电话：67019571

开　　本：170×240
字　　数：310 千字　　　　　　　　　　　印　　张：20
版　　次：2017 年 9 月第 1 版　　　　　　印　　次：2018 年 6 月第 4 次印刷
书　　号：ISBN 978-7-5194-2749-8

定　　价：45.00 元

对《高难度谈话》系列的推荐

《高难度谈话》这本充满真知灼见的书是协助改善我们在哈佛处理冲突状况时的方式总结。我向学生、家长、教授、行政人员及各界团体领导人士都推荐这本书。

——哈佛大学教务长阿尔奇·埃普斯

《高难度谈话》这本书告诉我们，该如何有效地和身边形形色色的人进行沟通。

——中央电视台《读书》

《高难度谈话Ⅱ》聚焦生活中最艰难但也是最重要的一部分：接受反馈，我们的生活很可能会因为这本书而改变。它就像一张公路地图，指引我们慢慢卸下防御，找回更多自我，从而收获一段段更加丰富多彩的人际关系。

——沃顿商学院教授亚当·格兰特

喜爱《高难度谈话Ⅱ》这本书的人并不仅仅是学习和人力资源从业者。对任何一个会收到绩效评估的人，以及任何一个力争自我完善的人而言，这都是一本必读之书。

——时代华纳执行董事B·艾伦·埃奇恩坎普

献给世界上最好的父母
安妮·斯通和唐·斯通。
你们教会了我什么重要。

——道格拉斯·斯通

献给约翰、本杰明、彼得和阿德莱德，
谢谢你们接受并不完美的我，
（有时候）甚至是因为我的缺点而接受我。

——希拉·汉

目 录
contents

认知原因

谈话中的反馈

前言
从施压到引导

在你告诉我怎样才能做得更好之前，在你开展你的宏图大业，打算改造我、修理我、完善我之前，在你教导我如何才能重拾自我，挥别不堪的过去，走向成功且耀眼的人生之前——请你先了解一件事：你要说的我全都已经听过了。

我早已被划级分类，也被人评估过、教育过、筛查过，甚至责备过。我曾经是首选，也当过最后的选择，还有过落选的经历。幼儿园不就是这样吗？

我们在反馈的海洋中游泳。

仅美国，每个学龄儿童每年都要应对多达 300 份的作业、文章和测试。数百万孩子在参加社团选拔或校内戏剧试镜时都必须接受评估。无论结果好坏，近 200 万青少年都将接到 SAT 成绩，并面对大学录取结果。至少4000 万人会为了爱在线对另一个人做出评估，其中 71% 的人相信自己能够在第一眼就对爱做出判断。而且由于了解了彼此……将会有 25 万场婚礼被临时取消，还有 877,000 对夫妻申请离婚。①

工作中，等待你的反馈意见更多。1200 万人将会失业，还有更多人担忧自己可能就是下一个失业者。每年有超过 50 万家公司开张营业，同时也有近 60 万家公司关门大吉。成千上万的其他商家一方面举步维艰，一方面也正围绕"自己为何会经营得如此艰难"这一话题在董事会和办公室内争论不休。各种反馈漫天飞舞。②

我们之前提到过绩效考核吗？评估数据显示，50% 至 90% 的雇员今年将会接受绩效考核，其结果将直接影响其升职、加薪以及奖金——通常，我们的自尊也会受其影响。在全球范围内，每年花在评估及其准备工作上的时间高达 8.25 亿小时——累计 9.4 万年。评估后,我们都会觉得自己老了 1000 岁,可是我们因此变得更聪明了吗?③

玛吉收到了一条"符合预期"的反馈,在她看来,这听上去就像是在问:"不会吧,你还在这儿工作?"

你所教的二年级的艺术作业,"妈咪大叫",是学校开放参观会上的热门话题。

多年来,你的配偶一直对你同一个性格缺点抱怨不休。你从没把这当成配偶"正在向你提出意见",而是觉得你的配偶"真烦人"。

罗德里格认真地看着他那份 360 度全方位反馈报告,反复地看。他无法从中找出头绪,可是有一件事发生了改变:现在的他觉得自己在同事面前很尴尬,360 度全方位的尴尬。

《高难度谈话 II:感恩反馈》谈论的正是接受反馈的人面临的巨大的挑战,无论反馈好坏、对错与否,也无论它是草率的、充满关心的,还是冷酷无情的。这本书不是赞美进步的颂歌,也不会鼓励你带着缺点去交朋友。书中有鼓励,但我们的主要目的是诚实地思考为何接受反馈如此艰难,并提供一个思考框架和一些实用的方法,从而帮助你改造那些充满挑战甚至让人抓狂的信息,最终用它们来丰富自己的视角并且促进自己的成长。

……

1999 年,我们与朋友兼同事布鲁斯·佩顿一起完成了《高难度谈话》。在那之后,我们一方面继续在哈佛法学院授课,另一方面继续与来自各个大洲、各种文化及各行业的客户并肩工作,并因此获得了与各种人接触的宝贵机会:管理执行者、实业家、石油钻井平台操作者、医生、护士、教师、科学家、工程师、宗教领袖、警察、电影人、律师、记者以及抢险救灾工作者。我们甚至还与舞蹈教练和宇航员一起工作过。

工作中,我们一早就发现:当我们要人们列出最令他们为难的对话类型时,反馈型谈话总是名列前茅。这与他们的身份、所处环境、从事的职业以及他们找到我们的原因完全无关。他们描述了坦诚给出反馈的困难程度,哪怕他们明知对方迫切需要他们的反馈。他们提出,许多绩效问题多年来一直没能得到妥善解决，并且告诉我们当他们终于就此给出反馈时，其结果往往令人失望。他们的同事很不高兴，为自己辩解，其工作积极性最终因此降低，而不是提高。给出反馈首先需要极大的勇气和诸多精力，而最终的结果又是如此令人沮丧——说到底，究竟是谁才真正需要反馈？

最终，工作组中有人开始注意到接受反馈其实并不比给出反馈容易。反馈内容不公，又或是错得离谱。提出反馈的时机不对，加之表达方式不合适。此外，接受者还很纳闷：到底是什么让对方觉得自己有资格发表意见？你们也许是上司，可是你们并不真正了解我们的工作，或是我们所承受的压力。我们会因此感到不受重视，失去工作动力，有时甚至会有一点点愤愤不平。到底谁需要反馈？

很有趣，不是吗？当我们给出反馈时，我们注意到对方并不善于接受反馈。当接受反馈时，我们则发觉给出反馈的人其实并不擅长提出反馈。

于是，我们思考：到底是什么让反馈成为一个令提出者和接受者都头疼的难题？我们开始仔细倾听人们讲述自己遭遇的种种困境、挣扎和成功，并亲身体验过相同的挣扎。就在我们设计各种方法接近反馈的过程中，我们很快就意识到关键在于接受方，而非提出方。随后，我们就看到这一发现不仅扭转了我们处理绩效考核结果的方式，还改变了我们在职业角色及个人生活中学习、领导及表现的方式方法。

反馈是什么？

反馈包括你得到的任何关于你的信息。从最广义来讲，反馈就是我们如何从自身经历和他人那里——即从生活中——了解自我。它可以是你的年度绩效考核报告、公司风气调查，也可以是当地评论家对你的餐馆的评论。此外，反馈也包括你儿子在人群中瞥见你后的双眼发光，以及你朋友认为你看不到她后就立刻偷偷脱掉你为她织的外套。它是你与老顾客之间不断续约的服务合同，也是路边的警察对你的训导话语。它是你通过膝盖感受到的正在不断衰减的活力，也是你从 15 岁时便体验到的爱憎难分的复杂情感。

因此，反馈并不仅仅是排名评比，它还包括那些收到的感谢和评价，以及你同意或拒绝的邀请。反馈可以是正式的，也可以是非正式的；可以是直接的，也可以是含蓄的；它可以很坦率，也可以拐弯抹角；反馈有时显而易见，有时又很隐晦，以至于你根本不确定对方的反馈是什么。

譬如你的配偶不久前对你的那句评论："我不喜欢看你穿这条裤子。"**你这话是什么意思，你不喜欢看我穿这条裤子**？究竟是这条裤子的问题，还是你想用这种消极的攻击方式指责我又长胖了？你是在对我过去的生活方式表示不满，还是指责我已经成年却依旧不会给自己穿衣打扮？你是想帮我，让我在宴会上看上去好看点，还是你想以这种方式提出离婚？（**你说我反应过激又是什么意思**？）

反馈简史

反馈（feed-back）一词形成于19世纪60年代工业革命时期，最初是指机械系统中能量、动力或信号输出后返回原点的方式。[④] 到了1909年，诺贝尔奖获得者卡尔·布劳恩用这个词语来描述电路中两个电子元件之间的耦合和回路。十年后，新的合成词"feedback"被用来形容扩音系统中的循环声音回路——在高中礼堂和吉米·亨德里克斯的唱片里，我们都曾听到过那种刺耳的尖叫声。

二战过后，该词语开始被用于描述人和绩效管理之间的关系。向你（也就是雇员）提供纠正的信息。没错！这里加强一点，那里需要减少些，然后你就像苏斯博士的奇妙设计一样，呈现出最佳的明星表现。

在今天的办公室里，反馈在开发智力、改善士气、联合团队、解决问题和提高标准中扮演了关键角色。然而，在最近的一项调查中，55%的被调查者说他们的绩效考核不公正或不准确，四分之一的雇员对绩效考核的恐惧甚于他们职业生涯中的其他任何事情。[⑤]

来自管理者层面的消息也不那么鼓舞人心：只有28%的人力资源从业者相信他们的管理者关心的不仅止于填表格。接受调查的63%的执行主管说，他们在有效的绩效管理中遇到的最大挑战就是他们的管理者缺乏开展对话来探讨高难度反馈的勇气和能力。⑥

工作中有环节出了问题。于是，各组织机构每年花费数十亿美元培训监管人、管理者和领导者，教导他们如何更有效地提出反馈。当反馈遭遇阻力或直接被拒绝时，人们通常都会鼓励提出反馈的人坚持到底。培训教会了他们推行得更铁腕。

我想我们本末倒置了。

引导好过施压

训练管理者如何提出反馈——如何更有效地推动反馈进程——会有所帮助。可是，假如接受者不愿意或不能接纳反馈，就目前来说就只有靠坚持不懈或更有技巧地传递反馈信息才能使反馈奏效。这与提出反馈的人拥有多少权威或权力无关，接受者掌握着他们自己是否采纳这些信息，如何让建议生效，并最终是否自我改变。

加大施压力度并不能够打开真心聆听的大门。我们关注的焦点不应该是教导反馈者如何提出反馈。焦点——无论是工作还是家中——应该放在接受者身上，这将会帮助我们大大提高学习的技巧。

学会引导才是真正的杠杆。

学会引导就是掌握自我学习的技巧。这包括如何识别和管理我们的抗拒心理，如何带着信心和好奇心投入到交流对话中，哪怕建议似乎有误，它也可能帮助我们成长。此外，学习"引导"，还包括如何坚持自我，坚持我们的世界观以及如何提出我们的需求。总而言之，引导就是关于如何在交流中学习——是的，哪怕它大错特错，充满不公，传递不当以及你本人并不在状态。

我们很喜欢"引导"（pull）这个词语，因为它强调了一个常常被忽视的事实：你自我成长中的关键变量不是你的老师，也不是你的管理者，而是你自己！希望能够获得某位导师或教练的指导（并珍惜你遇到的那些人）是好的。可是，在这些指导到来前不要放弃任何学习机会。那些超乎寻常的老师和导师都是稀缺资源。我们在生活中遇到的大都是普通人——他们已经全力以赴，可也许他们自身能力有限，忙得抽不出时间给我们，或者他们本身就不容易相处，或者他们就是不善于提出建议或指导他人。我们学习的内容大多来源于这些人，所以如果我们真的想认真对待成长和自我完善，我们就别无选择，只有擅长向所有人学习。

学习和被接受的矛盾

这看起来似乎应该并不难。毕竟，人类生来就渴望学习。从婴儿时期开始，学习的动力就已经显而易见，到了幼儿时期，这一渴望更是恣意奔放。即便是作为成年人，我们也会记忆棒球赛事，会在退休后旅行，还会让自己沉入瑜伽当中，因为自我发现和进步总是会让人满足。关于幸福的研究也的确表明，持续的学习和成长是生活中满足感的核心要素。

也许，我们生来就渴望学习，然而认识自我是一种完全不同的学习。认识自我很痛苦——有时候还很残酷——而反馈者在传递时常常带有一种不自知性，浑然不觉中就给出反馈。与其说是一种"学习天赋"，"认识自我"倒更像是做肠镜。

汤姆因为"组织技巧"被老板狠狠训斥了一顿。在开车回家的路上，汤姆默默列出了老板工作不到位之处。他将车停在路边后，草草记下这些内容，让它们看上去有条理。

人力资源部负责人莫尼夏希望公司氛围调查那冷冰冰的结果能够触动高层领导者，就需要的改变展开公正的讨论。然而，她随后就收到了来自首席财务官的一封简短邮件，邮件完全忽略了最后的调查结果，反而清楚列出了调查里的方法错误，并对莫尼夏开展这次调查的动机提出了质疑。

肯德拉的小姑子无意中提到，她的家人认为肯德拉对孩子保护过度。虽然已经记不清她确切的话语，但是当肯德拉在为大家庭的周日聚餐整理餐桌的时候，那些话就像磁带一样，一遍又一遍地在她脑海里循环播放。

难怪当我们听到糟糕的反馈意见时，所有人都会忍不住想扭头就跑。
然而，我们也知道不能就这么大大咧咧地顺着生活的道路一路跑下去，完全不理会他人真心说的话，把自己封闭在安全的情感保护区内。早在我们年幼时就已经听说过类似的话。提意见是为了你好——就像锻炼和西兰花——它会让你更强壮，帮助你成长。难道不是吗？

是的，这是事实。我们的生活经历也证实了这一点。我们都有过这样一位教练或家人，他培养我们的才能，当没人相信我们的时候，他坚定地站在我们这边。我们也都有这样一位朋友，是他向我们坦承事实，帮助我们克服原本无法克服的障碍。我们看到自己的信心在增强，能力在提高，人际关系越来越密切，原本坚硬的棱角也渐渐变得圆滑柔软。事实上，回望过去，我们不得不承认，即便是不堪回首的前任或专横傲慢的上司，在认识自我这件事上，他们教给我们的丝毫不比那些始终支持我们的人少。尽管过程并不易，但现在我们更加了解自己，也更喜欢自己了。

所以，又回到问题原点。反馈既像一种本能，也像做肠镜，这种可能性存在吗？我们究竟是应该停下来接受它，还是应该扭头就跑？如此痛苦的学习真的值得吗？

我们很矛盾。

让我们感到矛盾的一个原因就是，除了渴望学习和改进，我们还有另一个基本渴望：渴望以现下的状态被爱，被接受，被尊重。而反馈意见的出现表明我们现在的状态并不太好。所以我们愤怒了：为什么你不能接受眼前的我，不能接受我现在的行为方式？为什么总是要我做更多的调整，不断升级？要你理解我就这么困难吗？嘿，老板！嘿，队友们！嘿，老婆！嘿，老爸！这就是我。

接受反馈和建议恰恰位于这两大需求的交汇处——我们渴望学习和我们渴望被接受。这两大需求深深植根于我们的内心，二者间的矛盾不会消失。不过，我们可以做点什么来控制这一矛盾——减少面对意见时的焦虑，学会在恐惧中学习。我们认为，妥善处理意见的能力并非与生俱来，这是一种可以通过训练获得的技巧。接受反馈令人担忧，但我们可以学习。无论现在的你回应反馈的方式得当与否，你都能做得更好。这本书将会告诉你如何做到这一点。

回应反馈的益处

回应反馈并不意味着你总得不得不接受反馈。回应意味着有技巧地展开对话,深思熟虑后再决定是否接受反馈信息以及如何利用。这包括管理你的情感,从而使你能够容纳他人的意见,并以开放的姿态从新的角度来看待自己。正如我们将会在第十章中谈到的,有时候它还包括划清界限和拒绝。

回应反馈的好处显而易见:我们的人际关系更融洽,我们的自尊更稳固,当然,我们还能从中学习——我们做得更好了,自我感觉也很好。此外,对我们中的某些人而言,最重要的就是当我们慢慢学会平静听取意见后,即使遇到最尖刻的意见,我们也不会再像当初那样惊慌不已。

工作中,听取建议并不是忍耐,而是积极寻找原因,这将会对工作产生巨大影响。与寻求建议的行为——研究文献中的叫法——相对应的是更高层次的工作满足感,更大的工作创造力,更强的角色适应性以及更小的失误率。寻求反馈意见直接与更高的绩效考核分数相挂钩。[⑦]

也许,这并不让人惊讶。无论是工作中还是生活中,愿意审视自我的人都更容易相处。和脚踏实地、心胸开阔的人在一起总是能给人以激励。当你以开放的姿态面对意见时,你工作关系中的信任度和幽默感都会随之提升,与你合作的产出会更高,解决问题也更容易。

在私人关系中,处理来自朋友和爱人的抱怨、要求和指导的能力也很关键。即使是最和谐的关系也会有让双方感到难过的时候;我们会在无意中伤害彼此;有时候,我们还会故意伤害对方。我们审视情感的能力——我们的感觉,我们为何会伤心,是什么激怒了我们——决定了这些关系是否能长期保持稳定和幸福的状态。婚姻专家约翰·戈特曼发现,一个人接受配偶的影响和情感的意愿和能力是预测其婚姻关系是否和谐、稳定的关键因素。[⑧]

相反,和一个用戒备心和争辩将建议及意见拒之门外的人共事或生活会让人感到筋疲力竭。我们如履薄冰,时刻生活在对无谓的冲突的担忧之中。开诚布公的讨论消失了,反馈建议渐渐失声,接受者也因此被剥夺了了解问题并修复它的机会。涉及的问题——哪怕是最简单的问题——会难以解决,重要的想法和情感也无从表达。问题开始发酵恶化,关系因此陷入胶着。拒绝反馈最终导向孤立。

这样的结果不仅令人沮丧,还带有毁灭性,尤其是在今天。专栏作家托马斯·弗里德曼注意到:"我们进入到一个褒赏个人抱负和毅力的世界,它会精确地衡量谁做出了贡献,谁没有,而且这一趋势愈演愈烈。如果你能自我激励,这个世界将会为你改变。所有的界限都消失了。可是,如果你不能,这个世界就会变成一个挑战。因为原本保护人们的那些墙壁、天花板和地板都随之消失。"⑨

奖励是丰厚的,赌注也已高得无以复加。

这表明这样做不仅仅与我们有关,它还涉及我们的孩子。当我们在孩子面前谈论一份不公正的绩效考核报告时,我们的行为及语言已经教会了孩子如何回应一个可能葬送他们踢球机会的电话,哪怕我们自己并没有意识到这一点。面对棘手的挑战,我们的孩子将会照搬父母的回应方式。恶毒的中伤会侵蚀他们的自我形象吗?孩子会留意我们面对挫折的方式,然后上行下效。在自我修复力这方面,再多的促膝长谈和循循善诱都不及一次切实的言传身教。

在工作中,这种榜样影响至关重要。如果你寻求指导,直接向你报告的下属也将寻求指导。如果你愿意为自己的错误负责,你的同僚们也会受到鼓舞,坦率地承认不足。如果你愿意将同事的建议付诸实践,他们也会以更开放的态度面对你的建议。随着你在公司里职位的提升,这一模版效应也会变得愈加重要。在公司里,对企业文化影响最大的莫过于执行管理团队接受反馈的技巧。当然,伴随着你职位的提升,你收到的坦率的指导建议会越来越少,所以你必须更努力地去寻求建议。不过,你的这一做法也为公司文化定下了基调,终将创造企业的学习文化、解决问题和提高效率。

寻找小马驹

有一个老笑话,讲的是一个年轻快乐的乐观主义者的父母一直试图教会儿子用更现实的眼光来看这个世界。最后,他们决定给他一大堆马粪作为他的生日礼物。

"你收到了什么礼物？"他奶奶问道，臭味让她皱了皱鼻子。

"我不知道，"这个男孩一边兴奋地掏马粪，一边高兴地大声回答，"不过，我想这里面的某个地方一定藏着一匹小马驹！"

接受反馈也是如此。它并不总是令人愉悦，可是不知道在什么地方，你可能就会找到一匹小马驹。

反馈带来的挑战

第一章

反馈不畅的三大原因

让我们先从好消息开始。并非所有的反馈都会让人倍感煎熬。虽然你很吃惊,但你儿子的老师竟然对他的社交技巧称赞有加。在处理其订单时,你的客户提出一个聪明的建议,大大加速了处理进程。你想剪个刘海,而你的发型师有更好的想法。事实上,他的建议的确更适合你。我们常常会获得这样的建议。有的对你有帮助,有的没有,但不管怎样,它们不会给我们造成任何困扰。

尽管赞扬有时候也会让我们不自在,但大多数人处理这类正面反馈时表现都还尽如人意。也许,我们并不确定这些反馈是否衷心,又或者我们害怕对方言过其实。然而,完成一笔交易,或是知道你倾慕的人也喜欢你,又或是得到了梦寐以求的指点,让自己的技巧更上一层楼,这些都能让我们心潮澎湃。我们做到了,有效果,有人喜欢我们。

接下来,就是棘手的那一部分了——那些困扰我们,让我们感到愤怒、慌张,或是具有毁灭性的反馈。你在攻击我的孩子、我的职业、我的性格?你要把我赶出团队?你真的是这么看我的?

这类反馈会引起我们的一些反应:心跳加速,肠胃痉挛,思维高速运转并发散。我们通常会把这股暗涌的情感当成"绊脚石"——一种亟待扫除的心烦意乱,一个需要克服的障碍。毕竟,当境况不利于自己,情势一触即发的时候,整个世界看起来都灰暗了不少,而我们常用的沟通技巧也往往会在这时开小差。我们无法思考,无法学习,所以我们只能立起防御工事,展开反击,或是在溃不成军中狼狈撤退。

然而,对这些反应置若罔闻或假装它们不存在并不能解决问题。在尚未识别其成因前试图忽略它们,这种做法就像是想通过拆除烟雾报警器来解决火灾问题一样,只会徒劳无功。

因此,原因是障碍,可是它们又不仅仅是障碍。原因同时也是一种能帮助我们定位问题根源的信息——一种地图。找出原因,并理顺引发原因的根源,恰恰就是我们管理自身反应并运用技巧开展反馈型对话的关键。

现在,让我们近距离仔细看看这幅地图。

三种原因

因为提出意见的人太多,我们的缺点又似乎多得不胜枚举,所以我们自然会认为自己受反馈意见影响做出反应的方式多得难以想象。不过,有个好消息要告诉你们。

只有三种原因。

我们将它们称之为"事实原因"、"关系原因"和"认知原因"。引起每种原因的导火索各不相同,而每种原因都会让我们产生一套不同的反应和行为。

事实原因由反馈本身而引发——它莫名其妙,毫无帮助,又或者它就不是事实。作为回应,我们感到愤愤不平,觉得受了委屈,以至于恼羞成怒。当米利亚姆的丈夫说她在他外甥的受戒礼上表现得"不够友好且冷漠"时,米利亚姆就亲身体会到了事实原因的作用力。"不够友好?难道我应该站到桌子上跳踢踏舞吗?"这样的反馈意见简直是无稽之谈。它根本就是错误的。

关系原因由那个向我们提出反馈的特定的人引发。所有的反馈都因为其提出者和接收者之间的关系被涂上了不一样的色彩,我们会根据我们对提出者的观点(他们在这个话题上毫无可信度!)或是依据提出者对待我们的方式和态度(毕竟我是为了你,你怎么能这样批评我?)做出反应。我们关注的焦点从反馈本身转移到了反馈提出者的资质上(他们究竟是怀有恶意,还是仅仅因为愚蠢?)

与之相对的是**认知原因**，它关注的焦点既不在反馈本身的内容，也不在提出反馈的人。认知原因只与我们自己有关。无论反馈对错与否，也无论它是明智的，还是无知的，总之它的一些内容导致我们的认知——我们对自己的认识——处于一种悬而未决的状态。我们感到不知所措，感到自己受到了威胁，觉得很惭愧或内心失去平衡。突然之间，我们不确定该如何看待自己，并开始质疑自己的立场。当我们处于这一状态时，过去看起来一片黑暗，未来也是一片惨淡。这就是认知原因在发生作用，一旦它被触发，我们便不会再就自己的优缺点展开理智而细致的讨论。我们只想生存下去。

以上这些反应错了吗？如果反馈真的偏离目标，或者提出建议的人被证明是不值得信赖的，又或是我们真的感到受到威胁，失去平衡，难道这些反应真的是不理智的吗？

是的。

被上述原因触发的反应并非障碍，因为它们是不理智的。引发原因的事物才是障碍，因为它们阻止我们有技巧地展开对话。宽容的态度就是一个分类和过滤的过程，一个了解其他人如何看待问题的过程，一个将那些最初看似糟糕的方法逐一尝试的过程——一个实验的过程。同时，这也是一个将反馈中那些错误的或你现在不需要的内容束之高阁或抛弃的过程。

其间，接受者并不是唯一的学习者。在高效率的对话中，提出建议者最终可能会明白为何他们的建议没有帮助，为何他们的评估不公正，对话双方可能会在开诚布公的前提下理解双方间的关系。他们都看到了自己对彼此做出的反应，一条光明大道出现在双方面前，其效率比之前双方想象的都更高。

不过，如果从原因内部着手，要想实现这些几乎不可能。所以我们才会犯错，将那些具有潜在价值的宝贵建议搁置或干脆销毁，反而将那些最应该放弃的建议留为己用。

原因何以出现以及什么能帮助我们

让我们走近这三个原因，看看我们怎样才能更有效地应对它们。

1. 事实原因：反馈错了，不公，没有帮助

不接受反馈的原因有很多，最常见的一个就是：它错了。建议很糟糕，评估不公正，某人对我们的看法过于陈旧或片面。我们拒绝、抗拒或直接针锋相对，这一切有时候会以对话展开，但通常都只发生在我们的脑海里。

然而，只有恰当理解了反馈，我们才能公平地对它作出评价，明白这一点看似不难，但其实很难。以下就是原因以及能够帮助我们的方法或要素。

区分赞赏、指导和评估

理解反馈的第一大挑战就是我们不知道它到底是不是反馈，这的确令人惊讶。如果它是，我们也不确定它属于哪一类，或者我们不知道它究竟怎么能够帮助我们。是的，我们是在寻求反馈；然而你们刚刚提出的根本就不是我们想要的。

问题一部分在于词语"反馈"的意义众多且各不一样。轻拍后背是反馈，痛斥一顿也是。有帮助的指点是建议，不着边际的乱说也是。这不仅仅是正面与负面的区别；它们是完全不同类型的反馈，其目的也完全不一样。

衡量反馈好坏的首要任务就是弄清楚我们面对的反馈的类型。广义上来说，大致有三种形式的反馈：赞赏（感谢）、指导（这个方法更好）以及评估（这就是你的立场）。通常来说，接受者想要的或听到的是一种建议，而反馈者真正提出的却是另一种。你终于向一位艺术家朋友展示了你创作的自画像。在你自我提高的这一阶段，你需要的是一点点鼓励，譬如说"嘿，不错啊。坚持练习。"结果你得到的是一张清单，上面写着 12 条你需要改进之处。

你再听听这个故事。你向你的一位艺术家朋友展示了你的作品，因为你希望能得到一张写有 12 项你需要改进之处的清单，结果你得到的是一句："嘿，不错啊。坚持练习。"这又怎么能帮助你进步呢？

知道你想要什么，以及你能得到什么。二者相匹配很重要。

首先要理解

听起来似乎显而易见,做起来似乎也很容易:在你想清楚该如何处理这一反馈之前,首先请确定你理解它。和我们一样,你可能认为自己已经做到了。你聆听反馈,然后接受它或拒绝它。可是,在接受反馈中,"理解"他人的意思——他们看到了什么,担心什么,推荐的是什么——并不那么容易。事实上,这相当困难。

让我们来看看基普和南希的故事。他们就职于一间猎头公司,专门为受欢迎的海外职位招聘人才。南希告诉基普,他似乎对那些具有非专业背景的候选人有偏见。南希说他的偏见"渗透"整个面试。

刚开始,基普直接忽略了这个意见。他的偏见没有"渗透",因为他根本就没有偏见。事实上,尽管南希没有意识到,基普自己就有非专业背景,如果非要说有何偏见的话,他也只担心自己会倾向于偏爱那些能够掌控主动权,主宰自己人生轨迹的候选人。

就基普而言,这个反馈根本就是错误的。我们是不是该建议基普不管怎样都应该把它当成是正确的接受它?不,我们的观点是,基普还不知道这个意见的真正意义。他第一步要做的就是努力理解南希看到了哪些事实引起了她的担忧。

终于,基普要南希解释她的意见。南希说:"当你遇到非专业候选人,你不会谈论工作。你和他们闲聊,侃大山或是干脆东拉西扯。你根本没有认真对待他们。"

基普开始明白了,并对南希的解释作出了回应:"就我而言,我对待他们都非常认真。我会聆听他们的坚持和智谋——海外职位具有界限不清、条件恶劣的特性,这恰恰是这些职位所需的关键技能。我这样做比问一些假设性的挑战更有意义。"

按照"首先要理解"的指导方针,基普了解了南希观点的来源,南希也知道了基普的基本立场。这是一个好的开端,不过正如我们将看到的,他们的交流还有一段很长的路要走。

找到你的盲点

盲点的存在使我们想要理解反馈变得更难。当然,你没有盲点,可是你觉得你的同事、家人和朋友都有。这就是盲点的本质。我们不仅看不到自己的某些特质,我们还看不见自己有盲点。然而,令人尴尬的是,在别人眼中,我们的盲点还是那么显而易见。

在反馈对话中,这正是导致困惑的关键原因。有时候,那些我们认为有偏差的反馈是真的错了,而有时候这些反馈不过是戳中了我们的盲点。

让我们再回到基普和南希的故事中。南希看到一些很重要的事情,但基普没有:那就是基普本人。当基普主持面试时,她看着他,听他提问。她注意到当面试对象是非专业背景候选人时,基普往往显得更加活跃。他说话的声音更大,插话的频率更高,给对方的接话空间更小——有时候几乎不给他们任何空间。

这些观察结果令基普异常吃惊,以至于他很难相信这是真的。他只是没有意识到自己这样做了。此外,让他沮丧的是:如果南希说的是对的,哪怕他的初衷是好的,可事实是他兴致勃勃的聊天可能会将候选人置于不利境地。他对这些非专业背景候选人的那一点点偏爱反而成为他们获得这个职位的绊脚石。

于是,基普和南希都从他们的对话中了解到了某些信息。南希大度地理解了基普的意图,基普也开始对自己的行为会给候选人造成的影响有了进一步了解。对话还没结束,但是他们都站到了更有利于清理头绪的位置上。

应对事实原因不是假装了解,也不是当你认为它是错的时候嘴上却说它是对的。应对事实原因就是认识到它通常比表象复杂,并努力迈出第一步去理解。哪怕你认为反馈的 90% 都偏题,那剩下的 10% 也许就是能让你进步的金玉良言。

2. 关系原因:我无法听取来自你的反馈

我们对反馈的理解不可避免地会受到反馈提出者的影响(有时是受其感染)。与提出者有关的信息——他们(缺乏)的可信度、是否值得信赖,或(可疑的)动机——都能成为原因。那个人对待我们的方式或态度也同样会成为原因。他们喜欢我们吗？他们传递反馈的方式是否礼貌（用电子邮件？你是在开玩笑吗？）。问题明明在他们身上，他们居然指责我们？我们长达 20 年的人生阅历能够激化我们的自身反应。有趣的是，当一段关系亮起红灯时，哪怕这段关系只维持了短短 20 秒，它也足以构成关系原因。

不要转换主题：将人和事分开来看

关系原因会带来伤害、怀疑，有时甚至是愤怒。摆脱它的方法就是将反馈从人际关系中解脱出来，然后将人和事分开来探讨。

在实际生活中，我们几乎从来不会这样做。与之相反，作为接受者，我们会重视关系，不管最初的反馈。从提出者的角度来看，我们已经完全转变了话题——从他们对我们的反馈（"是否及时"）转到了我们对他们的反馈（"不要这样和我说话"）。"谁"的话题打败了"什么"的话题，最初的建议被驳回。我们将其称之为转换主题。

让我们回过头来看看受戒礼上的米利亚姆。除了体验到了事实原因，米利亚姆还同时承受了来自关系原因的挑战。当她的丈夫山姆指责她表现冷漠的时候，她感到自己不被赞赏，觉得很受伤。于是她选择转换主题："你知道我为了参加那个受戒礼付出了什么吗？我更改了妈妈透析的时间，还特意给玛蒂尔达洗漱打扮一番，从而让她能漂漂亮亮地参加你外甥的受戒礼，而你自己甚至连你外甥的名字都记不住。"

米利亚姆提出的是她应该得到赞赏的原因以及她做的各种杂务，可是她的这番话有效地将话题从山姆关于她表现不友好的反馈转移到了她的自身情感——山姆对她的付出缺乏赞赏。如果山姆不满意米利亚姆对待其家人的态度，并因此感到烦恼，他们本该就此展开一段重要的对话——正如他们应该就米利亚姆受到忽略的情感开展对话一样。但这是两个不一样的话题，他们应该为此展开两次不同的对话。

试图同时谈论这两个话题的做法就好比你把苹果派和千层面放进同一个盘子，然后把它们一股脑塞进烤箱。无论你烤多长时间，最后得到的都是一团糟。

识别人际关系

第一种关系原因来自于我们对那个人的反应：我不喜欢他们对待我的方式，或者我不相信你的判断。哪怕反馈本身与这段关系毫无瓜葛，我们也会有此反应。也许，你更适合教我如何打网球或如何才能让支票簿收支平衡。

可通常情况下，反馈并不仅仅发生在人际关系中，它还由人际关系酝酿而生。每一段关系都是独特的敏感性、偏好及个性的组合。产生摩擦的正是这些独特的组合成分，而并非我们个体。提出意见者告诉我们需要改变，作为回应，我们认为："你认为问题在我？这太滑稽了，因为有问题的是你，这显而易见。"问题不是我过于敏感，而是你感觉迟钝。

再举一个例子：你设定了一个雄心勃勃的收益目标来激励我。可它们没有激励我，反而使我气馁。当我力不从心的时候，你的补救措施就是设定更高的目标来"火上浇油"。现在，我感到更绝望了。我们都将目光投向对方，却没有人将目光投向问题。我们谁都没有看到我们被困在一个加强版的双人循环系统中，而我们现在做的就是在延续这一循环。

因此，人际关系中的反馈很少是你**或**我的故事。它通常都是你**和**我的故事，是我们人际关系的故事。

当他们指责你，你会感到这不公平，但指责他们并不是解决问题的方法。在他们看来，这似乎也不公平，而且更糟的是他们会认为你是在找借口。因此，你不妨努力从这个角度来理解它："我们之间是何种状态？我们双方在这一问题上各有何过错？"

3. 认知原因：反馈充满威胁，我感到失落了

认知就是我们关于我们是谁，以及我们将拥有怎样的未来的观点。当批评意见来临，这一观点就会受到攻击。我们内心的安全报警器就会铃声大作，大脑里的防御机制开始启动，在提出反馈的人说出第二句话之前，我们就已经做好了反攻准备，或是直接晕倒。我们的反应轻则肾上腺素激增，重则失衡。

了解大脑结构及性情对你观点的影响

面对相同的事情，又或是在相等的时间内，每个人关闭自我的方式都

不一样。理解认知原因的第一大挑战就是：从纯生物学的角度来说，我们每个人的大脑结构都不一样，面对压力信息时，我们会以自己的方式做出回应，就像坐过山车时大家的反应都不一样。瑞萨迫不及待地想坐第二次、第三次。伊莱恩觉得坐一次就已经足以毁掉她的余生。理解大众的大脑结构以及个人性情将会让你明白你为何会这样做，并且有助于解释为何他人不会按照你预期的那样作为。

去除扭曲思维

让我们来看看莱拉的故事。不管是因为大脑结构，还是生活经历所致，又或是两个原因共同作用的结果，总之，莱拉对反馈高度敏感。无论是什么反馈意见，她都会将它扭曲、放大。她不会对反馈者的话语做出回应；她回应的是被她扭曲后的话语。

当她的老板说她需要在明天的会议上"好好表现"时，她会觉得老板是不是认为她现在的状态不够好。**他是不是认为我不知道自己现在在做什么？难道他认为我不知道明天那个会议的重要性吗？**回忆他们之前的会面，想到自己总是把事情弄得一团糟，莱拉开始怀疑老板是不是一直都对她没信心。过去 15 年里她犯过的错误开始慢慢浮现在她脑海里。那天晚上，她失眠了。第二天的会议上，她表现得很糟糕。

对莱拉（以及我们）而言，幸运的是学会透彻地审视反馈是完全有可能的，哪怕这样做并非我们的本能反应。莱拉需要了解她扭曲反馈意见的方式以及她大脑的思维模式。一旦意识到这些，她就能开始有条不紊地端正自我认识。反过来这也将帮助她重获平衡，让她专注听取反馈建议并从中学习。

培养成长认知

除了不能正常对待反馈建议，莱拉还要面对来自心态的挑战：她把这个世界看成是一个大测试。每天的工作是测试，每次会议是测试，每次和老板或朋友会面也是测试。每个反馈意见都是一个测试结果，一次裁定。所以，哪怕是有人对她加以指点或予以鼓励——"明天好好表现！"——她也会把它当成一次可怕的负面评估。

斯坦福的一项调查表明，人们在经历批评、挑战和失败时，对自我认知有两种回应。一种认为我们的特性都是"固定的"：无论我们能干还是笨手笨脚，可爱还是执拗，聪明还是愚钝，我们都不会改变。辛勤的努力和锻炼都无济于事，我们就是我们。反馈暴露了"我们"，很多自我认知因此岌岌可危。

固定型回应	学习型回应
事实	
这不对。	**区分赞赏、指导和评估** 我们三者都需要，可是将它们混合只会让我们话不投机。
这没有帮助。	
	首先要理解：从"这不对"到"和我谈谈"的转变 反馈的标签模糊且令人困惑。反馈者有我们没有的信息（反之亦然）。我们彼此对事物的理解不同。
这不是我。	
	看到你的盲点：发现你是如何走到这一步的。 我们看不到自我，也听不出自己的语调。我们需要其他人帮助我们看清自己，以及我们对身边人的影响。
关系	
毕竟我是为了你？	**不要转换主题**：将我们从"事件"中分离。 谈论反馈，也谈一谈关系。
你在和谁说话？	**识别人际关系**：后退三步 后退从而看到反馈者与接受者之间的人际关系，以及双方在问题中各有何过错，从而推动双方交换反馈。
有问题的是你不是我。	
认知	
我搞砸了一切。	**了解思维方式对我们聆听反馈的影响** 面对正面和负面反馈，个人的反应千差万别，极端的反应歪曲我们的自我认识和我们的未来。
我在劫难逃。	
我不是一个坏人——我是吗？	**端正认识**：以"实际大小"看待反馈 努力纠正扭曲的思维，重获平衡。
	培养成长认知：寻求指导 我们总是在学习和成长。挑战就是最快的成长途径，尤其是如果我们能够寻求指导。

那些处理反馈更有成效的人对自我认知持有完全不同的观点。这些

人认为他们一直都在进化，始终都在成长。他们拥有的是一种我们称之为"成长认知"的自我认知。他们现在的状态只是现在的他们。那只是时光长河中一瞬间的铅笔素描——不是镶金画框里的油画像。努力工作很重要，挑战乃至失败都是最好的学习和自我完善之路。在成长认知中，反馈是极其珍贵的信息，它告诉我们现在在何方，以及下一步的任务。它是受欢迎的指导，而绝非令人沮丧的结论。

…

从第二章到第九章，我们会更近距离观察这些原因；观察这些原因引发我们做出反应的方式以及更高效地处理它们的关键策略。在第十章和十一章中，我们转向另一个话题：何时应该拒绝反馈以及如何快速成长。

最后，在第十三章，我们谈论的是团体中的反馈，并提供了在组织机构中有效引导的方法。当谈到我们的团队、家庭、公司和社区时，我们真的都身处其中，是一个整体。通过激发个体推动其自身学习，寻求成长的惊喜和机会，我们能够在机构和团队内部进行方向引领。我们也能在这一过程中帮助彼此保持平衡。

书中的故事全都是真人真事，只是更改了人物姓名。我们希望你能够时不时地认识一下自己，始终感到安定安心，并最终看到在这场奋斗中你并不孤单。

让我们同心协力，一起前行，并畅想能做到哪些改变。

事实原因
"看"带来的挑战

🍃 事实原因概述

在接下来的三章内容中，我们将着眼于事实原因以及来自"看"的挑战。

第二章区分三种类型的反馈，帮助你了解为何你想要的反馈和得到的反馈会如此重要。其本质通常都与目的有关。

在第三章中，我们会向你展示如何解读反馈——它的起源、它对你的建议以及你和其提出者为何会意见相左。我们会思考为何在一开始理解反馈会如此艰难，然后提供所需的方法，使你能够正确理解它。

在第四章，我们着眼于思维盲点，并解释你产生盲点的原因，哪怕你非常肯定自己没有盲点。我们会向你展示它们的影响，以及为何对你而言，做到像他人那样看自己会是一个巨大的挑战。当然，我们会提供一些要点，告诉你如何打败自己的盲点并从中学习。

在阅读以上章节时，请始终牢记这个问题：为何当我们给出反馈时我们总是感觉良好，可当我们接受反馈时我们又总是感觉不那么好？读完第四章，你就会找到问题的答案。

第二章

区分赞赏、指导及评估

这是一个美好的春日周六。

爸爸带着他的双胞胎女儿安妮和艾西去公园打球。他向她们展示了如何调整击球姿势，让球水平飞行，并告诉她们目光要跟随球。

安妮觉得打球非常有趣。她和爸爸在刚刚修剪过的草地上玩得相当开心，她能够感到每一次击球后自己都有进步。然而艾西一直不太高兴。她的球打到了栏杆上，当爸爸哄着她回到击球员区，想告诉她如何掌握击球时机的时候，她愁眉苦脸地说："你觉得我协调力不好！你总是批评我！"

"我没有批评你，"爸爸纠正道，"宝贝儿，我是想帮助你提高球技。"

"你看！"艾西哭了。"你就是觉得我不够好！"她使劲跺脚，震得地上的球棒咔嗒响。

一个爸爸，两种回应

爸爸很困惑。在他看来，他教两个女儿的方法完全一样，可她们对他的反馈做出的回应截然不同。一个像他想的那样，接受他的指导，用他教的小窍门磨练自己的技巧，建立信心。另一个在挫败中不断后退，拒绝尝试，他的一个小意见都会招来她的怒火。

事实上，爸爸对待两个女孩的方式并无不同。他以同样的语调提出同样的建议。即使作为旁观者，目睹整个过程，我们也看不出有何不同。

然而，身处其中，差异一目了然。两个女孩从爸爸的话里听到的是不一样的内容。对安妮而言，爸爸的建议就像是一记正中目标的垒球，令她茅塞顿开；对艾西来说，那些话就像是硬邦邦的投球，砸在身上疼极了。

这就是接受反馈中看似矛盾实则大有内涵的方面之一。有时候，我们的感觉和安妮一样——迫切、充满感激且深受鼓舞。有时候，我们的反应又会像艾西那样感觉受到伤害，充满戒备和忿恨。我们的反应通常并不取决于反馈者的技巧，和反馈的内容也无关。事实上，这些反应都取决于我们以何种心态倾听，以及我们认为自己收到了何种反馈。

有三种反馈

你就职的公司最近被收购了，你的工作角色变了，你的团队被改组。一切都不确定，公司内一片混乱，你和你的旧同事会定期到公司对面的酒吧小坐，分享自己在这一过渡时期的体会。

在某个晚上，你对你的朋友说你从新上司里克那儿从没得到过任何反馈。你的朋友很惊讶："就在昨天，里克还在会议上对所有人说他真庆幸他的团队里有你。我认为那就是反馈。不然，你想要什么，奖牌吗？"

当然，里克赞赏你，这是件好事。可是，你脑子里想的却是另一件事："问题就在这里。过去，我一直担任迈阿密大区的市场主管。现在，我是泛太平洋地区的产品推广主管。我甚至都不知道泛太平洋是什么意思。"有奖牌当然好，可是指导才是你现在真正需要的。

几个星期后，你朋友问你进展如何。"大致还行"，你解释说，"我告诉里克我需要更多指导。所以现在我们每周都会碰面，回顾我这一周的工作和我在工作中遇到的问题。他对这一地区的情况看得很透。"你的朋友听后羡慕不已："这么说来，里克赞赏你，还指导你。听起来你们俩沟通得很顺畅。"

可事实并非如此，你在担心另一件事。自从公司被收购之后，你就感到职场危机。现在，公司里的职位和工作角色有的是重叠的，还总有要裁人的消息传出。"我不知道自己的岗位是不是暂时的，是不是等里克找到有更好背景的人，我就得走人。"你对朋友坦白道，"我正在以最快的速度学习，可是我不知道自己是他团队长期规划中的一分子，还是就是个临时补缺的。"

你的朋友建议你直接问里克，你这样做了。里克告诉你，他刚刚对你的工作进行了仔细的评估，他觉得你的工作相当出色。之后，他悄悄透露，他打算培养你做他的接班人，等他调任新公司的新职位之后让你继任他的职位。

那天晚上，你和朋友分享了这个好消息，他对你表示了衷心的祝贺。随后，他说："既然我们聊到了反馈这个话题，你怎么从不问问我对你有何反馈呢？"你立刻回答："因为你没有关于我的反馈。"之后，你俩就陷入了令人尴尬的沉默。过了一会，你又说："好了，我们刚才说到哪儿了？"谁知，令你吃惊的是，你的朋友以一种咄咄逼人的口吻说出了这样一番话："我们见面这么多次，你上一次买单是什么时候？你上一次在聊天中谈到除你以外的其他人又是什么时候，你还记得吗？"天啊！

你朋友说这就是反馈，可你很肯定这是挑衅。

你和里克以及朋友之间的对话突出反映了一点，即我们会用"反馈"这一词语来指代三种不同类型的消息：赞赏、指导和评估。每种信息都有其重要目的，每种信息都能满足不同的需求，与此同时，每种信息也会带来与众不同的挑战。①

赞赏

当你的上司说他很庆幸他的团队里有你时，这就是赞赏。

从根本上来说，赞赏与感情以及人际间的联系有关。从字面意义来看，它意味着"谢谢"。不过，赞赏还传递了另一个信息："我关注着你""我知道你有多努力"以及"你对我很重要"。

被人关注并被理解的意义相当重大。当我们还是孩子的时候，这些需求基本都趋于表面。譬如，我们会在操场的另一边大叫："嘿，妈妈！妈妈！妈妈！看这！"成年后，为了不招人烦，我们学会了用更含蓄的方式来表达这一需求。不过，无论长到多大我们都会乐意听到别人说："哇，是你在这啊！"同样的，我们始终都离不开带有认可意味的话语："是的，我在关注你。我理解你了。你很重要。"

赞赏可以激励我们——它会为我们助力，让我们加倍努力。当人们抱怨自己在工作中得到的反馈不够多的时候，通常情况下，他们其实是想说他们想知道到底有没有人注意到他们，有没有人在乎他们的辛勤工作。他们需要的不是建议，而是赞赏。

指导

当你要求上司给出更多指示的时候，你就是在向他寻求指导。

指导的目标在于帮助他人学习、成长或改变。无论指导是否与技巧、理念、知识或某一种特定行动有关，其焦点都是帮助一个人进步，或是改善那个人的表现或性格。

你的滑雪教练，你在苹果天才酒吧遇到的那个人，在你上班第一天就把自己的工作秘诀对你倾囊相授的老服务员，当你个人生活陷入困惑时能够感同身受，并为你指点迷津的朋友……从指导的角度来说，这些人都能称得上是你的导师。老板、客户、爷爷奶奶、同龄人、兄弟姐妹，甚至是我们的下属和孩子都能成为我们的导师。当然，我们也会遇到"意外的"老师。你后面那辆保时捷里的傻瓜就认为你应该放下手机，不要改变车道。

指导会在两种不同需求的刺激下产生。第一种就是完善知识或技巧，从而提升能力，迎接新挑战的需求。在新职位上，你需要努力学习和了解关于泛太平洋地区的市场、产品、渠道、文化以及区域定义。

在第二种指导中，反馈者并不响应你想培养某种技巧的意愿。相反，他们是想识别你们关系中的某个问题：你们关系中缺失或出错的因素。引起这种指导的通常是我们的情感：伤害、恐惧、焦虑、困惑、孤独、背叛或愤怒。反馈者想改变这一境况，并且（通常）也想要改变你："你没有优先考虑我们的家庭。""为什么每次道歉的都是我？"或"你上一次买单是什么时候？""问题"提出的目的是满足反馈者的情感，又或是让对方注意到双方关系中的失衡。

评估

当你的上司说你的表现"相当出色",他打算培养你作为他的继任者的时候,这种反馈就是评估(在这里,是正面评估)。评估告诉你:你的作为如何。它可以是一份评定、一次评级或评分。你的中学成绩单、你的 5 公里跑时间、你烹制的获蓝绶带奖章的樱桃派,以及被接受的求婚——这些都是评估。你的绩效考核——"杰出"或"称职"或"需改进"——是评估。当你不在团队时,其他团队成员给你起的外号也是评估。

评估通常在对比他人或某一套标准中产生,有的是明示,也有的是暗示。"你不是一个好丈夫"这句话如果说完整可以是"和我期望中的丈夫相比,你不是一个好丈夫",或是"和我圣洁善良的爸爸相比,你不是一个好丈夫",又或是"和我前三任丈夫相比,你不是一个好丈夫"。

评估总是与期望、澄清结果以及作出判断结伴同行。你的等级评定预示了你的奖金金额,你的仰泳时间意味着你是否合格。评估中最困难的部分就是对可能出现的结果的关注——是真实的,还是想象的。你不合格(真实的),也将永远不合格(预测的或想象的)。

有时候,评估还包含超出评定本身的判断:你不仅在仰泳比赛中不合格,你认为自己是合格的想法也是幼稚的;你再一次显现出了不足。你是幼稚的或不足的这一判断并非基于比赛评定的结果。它是附加于主观判断的观点。它会放大消极判断——来自于我们自己或他人——我们围绕反馈产生的焦虑大都源于此。

令人惊讶的是,"你能做到"和"我相信你"这类安慰的话也被归于附加判断,只不过它属于积极判断。

娱乐观众

六年的古典小提琴学习巩固了卢克的演奏技巧,却始终没能唤起他对小提琴的热爱。之后,有人给了他一把尤克里里琴,卢克立刻就着了迷。他的演奏很快就在当地出了名,当《美国达人秀》剧组来到小镇时,他在面试中的表演很成功。

这位 17 岁的男孩在 5000 名家乡听众面前完成了表演。聚光灯下,观众席显得模糊昏暗,唯独他脚下那三把红色的 X 被照得格外显眼。莎伦·奥斯本摇摇头,霍华德·施特恩以戏谑的语气说道:"我妈妈要我学单簧管。你妈妈本该永远都不让你弹尤克里里琴。"观众席爆发出一阵笑声。

卢克一时间不知所措,无言以对,跌跌撞撞地向后台走去,在那里,一位摄影师问他:"你感觉如何? 评委怎么说?"

问得好。

在接下来的几个星期当中,伴随着那个红 X 噩梦,卢克渐渐明白了一件事:这场表演的主要目的并不是站在选手的角度,对每名选手的音乐才能进行全方位的评估,其根本目的是为了娱乐电视观众。对他而言,评委的话只是一种非严格意义上的反馈。当然,那也是评估,或者说是一种荒诞不经的评估:评委面对面地告诉卢克他站在什么舞台上,以及他在这个节目中能走多远,当然他们也表达了他们对尤克里里琴这种乐器的轻视。

作为旁观者时,要想分辨娱乐和真反馈之间的区别其实很容易。可是,一旦与自己有关,这就会变得更加困难。

现今,学会分辨这一区别变得更加重要。供尖酸刻薄的"反馈"发挥的舞台激增:在线评论、留言板、博客、电台的脱口秀节目以及真人秀。借助这些渠道散播的严苛的评论、恶毒的攻击和匿名抨击已是司空见惯,其目的只为取悦读者或观众。评论者只关心如何让自己说的话显得聪明、刻薄或是博人眼球,压根没有意识到遭受自己言语攻击的是真实的人。

卢克仍然还在表演。"重回舞台并不容易,很大程度上是因为我不得不重新踏上三周前的那个舞台。"他说。不久前,他凭借演奏巴赫和辛纳屈的曲目在地区青少年才艺大赛中脱颖而出,并作为获奖者受邀出演。

现在,卢克说他十分珍惜自己的《美国达人秀》演艺经历。"我比以前更了解自己。现在,没有任何事能吓倒我。"卢克笑着说,"可能发生的最可怕的事情? 哦,最可怕的事情已经发生过了,而我是幸存者。"

我们三者都需要

每种形式的反馈——赞赏、指导和评估——都会满足不同的人性需求。我们需要评估来了解自己的位置，为自己设定期望值，感受信心或安全。我们需要指导来加速自己的学习，将我们的时间和精力用于真正重要的地方，以及保持我们的人际关系处于健康状态。我们需要赞赏，唯有赞赏能够让我们感到自己投入到工作和人际关系中的汗水和泪水都是值得的。

反馈类型	反馈者目的
赞赏	关注、认可、建立关系、激励、感谢。
指导	帮助接受者拓展知识、磨练技巧、提高能力，或者指向反馈者的情感或双方关系中的失衡。
评估	根据一套标准进行评价或分级，与期望相匹配，告知判定。

评估匮乏

鉴于评估如此高调，而且还可能造成伤害性结果，所以我们常常忍不住想把它从反馈家族中剔除。我们真的需要它吗？

当你的目的是给出指导时，尽可能避免评估自然是聪明之举。如果你真正想说的是"这才是让你变得更好的方法"，你就最好不要说："你不好。"

然而，完全躲避评估将会使人胡思乱想。我应该把自己的名字放到新职位候选人名单里吗，否则我岂不是在浪费时间？这段关系将会走向何处？我们在一起究竟是因为我们很快就会订婚，还是因为你只是想省钱，然后等待更合适的人出现？

他人的评价和判断会让我们焦虑，可是与此同时，我们也需要一块"评估地板"来立足，并借助它来让我们安心：到目前为止，我们很好。在接受指导或赞赏前，我需要知道自己应该在什么位置，这段关系还将延续下去。

当评估缺席时，我们会用指导和赞赏来试图弄清楚自己在哪里。老板为何总是指导我如何更高效地接待顾客？为什么我会被选入第一组电邮收件人，而不是第二组？我应该表示担心吗？在没有接收清楚的信号前，我会一直把耳朵贴着地面，聆听任何事物经过时发出的隆隆声。

赞赏匮乏

在三种反馈中，赞赏似乎是最不重要的一种——谁会需要花言巧语或奉承呢？你难道会拿不到薪水支票吗？我们依然会结婚，不是吗？

然而，赞赏的缺席会让任何一种人际关系——工作关系或私人关系——出现裂缝。是的，我想知道如何进步，可是我也想知道你看到了我有多努力，我为此付出了多少，以及我做的事情很特别。若非如此，你的指导将无法进入我内心，因为我想听的不是这个。

在《首先打破一切常规》一书中，作者马库斯·白金汉和库尔特·科夫曼描述了盖洛普发起的有 80000 名雇员参与的里程碑式的一场调查。调查发现关于 12 个关键问题（著名的 12 问）"是"的答案与员工满意度、留用率高和高产出都有非常紧密的关系。在这 12 个问题中，有 3 个与赞赏直接相关：

问题 4："在过去的 7 天里，我是否因为表现出色而得到认可或表扬？"
问题 5："我的上司或工作中的其他人是否关心我这个人？"
问题 6："工作中是否有人鼓励我进步？"[②]

当雇员们对上述问题回答"不是"的时候，其原因并不一定就是监管者不关心他们或没有对他们说"谢谢"。但是，监管者们没有做到有效的表达。

赞赏必须要满足三个要求。首先，它必须具体明晰。这就有些棘手了；大多数人会笼统地同时给出赞赏和正面评估，譬如"做得好！"或"你棒极了！"或"感谢一切！"

与赞赏大都趋于模糊恰恰相反，我们给出的负面反馈——或者说"需改进的地方"——通常详细得恨不能罗列 118 条。我们专注于负面信息是因为我们专注于当下的问题：是的，总体来说你做得不错，可是我们眼下的任务是解决最近的供应链混乱或产品布置。当我们顶着压力做事的时候，我们的焦虑、沮丧和愤怒的情感将会盖过任何与赞赏有关的情感，哪怕通过回顾和反思，我们的确有赞赏之意。

随着时间的推移，赞赏的不足渐渐显现。其表现形式通常分为两种：我认为你根本就不赞赏我所做的一切以及我所承受的一切，你认为不管你做什么我都不会赞赏。我们将其称为双向赞赏匮乏失调，而你也找到了工作关系出问题的理由。

其次，赞赏必须以接受者看重并能清楚了解的方式提出。在《5种爱的语言》一书中，作者加里·查普曼也提出了一个关于爱的类似观点。我们有些人通过话语（"我爱你"）来接受爱情，而还有一些人要通过具体的行为、高品质的相处时间、肢体接触或礼物才能感受到爱。如果我没感受到被爱，那是因为你不爱我——或者，因为你表达爱情的方式不在我的接受范围内。③

赞赏也是同理。对有些人而言，每月的薪水支票就是他们所需的"干得好"。对另一些人而言，大众认可才是有意义的，无论它是以群发电邮的方式，还是以会议时的称赞或公司奖励的方式。对有的人来说，赞赏就是升职和头衔——哪怕他们所得的报酬一样，甚至更少。对大多数人而言，赞赏是一种从他人处获得的感受，我们从中得知自己是可靠的顾问或不可或缺的一分子。我知道你赞赏我因为我们常常一起大笑，或是因为遇到棘手的挑战你总是第一个找我。

第三，有意义的赞赏必须是真诚的。当员工们开始觉得每个人都会因为微不足道的成绩获得赞赏的时候——"感谢你今天来上班"——赞赏通常就会出现，现有的赞赏将会变得一文不值。表达赞赏时如果咬牙切齿也是不可取的："我简直不敢相信我竟然接手了这么一个只会把事情搞砸的家伙，可是我还得表示赞赏。好吧，呃，干得不错！"没有人会像傻瓜一样被愚弄，现在他们只会对你更加不信任。

指导匮乏

有的指导关系需要非一般的努力才能维系，可有的却简单得不可思议。不过，无论是哪种情况，当指导起作用的时候，它都能给双方带来莫大的满足和深远的影响。

当然,指导也会带来压力和困惑,甚至完全无效。在有些组织机构里,指导不会得到正式的奖赏——或者说被认为是"有价值"——因此,其成员也甚少给出指导。即使获得了鼓励,但导师们想知道自己的努力体现在何处时,只会让事情变得更糟,耗费更多时间,或是遭遇异议或不知感恩,从而使他们觉得这样劳心费事并不值得。

此外,哪怕双方皆意图良好,导师和被指导者也同样会感到受挫。我们试图进行指导或接受指导,可是由于我们的努力遭到抗拒,没受到赞赏或无效,所以我们最终也只落得缺乏指导的结果。指导匮乏意味着学习、生产力、士气和人际关系都会受到损害。当关系双方初衷良好且都经过努力尝试的时候,这样的结果是极为可悲的。

当心反馈错位

反馈对话的关键挑战之一就是各要素常常交织在一起。其发生的方式有两种。其一,我想要的反馈类型和你给我的反馈不一样——例如,我寻求的是赞赏,可是你给我的是评估。其二,你打算给我某种反馈,可是我解读的方式出了问题——例如,你原本打算指导我,可是我听到的是评估。

一旦出现错位,要想理顺这些关系就会变得相当困难。

让我们来看看发生在一家律师事务所里的反馈乱局。埃普莉、科迪和伊芙琳都在这家律所工作。他们有一个共同的上司唐纳德,此人反馈的技巧平平。在人力资源部的鼓励下,加之年度绩效考核在即,他们三人分别和唐纳德约谈,想从他那儿得到更多反馈。

唐纳德首先约见的是他的助理埃普莉。唐纳德其实很高兴埃普莉能主动要求他给出反馈。他向她提出了许多有关如何更有效管理时间的具体建议,其中包括让她的办公桌更整洁,能够在拒绝他人时表现得更果敢。离开唐纳德的办公室时,埃普莉对他说了谢谢,但心里却在想这到底是怎么回事。

埃普莉想要的不过是一点点赞赏。她已经为唐纳德工作了八年,学会了揣测他的心思。其他人都说她工作起来不知疲倦,可她自己常常感到压力大,不堪重负。唐纳德从来不会称赞一件事做得好,也从来不说谢谢。事实上,他似乎都注意不到她的存在。埃普莉迫切需要的是有人轻轻拍拍她的背,对她说"你为我做的一切我都看在眼里"。

然而,她得到的是指导——关于如何让她进步的想法。

这次对话重重地打击了她,让她愈发觉得自己就像个隐形人。她开始考虑是否应该辞职。问题并不在于唐纳德提出的反馈信息有误,也不是因为他传递反馈的方式不当。他的指导很仔细,而且相当有帮助。埃普莉的苦恼来自于错位:她想要一样东西,得到的却是另一样。

刚成为律师才一年的科迪的情况也好不到哪里去。上周四,他向唐纳德递交了一份研究备忘录,他希望从上司那儿得到的是具体的建议,从而使他将来能够更高效地完成类似任务。他常常会感到方向不明确,也知道这个研究本不该占用他那么多时间。他想要的是指导。唐纳德仔细地看完了备忘录,微笑着宽慰科迪:"根据这份备忘录和你完成的其他工作,我必须说,作为一名新律师,你的进步相当大。"科迪得到的是评估。他也和埃普莉一样,心中不悦:"他这样说怎么能帮助我弄明白自己到底在做什么?"面对自己的下一个任务,他愈发感到无助。

作为一名高级职员,伊芙琳想知道自己距离合伙人的位置还有多远。当她开始描述自己追寻的目标时,唐纳德打断她:"伊芙琳,我知道我并不善于恭维,可是我可以告诉你,我看到了你平时走得晚,也看到了你周末加班,这对我来说意义重大。很抱歉过去这么多年我一直都没跟你说过这些。"

伊芙琳得到了赞赏——埃普莉孜孜以求的感谢。然而,伊芙琳原本想要的是评估。她想知道随着成为合伙人机会的出现,她在同级别同事中到底排在第几位。对于得到的赞赏,伊芙琳很感激,可是现在她比以往更迫切地想知道自己的位置。她的计费工时数一直都高,但是之前已经有两个同样拥有高计费工时数的同事在竞选合伙人时失败,因为他们没能引进新的业务。伊芙琳想知道唐纳德的感谢是不是"谢谢你,再见"的意思——一种间接的表达工作不顺利的方式。伊芙琳只能绞尽脑汁琢磨赞赏,希望从中找出她想要的评估的蛛丝马迹。

唐纳德和他的同事展开了三次反馈对话,三次对话全都无功而返。换言之,这三次对话全都与初衷背道而驰。在这场滑稽的循环赛中,埃普莉想要赞赏得到的却是指导,科迪想要指导却得到了评估,而伊芙琳想要评估却只得到赞赏。只有唐纳德为刚刚发现自己拥有不错的反馈技巧而沾沾自喜,他甚至在想自己是不是该给其他合伙人开展一次内部培训,议题就是如何妥善地给出反馈。

并发现象:指导中总会出现评估的身影

让我们回到最初的那个球场上,爸爸正竭尽全力想清楚明白地向他的双胞胎女儿传授击球技巧。在他看来,他的意图很简单:指导她们。这正是安妮理解的,可是正如我们所知,艾西收到的是评估:"你觉得我协调力差!"以及"你就是认为我不够好!"艾西担心在爸爸眼中她的球技没有进展。

所以,尽管爸爸对自己的目的想得很周到,但误解还是发生了。为何艾西会把听到的指导当成评估?原因很多。也许,她隐隐感受到爸爸在拿她和妹妹做比较,也许她对自己的运动能力没有信心,又或者她认为她爸爸一直都偏心安妮。也许,她一直期待能和爸爸一起度过整个周末,可是她想做的是其他事情,而不是打棒球。又或许,一切只是因为她昨晚没睡好或是没有吃早饭。

除了艾西与父亲之间的原因,导致他们沟通不畅的还有一个结构要素:所有指导都包含一定程度的评估。指导传递的是"这就是改进的方法",同时它也含蓄地表达了评估信息:"迄今为止,你做得还不够好。"

爸爸尽可能地避免发表评估。他没有说:"让我来看看你们俩。安妮,你协调得很好。艾西,你还不够好。"这就是明晰的评估(当然,对一个爸爸而言,这样的话听来的确很奇怪)。然而,因为所有的指导都包含评估,所以他就无法彻底避免它。对安妮而言,这没关系,她接受了指导,忽略了其中的评估部分。在艾西看来,评估成为了信息中的主要部分,完全盖过了其他内容。

面对爸爸的反馈,艾西的回应提醒了我们:在如何衡量指导和评估这件事上,反馈者只有部分控制权。也许在我看来,我说双手应该始终放在方向盘上的时候,我只是想进行常识指导,但是你可能会把它当成是评估:

你不负责任。

从接受方的角度出发，我们会不断地对自己听到的建议进行分类，将它们分别归入指导或评估。当你的女朋友说"给你妈妈打电话"的时候，你如何理解这句话就取决于你和她的关系（她这样说是提醒我，还是责备我）。还有那个告诉你走错路的雇员呢？他的这句话到底是指导（这会节省你的时间），还是评估呢（你连最简单的交通指示都看不懂，你难道是白痴吗）？

在办公室里，类似的事情多如牛毛。建立绩效管理体系的目的就是实现一系列重要的组织目标，其中包括评估和指导。我们评估员工从而确保他们能够得到公平的升迁和薪水，使他们明确我们的奖励计划和自己的位置，并使他们能够高效圆满地完成工作。我们的指导是为了帮助人们成长、进步，为接下来获得更大的成功做准备。

常见的情况总是，反馈以指导发出，被接收时却变成了评估。（"你是在告诉我如何进步，可事实上，你说的是你不确定我是否适合做这个。"）好不容易从对方那得到的指导却包含评估成分，这样的结果只会让接受者感到沮丧，心生戒备，从而无法虚心学习。

什么能帮助我们？

有两件事能帮助我们步入正轨：与目的相一致，同时（尽可能地）将评估从指导和赞赏中分离出来。

达成一致：认清目的，然后讨论它

当反馈的提出者和接受者的谈话目的不一致时，交流的误会就会发生。弥补的方法就是：清楚明确地讨论反馈的目的。这看似显而易见，但即使是能干、善良的人可能终其一生也不曾有过这样的对话。

本书的大部分内容都是向反馈接受者提供建议。不过在这里，我们的建议面向的不仅仅是接受者，还有提出者。问自己三个问题：

1. 我提出／接受这个反馈的目的是什么？

2. 从我的角度出发，这个目的正确吗？

3. 从他人的角度出发，这个目的正确吗？

你的主要目的是指导，还是评估或赞赏？你是想提出改进方法还是评价，又或是表达感谢以期对方的支持？你做不到每次都把现实生活中的混乱明晰类别，但是尝试一下还是值得的。开始对话前，思考自己的谈话目的将会帮助你在对话中表述得更加清楚明确。即使你无法理清自己的目的思路，至少你了解到你的反馈目的哪怕对你自己而言也是有点不明确的。

在对话中，你还得时不时进行核实："我想给你的是指导。你听到的是指导吗？从你的角度出发，这是你需要的吗？"接受者会回应，能够知道自己有做得不错之处那自然是很好——这就是一个信号，一个她渴望获得赞赏，也许还希望得到一点点正面评价的信号。

清楚明白地说出你对谈话的理解，明确告知对方什么对你的帮助最大。然后就此展开讨论，如果你们双方的需求不同，不妨先协商。请记住：直率的异议也比晦涩的误解好。直率的异议终将通向明晰的结果，同时这也是你们为满足双方不同需求迈出的第一步。

接受者不妨大声说出心中所想："你提供的是指导，可是一个快速评估可能会更有帮助：总体来说我干得如何？如果答案是肯定的，我就能放轻松并渴望得到你的指导。"或者："你说这就是指导，可是我觉得它还是评估。你说我落后了，对吗？"

最终帮助艾西和她爸爸解决问题的正是这一方法。他不再投球，转而问道："艾西，你怎么了？"艾西的眼泪夺眶而出。爸爸这才知道艾西真正想要的是赞赏。她已经练习了整整一个礼拜，本打算在这个周六早上用进步的球技给爸爸一个惊喜。可是轮到她上场时，她并没有如她所愿地制造这一惊喜，于是她彻底崩溃了。与击球技巧相比，此时此刻，她更需要的是爸爸安慰她失望的情绪，并对她刻苦训练表示认可。

将评估从指导和赞赏中分离

评估像那响彻云霄的号角声足以淹没指导和赞赏谱写的宁静旋律。

即便是我自己，当我阅读自己的绩效考核，下定决心学习如何进步的时候，评估也会不请自来。如果我期望的考核结果是"杰出"，得到的只是一个"称职"，那么，我很有可能会对听到的指导充耳不闻。哪怕指导者本意是想帮助我明年能够得到我想要的——"杰出"——我也同样会不予理睬。此时，我关注的焦点完全不在聆听指导上，我满脑子回荡着内心那个声音：**当你在总部遇到麻烦，那个一直支持你，拉你走出困境的人难道不是我吗？你到底是怎么回事？我有什么问题？这对我意味着什么**？

如果你所在公司或机构每年或每半年都会举行一次正式的工作反馈对话（譬如说，上司和下属讨论来年的工作计划、具体安排及预定目标），评估对话和指导对话之间应该间隔至少数日，也许更长时间。

首先需要进行的是评估对话。当教授发下评阅过的论文后，学生们拿到论文首先都会翻到最后一页查看自己的分数。在此之后，他们才会开始阅读导师在文中的注解、修改。在没有明确自己的水准之前，我们无法集中精神思考如何改进。

从观念上来说，我们一年当中时刻都敞开门迎接指导和赞赏，日复一日，一个项目接一个项目。这就好比开车。当红灯变成绿灯时，如果我们前面的那辆车还停在原地，我们不会这样想——我要收集我对前面那个司机的看法，然后等年底向他提出反馈。我们会立刻就按响喇叭。那个司机需要启动的时间是**现在**，他们需要"指导"的时间也是现在。

……

分辨我们得到的是否是赞赏、指导或评估不过是我们迈出的第一步。然而哪怕我们已经将自己的目的整理成一份清单，要想理解反馈依然并非易事，而且我们很容易就会忽略这一步。这就是我们下一章的主题。

总结：一些关键点

"反馈"真的有三种不同的含义，其目的也不一样：

· 赞赏——激励和鼓励。
· 指导——有助于增长知识，提升技巧、能力，促进成长或在人际关系中增进感情。
· 评估——告诉你你的位置，与期望相匹配，告知判定。

这三者我们都需要，可是在谈话中这三者的目的常常会交错。

评估的声音最响亮，足以淹没另两者（而且所有指导都包含一定程度的评估）。

深思熟虑你的需求，以及你从他人那儿得到了什么，然后让两者相一致。

第三章

首先要理解

从"这不对"到"再和我谈谈"的转变

欧文是公共辩护人办公室的一名指导律师，他告诉刚刚加入的雇员霍莉，她在委托人的个人生活中"介入太深"，没有保持合适的职业距离。"你不是他们的妈妈。"欧文告诫她。霍莉向前一步，说道："你看，欧文，我在这个街区长大。我知道有人真心付出对陷入困境的人来说意味着什么。""即便如此，"欧文说，"你还是需要划清自己的界限。"

霍莉说她会记住他的话。可她没有。要想接受正确的反馈尚且不易，而霍莉并不打算在她认为不正确的反馈上浪费时间。

从这一点来说，霍莉就像我们。我们不想接受那些失效或没有帮助的反馈，所以我们会筛选反馈，这太合情合理了。在聆听反馈时，我们的脑海里始终萦绕着这样一个问题："这个反馈有问题吗？"结果是我们通常都能从中找出问题。

我们都善于发现错误

如果你曾在工作中——或是从家人那儿——得到反馈，你一定很熟悉以下这些发现错误的思路：

2+2=5 式的错误：这种错误一目了然。我不可能在那次会议上表现得很鲁莽，因为我没有参加那次会议。我不叫迈克。

不同星球式的错误：在宇宙中的某个地方，也许存在着一种碳结构的生命形式，它们可能会被我的电子邮件所冒犯，可这里是地球，每个人都知道这不过是个笑话。

过去是对的，现在不是：你批评我的市场计划，可你批评的依据是你那个时代的市场运作方式。那时还没有网络，也没有电。

这是对的，可说它是对的人是错误的：有些人的确是这样看我，可是下一次，请问问那些不和我作对的人，哪怕只有一个也好。

你依据的背景错了：我是对我的助理大吼大叫了。他也对我高声喊叫了。我们就是这样解决问题的——关键词是"解决问题"。

对你而言是对的，可对我而言是错的：我们的体型不一样。阿玛尼适合你。我适合穿套头衫。

反馈是对的，但时机不对：我是可以再瘦一点——只要五胞胎一离开这个家，我就立刻减肥。

不管怎样，这对我都没有帮助：告诉我如何做一个更好的导师并不能帮助我成为一个更好的导师。你又属于哪种导师？

为何发现错误会如此容易？因为几乎所有事情都存在错误因素——一些被反馈者忽略或误解的事情，有时则是因为反馈者自己也被欺骗了。这些事情可能是关于你的，或是关于形势的，又或是关于你所承受的压力。反馈者传递的信息模糊不清，从而导致问题的产生，这自然就使得我们轻而易举忽略和误解对方的话。

可是最后，发现错误不仅会击败错误的反馈，也会击败学习。

理解是头号任务

在我们认定反馈是正确还是错误之前，我们必须首先理解它。这听起来似乎显而易见，可事实上，我们通常都会跳过理解，直接做出判断。

"我没有跳过理解"。你可能会这样想，"我理解反馈的意思，因为他们已经告诉了我它的含义。他们向我提出反馈，我听了。"这是一个好的开端，但是还不够。

反馈都贴着通用类标签

反馈提出时通常都像超市里的商品一样，被打包装好并贴上了通用
类的标签，譬如"汤"（soup）或"可乐"。反馈者使用的标签似乎很清
楚——"要更有前瞻性""不要这么自私""成熟一点"——可这些商标包
含的实际内容非常少。你从来不会吃"汤"包装上的商标，反馈的标签里
也同样没有任何有价值的内容。

让我们回到欧文对霍莉的建议："你介入太深。""保持合适的职业距
离。""你需要界限。"这些都是标签（就连"你不是他们的妈妈"也是）。如果
霍莉按照欧文的建议去做，她究竟需要做哪些不一样的事情？

霍莉认为欧文的意思很清楚：减少在每个案件里投入的时间；当你没
有打赢官司时不要那么沮丧；不要直视被告的眼睛，说你相信他；不要分
享你奋斗和赎罪的故事。简而言之，不要那么在乎。霍莉对此并不感兴趣，
所以她并不认可这个建议。

这些对欧文的反馈标签的解读都是合理的。也许，他想表达的是这些
意思，但其实不是。事实上，欧文认为与辩护人建立紧密的个人关系实则
至关重要，让他们知道你站在他们那一边就显得更加紧要了。他的意思并
不是在关心、努力或信任上设立底线。

35

得到了反馈?

爱尔兰的创意团队马克·尚利和帕迪·特里希厌倦了模糊、费解的客户反馈,决定用创作"广告海报"的方式表达自己内心的沮丧,同时捕捉自己最爱的瞬间。

他们的作品立刻引起了轰动,于是,他们邀请来自平面设计团体的朋友来展现他们自己遭遇的令人困惑的客户指导经历。

想看更多马克和帕迪的收藏,请登录 www.sharpsuits.com,或登录 www.thanksfeedback.com 添加你自己的"最糟糕的反馈"故事、视频或平面作品。

他真正想表达的意思到底是什么？欧文解释说："在这一行，我们不得不清楚划清界限。我曾无意中听到辩护人向霍莉要钱，10块或20块，我也看到她给他们钱。你看，如果他们需要10美元，也许，他们需要的不仅仅是10美元。你可以通过行业资源与他们建立联系，帮他们解决麻烦。在我刚入行的时候，我曾对一位委托人投入了很深的个人情感，基本上我从来不会拒绝他。很快，他就开始利用我。更糟糕的是，他不再信赖我的专业意见，因为他只是把我当成他可以随意消费的大傻瓜。"

如果霍莉理解了欧文的真正意思，她会认同他的反馈吗？也许会，也许不会。可至少她可以从一个更有利的视角来做决定。

在反馈中，标签的确具备一些有用的功能。就像"汤"的标签，它们能让我们对话题内容有一个大致的概念，它们还能作为速记符号帮助我们之后回到这个话题。只是，标签不是餐食。

反馈者和接受者对标签的解读不同

对反馈者而言，标签通常都有具体含义。想一想身边烦扰你的人——你的兄弟、老板、朋友，又或是同事。想到他／她时，那个跳进你脑海里的内容就是一个标签：

"他是那么 ＿＿＿＿＿＿＿＿＿＿＿＿。"
"她太 ＿＿＿＿＿＿＿＿＿＿＿＿。"
"我的配偶从不 ＿＿＿＿＿＿＿＿＿＿＿。"
"我的同事太不 ＿＿＿＿＿＿＿＿＿＿。"

我们的脑海里在放映一部高清电影，其内容准确地抓住了我们为这些标签赋予的含义——坏行为、愤怒的语调、我们难以忍受的烦人的习惯。当我们使用标签时，我们就会看到那部电影，它清晰得让人痛苦。我们很容易就会忘记一个事实：当我们向他人传递某个标签的时候，我们脑海中的电影并没有作为附件同时传递过去。他们听到的只是几个表意不明的词语。这意味着即使我们"接受"了反馈，我们也会很容易曲解它的意思。

尼古拉斯的上司阿德里安娜要他在销售区表达得"更坚决"。阿德里安娜能够升任经理,一部分是因为她那极富传奇色彩的销售技巧,尼古拉斯非常想听从她的建议。当天的晚些时候,阿德里安娜无意听到他催促一位客户"现在,今天——在你走出那扇大门前"接受交易里的条款。

阿德里安娜很震惊,她要求尼古拉斯说出他威胁顾客的原因。困惑不已的尼古拉斯解释说他正在表现得"更坚决",就像她之前建议的那样。哦,天啊!

阿德里安娜曾在销售区看到过尼古拉斯与一位顾客洽谈一笔潜在的生意,基于此,她才给出了之前那个建议。她担心他悠闲、低迷的外表会让顾客觉得他对自己和产品都不感兴趣。阿德里安娜所说的"更坚决"是想让他"更积极,更有活力",表现得更加活跃,让个性变得鲜亮,用执着与周到攻破顾客的防线。这几乎与尼古拉斯的理解背道而驰。

令我们感到惊讶的是,这种"听到的"(what was heard)与"真实含义"(what was meant)之间的偏差非常常见:

指导	听到的	真实含义
更自信一点。	让对方以为你了解它,哪怕你并不了解。	当你不知道的时候也能有信心说出你不知道。
不要对约会对象吹毛求疵。	你的自身条件并不太好,所以你配不上条件好的人。	不要犯我犯过的错误。不要像我那样结束。
我希望你不要那么固执。	不要总滔滔不绝地说话。冷漠一点,兴趣少一点。	你根本不听我或其他人说话。和你说话太累了。

评估也会让人困惑:

评估	听到的	真实含义
今年你得了4分,最高分5分。	去年我就是4分。今年我更努力工作,最后还是4分。没人看到我的努力。	没有人得到5分,得4分的也很少,你居然连续两年4分!你非常出色!
我还想再次见到你。	你是我的灵魂伴侣。	和你在一起很有趣。

考虑到我们谈话时使用标签的频率,反馈如果能够顺畅那倒反而令人

惊奇了。

"发现标签"

在一生当中,你会遇到一些非常善于给出反馈的人。他们会这样说,"让我说清楚自己的意思,你也可以提问看看我说的对不对。"可是大多数反馈者都没有这种技巧,所以理解每个标签代表的含义就成了你这个接受者的工作。要想做到这一点首先需要发现标签。

事实上,只要你开始寻找它们,发现标签就会变得很容易;其难点在于要主动去探寻。这就像数次数时说到"和"(and)。如果不是有意识地去听,人们很容易就会忽略,可一旦你决定认真听,这又不难。发现标签也是如此:只要你认真听,你就会发现它们无处不在。

当你发现一个标签后,你就进入了第二个步骤:你必须克制住用你的理解去解读它的冲动。如果你认为已经"知道"它的意思,这个标签就没有任何学习的意义,也没有让人感到好奇的原因了。"'更深情一点'?太好了,她想让我更照顾家庭。"可"更深情一点"这个标签的真实含义就是"更照顾家庭"吗?以下是其他几种可能的选择:

(1)公开牵手
(2)对家庭投入更多
(3)更多的幽默和爱意
(4)至少十天对我说一次你爱我

正确的答案到底是什么?在你谈论它之前,你永远都不可能知道,然而如果你假设自己已经知道一切,你就永远都不会去谈论它。

标签之下有什么?

关于反馈,最常见的建议就是:具体化。这是个不错的建议——可是还不够具体。具体化是什么意思,什么内容需要具体一点?

要想回答这个问题,我们不妨从一次观察开始:如果撕开标签,我们发现那个反馈有它自己的"过去"和"将来"。其中有回顾成分("这就是我注意到的"），还有前瞻成分（"这是你需要做的"）。通常来说，反馈标签并不会告诉我们太多关于这两个方向的信息。

因此，要想弄清楚标签下的反馈内容，我们需要"具体"了解两件事：

（1）反馈因何而来
（2）反馈要达到什么目的

成因和导向

举例来说：你说我是一个鲁莽的司机。这就是一个标签。它何以出现？有一次，我们一起开车出去，我在开车的时候从驾驶室里回头叫你，又或是我去年出的那次小车祸令你心有余悸？如果我知道答案，破解这一密码就会更容易。

这个反馈有何导向呢？建议是什么？你想要我保持车距，晚上戴眼镜开车，还是在社区街道开车时慢一点，又或是在长途驾驶的前一天晚上多睡一会？

我们用下图来深入讨论和理解反馈的成因和导向。在"成因"方面，我们将会检验那些关键的差异：反馈者的"资料"（他们观察到了什么）与他们对此的解读（他们从观察到的事物所得到的想法）之间的不同之处。在"导向"方面，我们将会考虑两种反馈的不同之处：致力于建议的指导反馈和致力于结论的评估反馈。这张图[①]抓住了这些关键的差别，当你读完接下来的几页内容后，你就会更深刻地体会这张图的含义和作用。

深入发掘反馈成因以及导向需要一点练习，可是一旦你在实际生活中做过几次之后，一切就会变得很自然。

询问反馈出自何处

反馈者需要两个步骤才能得到他们的标签 :（1）观察资料 ;（2）解读资料——说出资料的意义。

观察资料

你得到的反馈植根于其提出者的观察——他们见到的、感受到的、听到的、闻到的、摸到的、尝到的、记住的又或是读到的相关内容。在学术文献中,这些内容被称为他们的"资料",只不过在文献中资料是一些事实和数字。资料可以包括任何直接观察到的内容 :某人的行为、陈述、语调、衣着、工作产品、年初至今的收入、地板上的袜子、办公室里的传闻。以下就是几个资料如何成为反馈的例子。

你的上司听到你对同事说你太忙了所以没法帮他。

你的网球搭档注意到你不再像以前一样能记住得分了。

你的报告没有区分线上销售和实体店销售。

你在餐桌上一直很安静,直到你冲着孩子们咆哮。

资料还会掺进反馈者的情绪反应。"你没有回我电子邮件,我感到泄气。""我很着急地想知道你请假的半天究竟发生了什么事。""你开车的时候距离前面那辆车太近,把我吓出一身冷汗。"

解读资料

通常情况下,人们不会把他们观察到的内容直接作为反馈传递出去。首先,他们会根据自己以往的经验、价值观、想象以及他们对这个世界设定的隐晦规则来"解读"或过滤他们看到的内容。所以,你的上司只会对你说 "你是一个不懂得团队合作的人",而不会对你说"我听到你对格斯说你太忙了不能帮助他"。

阿德里安娜有她关于尼古拉斯的资料——他的销售业绩不佳,他回应客户提问的方式,他的语调以及他的身体语言。她也有许多并非来自于尼古拉斯的资料。她看到过许多销售员和顾客之间的互动，自己多年来的销售经验也为她提供了充足的销售资料。

在不自知的情况下，阿德里安娜解读了自己眼见的一切，并将她的第一手资料转化成了判断：尼古拉斯太悠闲。他对顾客缺乏明显的热忱，根本不关心客户的意向，并丢掉了一笔本可以促成的交易。

这些都是对资料的解读。你观察不到"太悠闲"，"悠闲"本身就是一个基于被观察到的行为作出的判断，而"太"字则是对悠闲程度作出的判断。阿德里安娜也许是看到他丢了一笔生意，不过即使他有另一番不同的表现，最终能否拿下这笔交易也仍然只是一个猜测。解读中包括了对他的行为方式带来的结果的猜测，以及在他有所改变的情况下对未来情况作出的预测。可是，在未来真正到来前，这都只是一种猜想——这是阿德里安娜对她所见的内容作出的解读。

人们常说所有的建议都带有自传体色彩，从某种程度上来说，我们的解读就是如此。我们依据我们自己的生活经历、猜测、偏好、优先次序，以及我们关于事情该如何运作、人应该是什么样的这一套不可言喻的规则，去解读自己眼见的一切。我透过自己的生活滤镜来理解你的生活；我给你的建议以我为基础。

他们会把资料和解读弄混（我们都会）

你也许会认为，如果反馈者直接分享其背景资料，对话就会变得容易得多。反馈者不应该说"**你的报告让人困惑，且缺乏深度**"，他们应该分享背景资料："**我注意到你没有区分线上销售和实体店销售。让我们来谈谈……**"

如果他们这样做自然很好，可他们通常不会这样做——并不是因为他们想小心谨慎或混淆视听。从看资料到解读的过程不过是一眨眼的功夫，而且很大程度上都是在不自知的情况下完成的。人工智能专家罗杰·尚克就观察过这一过程：他注意到电脑的程序是围绕管理和使用资料展开，而人类智能的处理程序则是围绕**故事**[②]展开。我们接受精选过的资料，迅速作出解读，当场得出带有判断色彩的即时标签：**那个会议就是在浪费时间。你的裙子太短了。隔壁桌的人当不好父母。**

当被问及看到了什么的时候，我们会说："我看到有人管教无方。"我们认为这就是实际情况，因为我们就是按这种方式将其储存在记忆中。然而，真正的事实资料是那个女人照看婴孩的方式，或是当婴儿哭泣的时候那个男人回应（或没有回应）孩子的方式。"当不好父母"不是资料，而是我们对遭遇的事件自动的解读。

既然你已经明白其中的玄机，现在请你回想之前我们提到过的一个案例：你对孩子"咆哮"这个事儿。事实上，"咆哮"本身就是对你的行为的一种解读。其他人可能会说你简单粗暴，尖刻，可能甚至还会有人认为你态度鲜明。将我们的解读（咆哮）与事实（真正听到的内容）弄混实在是太容易了。

因此，反馈提出者很少会直接分享标签背后的原始材料，因为他们自己也没有意识到这一点。这时就需要你来帮助他们将其理顺。在此，你的目标不是忽略或放弃解读信息。背景资料至关重要，可解读也不容小觑。至少这是一个人看待事物的观点。因此，你得清楚了解背景资料和解读信息。

当尼古拉斯被阿德里安娜告知他需要表现得更坚决的时候，他可以在脑海里这样拆分它："'更坚决'是一个标签。我不知道它的来因，也不知道它的导向。要想知道它的来因，我要理解构建它的信息资料——阿德里安娜到底看到或听到了什么——以及她到底如何解读这些信息。"

尼古拉斯寻求事实必然会是一个曲折反复的过程。阿德里安娜可能会这样回答："我在销售区看到你过于悠闲。"对话的方式没错，可是正如我们在前文中提到的，"悠闲"不是事实，它本身也是一种理解。为了确切地理解在阿德里安娜看来什么是"悠闲"，尼古拉斯需要弄明白隐藏在这一理解背后的观察到的事实。这就需要展开诸如"是我的语调吗？我的语调如何？还是我的身体语言？你学给我看看……"此类的讨论了。

询问反馈的导向

至今为止，我们谈到的都是反馈那黯淡的成因。现在，我们要转为反馈的导向。

并非所有反馈都包含前瞻性成分。你注意到你的网球搭档在记忆比分上遇到了麻烦。当你将这一观察结果告知其配偶时,你也许并没有提出建议的意图。你的意思可能是——"有三种行为变化值得关注,因为它们可能是痴呆的前兆"——但也有可能你想做的就是将这一观察结果告知他们的配偶。

尽管通常情况下,反馈都包含前瞻性成分。下面我们将会看到,如果是指导型反馈,其前瞻成分就是关于建议;如果是评估型反馈,它就是关于结论和期望。

当你面对指导:让建议明晰

在上文提及的任何一种情况下,你都有选择接受或拒绝他人建议的可能。不过,只需提一个问题,我们就能测试出建议的明晰程度:如果你真想接受建议,你知道该怎么做吗?

大多数时候,这个问题的答案都是否定的,因为建议都太模棱两可。"如果你得了托尼奖,一定要发表一个闪亮全场的获奖感言。""孩子需要爱,可是他们也需要预测性指导和限制。""如果你想在工作中发光,就让自己变得不可或缺。"

上述建议的问题大致有二:(1)我们不知道他们真正的意思;(2)即便我们知道,我们也不知道遵循这些建议该怎么作。"闪亮全场"是什么意思,怎样做才能让我们的感言获得这种神奇的光芒?

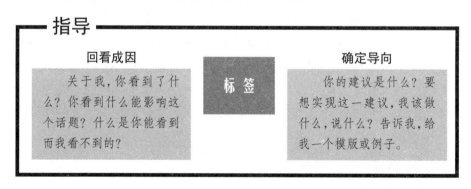

因此,位于接受方的我们必须帮助反馈者更清楚明确地表达本意。"闪亮全场?说一说你的意思。给我一些闪亮全场的发言事例。再告诉我你认为什么样的发言是黯淡无光的。"对比通常都具有启发性,这样你就能知道怎样才能让你的获奖感言更精彩。

现在,让我们看看另一个事例。汤姆快被工作淹没了,他的朋友莉丝的建议是"需要学会拒绝"。莉丝给出的这个建议既毫无帮助还让人烦恼。迄今为止,汤姆了解的全部就是莉丝并不理解他公司的运作方式。

不过,在抛弃这一建议前,汤姆应该对莉丝怎样定义"拒绝"感到好奇。他问她如果他认可她的建议,他该如何应用她的这一建议。莉丝由此开始描述她自己为了学会拒绝而饱受的挣扎和努力:"我觉得这很有用。我和队友们坐下来,描述了我遇到的困境。我解释说我并不想逃避任何工作,但我渐渐意识到我已经遭遇了工作瓶颈,无法实现每项任务中我想达到的那种工作效果。"分享体会让她的同事们和她一起面对挑战,这对解决问题自是大有益处。此外,这样做也给了她的团队一个找到创造性解决方案的机会,这样的解决方案仅靠她自己是无法想出来的。

莉丝还和汤姆说了她刚刚采用的一个新策略:"面对一个请求,我不会立刻同意或拒绝。取而代之的是,我会问一些梳理性的问题。"她觉得最有用的问题是:"和你昨天的需求相比,这个更紧急吗?""这里面有比其他内容更重要的内容?如果有,它为什么更重要?"然后,她会告诉请求者:"我想先仔细检查一遍自己手头的工作,然后再答复你。"这能够帮助她克制住不由自主应承对方的冲动,同时有助于将工作量和优先次序变成一个大家的共识。

当你如此细致地讨论建议的时候,你就已经开始将它具体化了。一旦建议被具体化,你就能明白为何它被贴上"拒绝"标签第一次展示在你面前的时候,你会觉得它毫无用处,可现在它看起来似乎还有点帮助。

当你面对评估:让结论和期望明晰

阐明建议尚不容易,要想澄清伴随评估而来的结论和期望就更艰难了。为何?因为我们尚未从评估本身带来的震撼中走出来。无论高兴还是沮丧,我们的大脑都不可能处于好奇的状态。

然而,如果你收到的反馈是评估的时候,理解其中的前瞻性部分相当重要。**这对我而言意味着什么?接下来会发生什么?对我有何期待?考虑到我现在的状况,我该做什么?**

以下就是一些典型的场景：

评估：经过一系列测试之后，马克斯被告知他聆听高频率声音的听力降低了大约 80%。

马克斯当时说：真的吗？这太让我惊讶了。

事后，马克斯希望要是当时能提出这些问题就好了：造成这一损伤的原因是什么？我能做什么来阻止听力进一步损伤？'高频率'的具体含义是什么？这对我的听力有何影响？'降低了大约 80%'是什么意思？和其他同龄人相比，我的听力如何？这里说的降低对我能够听到的声音有影响吗？这种降低还会持续吗？如果会，速度有多快？

评估：玛吉没有被选为新的部门主管。

玛吉当时说：这太令人失望了。谁得到了这个职位？

事后，玛吉希望要是当时能提出这些问题就好了：你能不能说说你觉得针对这一职位我有何欠缺？人们的担忧是什么？在如何填补我的个人经验或技能方面，你有何建议？这个结果会对我的项目有何影响？就现在和明年而言，我如何才能弥补？

评估：春去秋来，已经和你交往三年的女友依旧不愿嫁给你。

你当时说：（什么都没说）。

你希望要是当时你能问她（也许，你现在还能问她）：你对未来的设定是什么？你是不是对婚姻没有信心或是对我没信心？我们俩的感情里是否有什么是我们应该谈谈的？你觉得明天你能准备好吗？要不我们分手吧？你能接受分手吗？

你已经具备了询问前瞻性问题的技巧；问题就在于使用它们。这就好比拉降落伞上的开降绳。做起来并不难，重点就在于能在关键的时刻记住去做。为了做到这一点，在开始任何有关评估的对话前，准备好一个简短的关键问题清单会非常有帮助。

而且,和忘记拉降落伞的开降绳不同的是,如果你真的忘了问重要的问题,事后,你通常都可以回过头开展一次后续对话。

┌─── 评价 ─────────────────────────────────┐

回顾成因　　　　　　　　　　　　　**确定结论**

你使用的评估标准是　　　　结论是什么?在接下
什么?你认为最重要的是　　　　　　　来的一年里,这会对我有
什么?有没有我应该知道　　　　　　　何影响?我应该思考的问
的担忧?我是否缺少技巧　　　　　　　题是什么,在什么方面努
或经验?　　　　　　　　　　　　　　力?什么时候我们能再次
　　　　　　　　　　　　　　　　　　进行评估?

└──┘

从找错到找不同的转变

至此,我们一直都在谈论隐藏在反馈标签下的内容,以及接受者如何才能提出正确的问题,从而弄清楚反馈的成因和导向。反馈者有自己的想法,我们之前一直在谈论如何将这些想法从他人的脑海里转移到你的脑袋里。

不过,我们还是缺少了点什么。你不是努力地将反馈者的想法装进你的**空脑袋**,而是将它们装进了你那已经**满满当当**的脑袋里。对于对方的这个反馈,你有自己的观点和看法,也有自己的背景资料和理解,以及你自己的人生经历、信念和价值观。所有形成反馈的因素从一开始就存在于你的思想中。

事实上,这也是我们会找错的一大原因:我们知道反馈是错误的或是偏离了主题,因为我们有自己的经验和观点,而我们的观点不同于对方。因此,他们的观点是错的。另一种情况就是他们的观点是正确的,错的是我们,可这似乎更难以接受。

其实,我们还有另一种思考方式。作为接受者,我们不应该用自己的观点去摒弃提出者的观点,也不应该放弃我们自己的观点。首先理解对方

的观点并不意味着假装自己没有生活经历或观点。相反,我们需要理解他们的观点,哪怕我们清楚意识到自己的观点与之不同。然而,除非我们完成一个关键转变——从"这是错的"到"和我谈谈,让我们弄清楚为何我们在这件事上观点不一致",不然,我们几乎无法做到这一点。

如果我们在反馈的某一点上意见相左,其原因也并不一定是我们双方中任一方认识有错,那么,造成这一差异的原因到底是什么?原因有二:我们的背景资料不同,我们对资料的理解也不同。在上文中,为了理解反馈成因,我们探索了对方的背景资料和解读。接下来,为了理解为何有时候我们和对方看待同一件事的观点存在分歧,我们要将对方的观点与我们自己的放在一起,探索双方的信息资料和解读。

不一样的背景资料

我们每个人观察到的资料不一样是因为我们和对方是不一样的人。我们有不一样的角色,生活在不一样的地方,居住在不一样的群体里。我们所受的教育和训练不一样,我们的敏感度不一样,关心的事情也不一样。

有时候,资料的差异是由信息渠道不同所致:你的上司知道你的同事们的薪水,可你不知道;开罗办公室的员工了解当地文化,而伦敦总部不了解;当恋人们注视着对方眼睛的时候,他们所看到的人正是对方看不到的。

你在组织机构中的位置会影响你的眼界。CEO 和前台拥有不一样的信息,因为他们的工作方式和角色不一样,交谈的对象不一样以及他们所负责的事务也不一样。CEO 知道什么会导致董事会上出现矛盾,什么会打击重要客户以及什么会让市场分析师忧心忡忡。前台观察每一个走进这栋大楼的人——董事会成员、供货商、新雇员、警卫和记者——也会无意中听到他们在等候区的聊天内容。前台会听到传闻和抱怨,听到人们认可或不认可 CEO 处理董事会矛盾的方式以及对待重要客户和市场分析师的态度。

即使我们可以接触到相同的信息,我们往往也会倾向于关注不一样的事物。我们沿着同一条人行道向前走:历史学家注意到的是砖砌的建筑物,慢跑者留意的是她膝盖承受的力量,而坐轮椅的人关注的是不那么容易接近的地区。

铺天盖地的信息足以将我们吞没——信息量太大，我们根本消化不了——于是，我们从中取样加以关注，其他的则直接忽略。现在，就在你阅读本书的时候，请停下来，留意那些你之前不曾留意的事物。也许，你能听到一个背景噪音，感受到一阵清风或马路对面那个人的"时尚感"。在这一刻之前，你完全过滤掉了这些信息，而你甚至可能丝毫没有意识到自己这样做了。我们没有留意到自己忽略的事物，所以我们也不会留意到自己做出忽略这个事实。

梅维斯眼下的麻烦就体现了信息获取和侧重问题。她是一个多功能产品团队的律师，这个团队有销售员、产品、法定权利以及一位客户经理。每个团队服务于一位客户，由始而终，每个细节都不放过。

在她的年度评估报告中，梅维斯从客户经理戴维斯那儿收到了一条直率的反馈："你不理解商业中的'经营策略'。你费尽心力写出的法律报告拖延了销售进度，我们因此输给了快速行动的竞争对手。"

这样的反馈让梅维斯感到灰心。那些销售人员——还有戴维斯——都错了。作为一名律师，梅维斯意识到了某些其他团队成员不知道的事情。她知道所涉及的法律问题是什么，除此以外，她还精确地知道共有多少笔交易最终对簿公堂，以及最后的裁决耗费了公司多少资金与信誉。而且，她总是时刻牢记法律总顾问对她的训诫："监管者执行严政，我们必须做到最无瑕的正直。我们的销售人员都是一流的，可是约束他们正是我们法律工作者的工作。"梅维斯认为——完全是无意识地——戴维斯和其他人看到了她看到的事情。可他们没有。在某些时候，他们的确有渠道能够接触这些信息，可是他们没兴趣。在大多数情况下，他们甚至连了解信息的渠道都没有：他们没有参加法律部与法律咨询公司的会议，也从没读过起诉书。

与之相反，戴维斯看到的是：他与客户交谈，了解他们的需求及原因。他仔细阅读销售周报，其中包括那些恨不能锱铢必较的统计数据。他听到的是其他公司对客户做出的承诺，并常常了解到那些由于法律层面的原因被梅维斯拒绝的条款最终在其他公司获得了通过。戴维斯还知道推动销售市场。这些天，一切都围绕着价格点和效率：要么获得高于市场平均的收益，要么就失去订单。没有订单，就没有公司，也就没有戴维斯、梅维斯。

这不是笑话。

在破解反馈密码这件事上，梅维斯没取得任何进展，直到她向戴维斯提问："为何我们在这件事上看法不一样？有什么信息是你知道而我不知道的？"戴维斯和梅维斯各自拥有对方没有的拼图碎片，在所有碎片都放到桌子上之前，他们谁都不能完成这幅拼图。

如果我们能定期就不一样的信息提问，我们的生活也会变得容易得多。可实际上，我们不会这么做。为什么？因为相比于发现不同，发现错误更能激发我们的兴趣，意愿也更强。意识到他们能看到我们看不到的事情远不如聆听他们如何犯错来得惬意。一旦我们发现错误，我们就会变得不能自已；我们必须跳出来，纠正错误。然而，我们不得不与这一本能作战。我们必须有意识并坚持不懈地选择提问，询问对方的信息，同时分享我们自己的。

偏见影响资料收集

另一个因素也会增加发现两者视角不同的难度。我们对事物的留意或忽略并不是随意而为。如果反馈者喜欢你，并且认为你能力超群，他们就会留意你做出的所有出色事迹。他们甚至会偏离自己的角色关系来寻找你的出色事迹。你的光彩也会影响他们对信息的解读。你犯的那个错误不过是例外，这也正好证明了你平时的能力有多强，或者那也许根本就不是一个真正意义上的错误。

然而，如果双方关系中的摩擦力逐渐增大——当爱情的激情渐渐褪去，个中利害渐渐显现，或者隔阂出现——偏见就会转变。现在，反馈者开始关注你搞砸的那些事情，同时忽略你完成的工作。你"愿意承担风险的意愿"现在变成了"冒险"，你"在决策上的坚持"现在被看作是不愿放手。人们会不断收集资料来证实其脑海里对我们的先入为主的观点，无论这个观点好坏与否。这是人类天性。[3]

与此同时，我们对自己也存在偏见。凡事都是公平的，我们将会找到一个称心的故事来解释自己的行为，为其正名。我们会记得自己做得对的事情，正如我们在下一章节所做的探索，将自己的行为归因于良好的初衷。93%的美国驾驶员相信自己的驾驶技术高于平均水平。在2007年《商业周刊》的一次调查中，90%接受调查的经理都相信他们在工作中的表现居于公司前 10%。[④]

我们都觉得存在偏见的是对方,这种偏见也让发现不同变得更加艰难。事实上,我们双方都存在偏见,我们也都需要彼此,如此一来我们才能更清楚地总揽全局。

解读里的差异

导致反馈者认为反馈言之有理,你却认为是一派胡言的另一个原因就是:即便你们双方看到的是同一个信息资料,你们对它的理解依然各不相同。

詹妮向雷普利抱怨说他没能做到保持室内整洁。在认真听完詹妮的话之后,雷普利保证他会改变。在雷普利看来,他的确做到了。可是,詹妮仍然觉得家里乱七八糟。一方面,她感到压力很大,另一方面她也不明白为何雷普利说了他会帮忙打扫但其实没有。雷普利也不明白为何问题明明已经解决但詹妮还是抱怨不休。

雷普利和詹妮获得的信息相同但理解不同。当詹妮环视房间,她看到的是脏和乱,她感到绝望因为她的生活完全失控。她感到工作和家庭让她疲于应付,只要一想到妈妈看到她现在的生活状况时会说什么,她就羞愧得面红耳赤。望着同样的脏乱,雷普利看到的是一个充满孩子般生机和快乐的富足的家庭生活。对他来说,混乱是舒适的。

詹妮和雷普利认为自己理解了对方的意思,因为他们看到的是同一个乱七八糟/舒适的屋子。在这里,问题就出在对事实的解读。在雷普利理解詹妮定义中混乱的意义之前,他无法理解詹妮的反馈。

我们如何理解自己看到的事物是解读反馈时最基本的一环。因此,走近反馈,深入了解一些影响解读的关键因素是非常值得的。

隐性的规则

我们对资料的理解各不相同的主要原因之一就是在我们的头脑里,我们对事物的理解——事物应该是什么样的——有不一样的规则。然而,我们并不认为这是**我们的**规则。我们认为这就是规则。

在你上一份工作当中,所有人都很喜欢你。你新工作的同事则不然。他们说你难相处，可你知道你没有变，而你的同事看起来也都是一些平凡得不能再平凡的人。不同在哪里？就在于隐含的规则。在上一份工作中，大家喜欢直截了当的相处模式：拍脑门，弄清事情。在新公司，你需要表现得"亲善"。你不善于亲善。在你的经验里，亲善等于不够坦率，不够坦率等于消极怠工，消极怠工等于沮丧和低效。这就是新同事认为你难相处的原因。你明白了隐性的规则，就至少明白了为何同事们会这样看待你。

企业文化、地区文化，甚至家庭文化都是"在这里，我们这样做事"这一隐含规则的集合。不过，每个人也都有自己的一套规则。隐性的规则可以是关于具体事件——譬如说，"准时"到底是坐在座位上，随时可以出发，还是刚刚好出现。隐性的规则也可以是关于更抽象的事情——譬如说，生活方式或朋友意味着什么。这些规则通常都对照鲜明。

"这是一个人吃人的世界" VS "你对世界微笑，世界就会对你微笑"
"矛盾不好" VS "矛盾是有益的"
"受人喜欢很重要" VS "受人尊重很重要"

一旦我们理解了隐藏在解读背后的规则，那些看似毫无道理的反馈突然就可以理解了。我曾以为在公司会议上提问能代表我认真参与，现在我知道，这被认为是鲁莽和阻难。

英雄和坏蛋

我们积累自己经验的方式遵循一定的原则，其一就是：我们（通常）都是故事里那个正义的英雄。在凯尼恩学院毕业班的演讲中，作家大卫·福斯特·华莱士说"你们拥有的经验中没有一条不是以你们自己为绝对中心"。[5] 在我们的故事里，我们永远都是桃乐丝、公主或鲁道夫，绝不会是坏女巫、那颗豌豆或任何一头驯鹿。

这使得反馈愈加复杂。

一个儿子去探望刚刚手术后的父亲。刚到医院，他就被父亲疼得死去活来的景象吓了一跳，而医生还拒绝开更多的止痛药帮助他减轻疼痛。他在走廊上向医疗主管痛斥医生的这一无视病人痛苦的无情疗法。那位医生就站在他身边，她一边翻着白眼，一边向主管上司汇报她的评估结果：这不过是**另一个难缠的病人家属，与其浪费时间在他身上，不如用这时间来治疗病人。**

在这个事例中，一部分矛盾来自于信息：外科医生和儿子都是从自己所掌握的信息来看待这位父亲的痛苦。儿子**了解**他的父亲——战斗英雄、足球明星、坚忍的斯多葛主义者。如果他的身体因为痛苦而扭曲，那一定是疼得无法忍受。外科医生知道这种手术的术后反应以及康复时间——剧烈的术后疼痛很快就会消失。她还见过不少病人对止痛药上瘾，也亲眼目睹了病人及其家属为此付出的惨痛代价。

让情况进一步复杂化的是外科医生和儿子都把自己当成是自己故事里的英雄。他们都认为自己是在帮助父亲从痛苦中解脱出来，并且认为对方都已经误入歧途——就眼下的情况而言，就是故事中的坏蛋。现在，我们看到的是两个英雄为了争戴好人帽子而斗争。他们对彼此的反馈不仅仅是关于止痛药。这是一场道德之战。

提问：哪些是对的？

发现不同——尽可能细致且准确地理解为何你和对方对事物的看法不一样——是一副至关重要的滤镜，透过它才能接受反馈。你会更充分地了解反馈因何出现，建议是什么，如何应用它以及为何你和反馈者对某些事物的看法不一样。

当整个过程进行到这一点的时候，列出一张对方的反馈可能是"正确"的清单也会有所帮助。这时，我们需要很小心，因为发现正确会在不经意间变成发现错误。当你寻找正确的内容时，你很容易就会坠入对与错的框架，通常情况下，你会发现错误。

因此，我们在此使用的"正确"一词并不意味着对客观事实的最终定夺。我们用它来指代一种心态：对方说的有哪些有道理，哪些似乎值得一试，以及你如何才能转变思路，看到是什么让对方存疑，对方提出的反馈如何能帮助自己。这就好比徒步穿过树林时，只留意沿途的小鸟而不是大树。留意那些小鸟并不会让大树变成"错误"。

让我们回到梅维斯和戴维斯的故事。梅维斯可以提问，为何她和戴维斯的看法不一样，可是她也同样可以问自己，戴维斯的反馈中有哪些内容是正确的。他所说的速度问题有没有正确的一面？销售团队成员感到受挫有其合理性吗？某些竞争对手对条款做出（显然）不一样的法律裁决是否有合理之处？交易成功对梅维斯、对戴维斯以及对公司意义重大是否有一定道理？寻找反馈中的正确之处就是找到一个立足点，基于这一点，双方的对话能够形成一种牵引力，引导双方探寻合作解决方法。同样，基于这一点梅维斯就不会那么轻易地抛弃戴维斯的反馈。

反馈	不同之处	正确之处
戴维斯给梅维斯：你让我们丢了生意。	不一样的信息，包括真正的诉讼风险、法律顾问的警告、成交的比例以及其他公司的做法。	速度问题。如果其他人做出不一样的法律判断，我们就应该了解其原因从而决定我们是否认同。丢了生意和我们双方都有关系。
玛吉没能升职为部门主管。	决策层知道更高层所需的技能，也知道其他人对玛吉领导力的看法。玛吉知道她付出的长时间劳动及完成的额外工作。还有隐含的规则：玛吉认为资历很重要——升职是对辛勤工作的奖励，也可以在新职位上学到更多。她的老板认为在不具备新工作所需技能之前，你无法获得升职。	正确的一面是：与其他候选人相比，我在预算流程中的经验更少。合理之处在于：如果我理解了升职的标准，无论我是否认同该标准，我都能对自身目标和下一步规划，做出一个明智的决定。
她还是不愿嫁给我。	对于感情或婚姻，对于何时才算充分了解从而做出承诺，她有不一样的隐性规则，或者过去的情感经历增添了她的焦虑。她关注的是她内心最大的恐惧，而我的焦点则在我最好的愿望上。	正确的是，她还没有准备好；理解其原因也许能帮助我了解我们是否拥有相同的目标和感受。合理的是，鉴于我还没有被认可，我就有责任需要去做得更好。

如果你仍然不认同

有时候，你会充分而彻底地了解对方的反馈因何而来以及他们的建议是什么，而你仍然不能表示认同。事实上，当你已经充分地理解了对方的反馈之后，也许在你看来，他们的反馈似乎显得更加不切题，或者更不公平。

对你们而言，这样的情形可能会有些令人沮丧和尴尬，但是就沟通而言，你们已经成功了。你的目标是理解反馈者，并让对方理解你。如果你最后认为反馈有帮助，那就接受它。如果你不这么认为，至少你了解了反馈的来龙去脉，了解了他们的建议是什么以及你为什么拒绝它。这也适用于评估。你对评估的来源和结果了解得越充分，你就能越清楚地解释你为什么不同意它。

坦率和诚实地展现你的反应并不违背开放和好奇的原则。你可以说出你的想法：

哇哦。听到这个的确让人有些苦恼。

我永远都想不到会这样。

这与我对自己的看法相去甚远——或者说这不是我希望看到的大家眼中的我。我想解释为什么，不过我也想确定是否我真正理解你的话的意思。

你说出这些话并不会让对话戛然而止，相反，你分享了自己的想法并会尝试着去理解。说出这番话后，我们应该承认我们的理论：我们发现，对反馈了解得越充分，你从中发现可用信息的可能性就越大，如若不然，你至少能够获知对方理解你的方式以及原因。

"为何反馈做不到客观？"

看到这儿，你会疑惑：如果是主观性和个人理解让反馈变得如此艰难，为什么不能客观一点，坚持事实呢？出现这种疑惑很正常。许多组织试图通过开发能力模型、制定行为指导以及使用准则和标准来考核绩效。这样能够统一预期并澄清标准。可是这些制度并不能去除反馈中的主观性。没有任何事物能做到这一点。

无论你奉行的准则是什么，其背后往往隐藏着你的主观判断：为什么 X 最重要，为什么 Y 没算在内？如何应用这个准则也同样离不开主观判断：你"符合预期"的基础是我的预期。这些预期公平吗？公平？不公平？我们又从何而知？最终，我们得出了对某人的评价。

净利润呢——它客观吗？从某种意义上来说，它是客观的。数字就是数字，它独立于任何人的主观愿望或意见之外。可是，这个数字是什么意思？高于市场平均值 0.5 个百分点是好还是坏？预期利润翻番就是好吗？又或者从一开始就不管预期利润呢？CEO 的绩效与利润之间有何关系？每一个问题都能让我们争辩，不是吗？

无论你对标准和准则定义得多么清楚，当它被某人用于评估一个人的绩效时，它都会涉及判断。如果建议带有主观性，评估也一样。我们对其他人做出的评估都是我们（或我们的组织）的喜好、臆断、价值观和目标的一种折射。它们可能是被广泛认可的，或是具有某种特异性，但无论是前者还是后者，它们都是我们思维的产物。

正因为如此，那些技巧高超的指导者或评估者才会显得如此珍贵，因为他们具备强大的判断天赋。一个苹果手机的 APP 应用程序能够告诉一个演唱者她是否唱准了每一个音；她聘请声音教练就是为了得到他的判断以及他经验丰富的观点。他能帮助她用歌声打动听众。没有哪个 APP 程序能够告诉你你的领导是否高效，你是否拥有凝聚力、持久力或是能量。只有被你领导的人能告诉你这一点。

所以，我们的目标不应该是去除解读或判断，而应该是三思后再作判断，一旦作出判断就要确保它们透明且可讨论。

带评论的对话

让我们来看看这样一段对话，其中，反馈接受者做出了事实原因反应，可即便如此，接受者也非常努力地理解反馈。对话背景如下：公司 CEO 保罗让人力资源部主管莫尼夏筹划并开展一次公司氛围调查，从而确定高层管理团队有何需要改进之处。莫尼夏和她的团队花了几个月的时间从全球各分部员工那儿收集信息，最后的结果令人不安。

就在莫尼夏向高管团队陈述这一发现时，她与公司 CFO 约翰发生了一次紧张的对话：

约翰：莫尼夏，你到底打算用多少种方法来告诉我们，我们的员工认为管理层不称职？我们已经知道了。不过，我想诚实地告诉你，我不太相信这一结论。

莫尼夏：约翰，这的确令人惊讶，我能理解，可是我认为重要的是我们——

约翰：来来回回就是这些没用的东西。你知道这意味着什么吗？

莫尼夏：你对我的陈述内容有更具体的问题吗？我能从方法论上展开阐述。

约翰：我相信关于你的方法论你有很多有趣的东西可讲，但不幸的是，我们中有些人还有工作要做。

说完，约翰就走出去了。

约翰处理对话的方式让保罗有些懊恼，不过坦白说，他也有和约翰一样的沮丧感和怀疑。会议延期了，保罗确切地告诉莫尼夏，他知道她的团队为了这个项目辛苦工作了很久，虽然这个结果让他感到不满意，但是他非常愿意更深入地了解它们。他让莫尼夏在第二天谈话前先暂停这个项目。

保罗的准备：心态和目标

保罗最初的反应是反馈与他对公司的理解不一致。不过，他征集信息的目标不是接受或拒绝，而是首先理解。他会保持一颗好奇心，发现标签，弄清楚莫尼夏的资料及其解读。他也会分享自己的想法和观点。

对话

保罗：莫尼夏，我们需要深入讨论的事情有很多。我最初的反应是两个。其一，"哇哦，如果这就是大家的感受，那真是一记警钟，我必须好好了解。"与此同时，我必须承认，其部分内容与我对公司氛围的理解不一致。所以，这让我困惑，我很高兴你能过来和我谈谈这件事。

评论：很好。保罗的陈述反映了一种开放、学习的心态，与此同时，他也诚实地表达了目前自己的想法和感受。

莫尼夏：保罗，你可以忽略这个反馈，我完全能够理解你这样做的倾向性，可是我认为逃避现实只会让我们走投无路。

评论：这不是保罗期望的反应，但是他不应该就真的上钩。他不应该抗议："我没有逃避现实！"他应该坚守对话最初的主题：调查结果的意义以及如何让它们变得对公司有帮助。

保罗：反馈与我认为的现状不相符，但这不意味着我对现状的认识是准确的。因此，这正是我想要调查和理解的。

莫尼夏：我想，最根本的发现就是我们的中层管理者感到自己失去了影响力，成为了圈外人。

保罗：让我们说得更具体一点。他们觉得"失去影响力，成为了圈外人"是什么意思？

评论：干得漂亮。保罗没有用诸如"好吧，我们不能在做每个决定的时候都考虑他们"之类的话为自己辩解。取而代之的是他提问，试图挖掘标签下面的内容。

莫尼夏：我们的调查对象包括每一个人，从基层员工到副总裁。大家普遍感觉跟管理执行团队沟通不畅，建议不被采纳，个人贡献没有得到应有的重视。

保罗继续询问数据——有多少员工这样认为，该调查是如何架构的等等，莫尼夏提供了上述信息。

保罗：好吧，让我们来看看实际案例。

莫尼夏：许多人提到了职业道德课程。对于员工不得不上长达一年的一系列职业道德课程，而高管们只需参加一个两小时的讲习会这件事，许多人都表示不悦。

保罗：好吧，我们并没有把它们称为"职业道德课程"或"职业道德会议"，可是职业道德就含在我们每一天的工作中。我不断地见律师，见安分守己的员工，还有风险管理者。我做的所有事情都是围绕职业道德和价值展开。

评论：保罗这样想似乎理所当然，他这样说也同样理所当然。不过在这次对话中，如果他希望进一步深入，还可以有更好的表达。譬如说：

保罗：如果人们觉得这个计划带有讽刺性，或者高管层并不认可它，我都能理解为何他们会感到沮丧。从我的观点出发，我的大部分工作都是关于职业道德。我见律师，见安分守己的员工以及风险管理者。不过很显然，中层管理者对此有不同意见，这值得我们关注。

莫尼夏：是的，他们对此有不同意见。这一部分与感知和消息传递有关。不过我认为这其中有更深层的东西。一个真正的态度问题。

保罗：我不太明白你的意思。你说的信息传递与态度是什么意思？

评论：这很好。如果你没有充分理解某些内容，就让对话慢下来，提出问题。

莫尼夏：信息传递问题和态度问题之间存在差别：高官只需接受2小时的职业道德指导背后的根本动机是什么？

保罗：其中一个就是，我们想传递一个信息，那就是这真的很重要。

莫尼夏：可是我认为他们听到的消息是"高层并不太需要它"。这不是你想传递的信息，可是事实上，这个信息精确地反映了高层团队的态度。

保罗：啊，这很有趣。所以你是想说我们传递了一个我们本没打算传递的信息，可它恰好代表了事实。

莫尼夏：我想是的。

保罗：先说明，我只是想弄清楚事情，你认为这就是有些人对我个人的看法吗？他们认为我觉得高层团队不需要职业道德培训？

评论：这是一个很有用的问题。如果他们不探讨这个问题，保罗就会认为莫尼夏是在谈论别人而不是他，并带着这一印象离开谈话。

莫尼夏：我没有员工们在这方面如何看待你的具体信息，可是请回答我一个问题：你个人对高层管理者和职业道德培训的态度是什么？

保罗：正如你所说。我真的认为我花了大量时间在职业道德上，我觉得我个人不需要去参与培训。然而，这传递了一个坏消息。

莫尼夏：那么，有两件事你可以做，二选一即可。你可以更明确地解释为何你认为高层管理者不需要这个培训而其他人需要；或者，你可以培养一种心态，让你真心认为你需要它，然后全身心地参与其中。我都可以想象得到，你一听到第二个选择就会想："我只是太忙了，没时间。"

保罗：我正是这么想。理想情况下，我能够参与，可是我真的太忙了。

莫尼夏：如果高层管理者因为太忙而无法接受培训，这会让下层员工怎么想呢？这样的培训又有多重要呢？反之，他们可能会认为这很重要，这意味着高层管理者也应该很重视它。

保罗：好吧，我开始有些明白为何有人会忿恨不平或是觉得我们虚伪了。这让我有点震惊。不管怎样，我们需要思考的太多了，而这还只是调查结果的冰山一角。不过，有了我们刚刚的谈话，我对员工是如何看待公司领导层及其原因有了更深入的了解。

保罗与莫尼夏的这次对话并不容易，可它很重要。关键就在于目标和心态。保罗并没打算寻求认同或拒绝，也不是为自己辩护或寻求接受。他试着去理解。这不是解决问题环节，这是理解环节。如果保罗遵从他的本能，他从一开始就不会同意莫尼夏的话，他们的对话可能也会就此结束。取而代之的，他找寻标签，并且努力地发掘标签后面的内容，当不确定莫尼夏的意思时，他没有任由困惑溜走。他提出问题。

……

要想放弃找错并不容易，但你也不是一定要彻底放弃它们。你可以在周末和朋友们一起，一边喝着啤酒，一边给对方找错。争辩、指责、发泄、否认——给对方点小麻烦。如果你们觉得这很有趣，那这就是有趣的。

不过，一旦涉及重要事件，当你收到反馈而对方相当重视它的时候，又或是它对你具有潜在的帮助的时候，请放下纠错的心态。你需要变得善于找不同，有时候，你还需要换位思考。真正的学习要求你认真、努力，不过它最终带给你的回报也会很丰盛。

总结：一些关键点

反馈最初以模糊的标签呈现。

为了理解你收到的反馈，不妨讨论它：

- 成因：他们的信息和解读
- 导向：建议、结论和期望

提问：有何不同

- 我们面对的资料
- 我们的解读和隐含的规则

提问：反馈中的正确之处是什么，从而发掘出反馈的合理之处以及需要你关注的要点。

双方一起努力，以获得一张更完整的图画，从而让你们（双方）都能最大程度地提高。

第四章

看到你的盲点

发现你是如何走到这一步的

安娜贝拉是一个超级大明星。她忠实、富有创造力、不知疲倦且小心谨慎。她记得大家的生日。不过，真正让她变得不可替代的还是她那善于分析的智慧与令人着迷的神秘魅力。

然而，她团队里的每一个人都很讨厌她。

这并非危机。安娜贝拉不是恃强凌弱的女魔头，也不是背后捅刀的小人。恰恰相反，她关心团队成员，并且相信他们快乐时团队的产出才最大。

可是他们并不快乐。安娜贝拉知道这一点，因为三年后的第二次全方位测评告诉了她这个结果。她"难相处"，"缺乏耐心"，"对待我们毫无尊重可言"。要接受这些的确很难。自从上一次评估后，安娜贝拉就一直在努力地向周围人表达她对他们的尊重。三年后，问题还在那儿，她一直以来的付出和努力没有获得任何认可。

安娜贝拉想知道是不是还有别的事情。也许，她的下属在搞阴谋诡计，又或是他们很享受这种针对上司的匿名攻击？或许，这是一种心理映射。有时候，人们与权威人物在一起的时候会不由自主地陷入"家长—孩子"的关系模式，从而找出不相干的问题。

安娜贝拉是对的：这其中的确还有别的事情。不过，团队成员并没有玩弄阴谋诡计，也不是想找她的茬或是把她当成了缺席的父母。

尽管安娜贝拉试图尊重她的团队成员，但是她传递出来的一些下意识的信号一直都在破坏她的努力。托尼解释说："当安娜贝拉承受压力的时候，与她共事就会变得困难。她会说'请'和'谢谢'，可是抛开这些形式化语言，她其实缺乏耐心，而且对人轻蔑。当我带着问题去她办公室找她的时候，她会对我翻白眼，回答我的话尖酸刻薄。然后，她就会告诉我门在哪里，冷冷地提醒我，它一直开着。"

安娜贝拉很清楚她想树立何种形象，只是她看不到自己对其他人造成的实际影响。

安娜贝拉其实并不是个例。

佐伊认为她支持新观点，可第一个将创造性建议拒之门外的那个人总是她。

穆罕默德把中性问题（"你周末过得好吗"）当成批评（"你是不是觉得我周末过得不好"），同时他也对为什么其他人总觉得他是个刺头而困惑。

朱尔斯会在你已经暗示他你得走了之后继续滔滔不绝地说个不停。有时候，甚至在你走后他还在说。

这些人怎么会如此不注意自己的言行？有没有可能我们其实也和他们一样？

是的，完全有可能。

事实上，在我们认为自己所呈现的自我与他人眼中的我们之间往往存在一道鸿沟。我们可能会认不出他人反馈中的自我，哪怕这是每个人都认同的普遍看法。

为何我们的自我感知和他人眼中的我们之间会存在这样一道鸿沟？好消息是他人对我们的理解和误解都自成体系，完全可以被预测。

鸿沟地图

鸿沟地图突出了一些关键因素，正是因为有了它们，我们想展现的自我和实际被看到的自我之间才会出现差异。从左至右阅读过这份地图后，导致我们产生盲点的原因也就一目了然了。

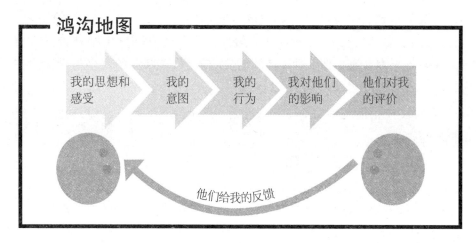

让我们先从地图最远端开始：我们的思想和感受。我们的意图就形成于此——我们试图做什么，我们想要什么事情发生。为了实现我们的意图，我们做事、说话，我们付诸行动。这些行为对他人产生影响，基于这一影响，其他人渐渐形成了一个关于我们的意图和性格的观点。接着，他们将这些感知中的一部分以反馈的方式返还给我们。等到他人描述你——他们描述的形象与你所了解的"你自己"之间只有非常模糊的相似性。我们由此退缩，我们侧目而视，我们摇头。我们不认识那个自己。

在这种连线过程中，消息会被断章取义。通过凑近更仔细地观察信息如何在地图上移动，我们就能精确地找出哪里出了问题及其原因。

让我们用这幅鸿沟地图来解释发生在安娜贝拉身上的故事。

背景回顾：三年前，在第一次 360 度全方位评估中，安娜贝拉了解到她的下属觉得她对待他们缺乏尊重。她惊愕地发现他们不快乐，而她也衷心地想要他们更快乐一些，所以从那以后，她一直都在努力让自己更"尊重他人"。

现在，让我们回到地图上看看发生了什么。安娜贝拉的焦点落在改变她的行为上（第三环）；可是她的思想和感受（第一环）没有任何改变。这就出现了问题。

安娜贝拉对她的团队的确切想法和感受是什么？它们都包含在多年来

形成的预期和假设中。安娜贝拉对自己和身边的人要求都极高。这是多重因素共同作用的结果：她本人的气质、早年的家庭生活及其之前的学习和工作经历——从中她得到的都是积极反馈，她被认为是一个安静的、足智多谋的人。就像河岸边一个被河水逐渐冲刷成形的小镇，这些经验累积叠加进而形成一个面积更大的村庄——渐渐形成了她对"好"或"有能力"的理解，也有了她自己的价值观、设想和期望值。

这时，我们遇到了围绕这一情况而形成的逆流漩涡：当团队成员带着问题来找她的时候，安娜贝拉往往会感到心中不悦，因为她认为下属们应该像她一样，迫不及待地自己想出解决这些问题的方法。她相信他们根本没有尝试去想，或是对问题关注度不够。结果，她通常都会对她的下属表现出不耐烦、恼怒和失望。

于是，她的内心思想和感受（第一环）同她的意图（第二环）之间就出现了偏差。她认为她将这一偏差隐藏了起来，可事实上，这些内心想法和感受会不自觉地泄露，通过面部表情、语调和身体语言体现在她的行为中（第三环）。

她的同事"读到"了这些泄露出来的思想和感受，由此对安娜贝拉的意图产生了疑问。而她却认为自己的意图是积极的："我想要同事们感受到我对他们的尊重，我也一直努力地让自己表现得充满敬意。"可是她的团队成员讲的是一个完全不同的故事。他们眼中的她虚伪，甚至有操控他人之嫌："你想要我们认为你尊重我们，可事实是你并不尊重我们。现在，你不仅仅是缺少敬意，你还很虚伪。"

现在，安娜贝拉的团队愈发不快乐，受挫感也更强烈了，在最近的一次测评中，他们清楚地表达了这一想法。安娜贝拉收到了评估，结果令她感到震惊，觉得自己的付出没得到赞赏，还被误解了。她和她的团队正处于一个充满对抗的恶性循环中。

接下来，我们将会探讨一些他人看得到，我们看不到的关于我们自己的事情——我们的盲点——然后，我们一起来看看三个"放大镜"，他人看到的我们与我们对自己的认识之间的系统化差异，而扩大地图上鸿沟的恰恰就是这一差异。

行为盲点

盲点就是我们看不到，别人能看到的关于我们自己的事情。我们每个人的盲点篮中都有一些特定的物件，但也有一些盲点是我们共有的。

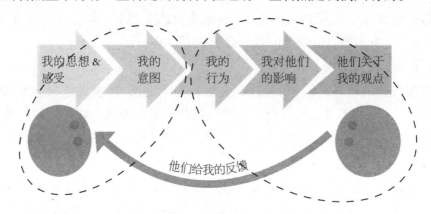

如果我们把我意识到的事情和你意识到的事情加入到地图上，结果就是我的行为在你的意识之中，但几乎不在我的意识之内。在人与人的交际中，我们都深知这一点，然而不知为何，在我们的眼中，自己的行为在很大程度上都是隐形的，意识到这一点后，几乎所有人都倍感惊讶。

你那张泄露真相的脸

谁能看见你的脸？所有人。谁看不到你的脸？你自己。

我们通过面部表情传达的信息量大得惊人。不过，我们没有意识到自己的脸就是一个盲点。究其原因就是：我们被困在自己呈现给外界的形象中。我们都知道浴室镜子里的自己是什么样子，可是我们不知道自己在别人眼中的样子，也不知道在与他人交流互动时以及面对生活中的真实事件做出反应时自己的样子。

一对得体的眼柄能有所帮助——会旋转的那种，就像 20 世纪 50 年代电影里外星异性头上的那种。有了眼柄，我们就能获得更多信息，明白为何人们会对我们做出这样的反应："哦，现在我明白为什么你认为我在为自己辩护了。我看起来就是一副严阵以待的样子。"

为什么这么多信息都是通过面部表情进行沟通？这不是因为我们的脸

具有如此强大的表达力，也不是因为它表达得特别清楚。我们的额头上没有感受公告栏。之所以会这样是因为大多数人都极其善于阅读他人的脸。几千年来，这个能力一直都在发展进化。人类能够在各个进化项中胜出不是因为我们最强壮，甚至也不是因为我们是最聪明。我们胜利是因为我们能够与其他人合作。我们能够一起做我们独自无法做到的事（譬如，大规模狩猎）。

不过，不仅仅会合作，我们也会竞争。当有人想帮助你或想伤害你的时候，你的社交生活很快就变得复杂。这种"合作—竞争"模式回报的都是那些能够确切分辨敌友的人。这就要求人们具备能够对他人情感做出睿智的猜测的能力。[1]

我们如何才能做出这种猜测呢？当然，我们会聆听他人述说他们自己的感受和动机，可是仅仅如此还不够。如果他们试图欺骗我们呢？我们需要一个不单纯依靠蓄意的沟通就能测评感受和动机的方法。因此，我们培养出了一种阅读脸部和语调的细微差异的能力，通过它我们开发出了一套关于交际对象的"心智理论"。[2]

最能体现人类阅读他人的灵巧性的就是在这一技能缺席的时候。那些患有自闭症的人努力想获取的恰恰就是这一技能。他们通常都不会直视他人双眼，也无法阅读通过脸部或语调传送的社交线索。[3]他们需要奋力学习才能获得这种对大多数人而言再自然不过的语言。

我们不断地接收、阅读这些线索，而且很大程度上这一切都是在无意识的状态下完成的。科普作家史蒂文·约翰逊写道，我们能够"只需扫描他们的眼睛或嘴角就能知晓其他人的情绪"，他还补充说这是一种"进入前台进程的后台进程；我们都能意识到它给我们带来的视角和感知，可是我们却通常意识不到我们是如何收到这一信息，以及我们到底有多善于从中提取所需资料。"[4]

你那泄露真相的语调

从语调中传递出来的有关我们自身感受的信息也同样多得惊人。其他人获得的语意不仅仅来自于我们说了什么，还来自于我们如何说。我们尚无法给出精确的百分比（一项研究表明是38%，）[5]可要点还是落在：语调传递的内容有很多。

一名演员可以用 100 种不同的方式说"我爱你",每种方式表达不一样的意思。它可以是一种表达,其中饱含激情、顺从、信心或怀疑。它也可以是一种宣告,或是一个问题。你知道我爱你吗?我爱你吗?你爱我吗?语调、音高以及节奏——语言学家称之为语调轮廓——能够突出或破坏语意,并传达关于说话者情绪的丰富信息。

婴儿通过位于耳朵上方的颞上沟(STS)对他们听到的内容进行分类。四个月时,所有的听觉信息——无论是妈妈的声音,还是汽车的喇叭声——都由 STS 负责收集处理。可是到了七个月的时候,婴儿们就开始对声音进行筛选,只有人类的声音会引起 STS 的关注。[⑥] 而且,当声音带有情绪时,STS 的活动会显现出明显增强的信号。我们的这一小块大脑就是为了接收语言、阅读语调及其含义而生。

但请注意这一点:当我们自己说话的时候,STS 就会关闭。我们听不到自己的声音,至少和听其他人的声音不一样。这就解释了当我们收到与我们如何说某事有关的反馈信息时,我们为何会如此惊讶。("语调?我根本就没用那种语调!")这也解释了为何当我们听到自己的声音录音时会觉得如此陌生。当我们的声音从扩音器传送出来,它会通过 STS,突然之间,我们就像其他人一样听到了自己的声音。)("我听起来就这样?!")在生活中,我们每天都会听到自己说话,可实际上我们从没听到。

有趣的是,这也是顶级歌剧歌手经常会聘用声音教练的部分原因。"我们把他们当成我们'外在的耳朵',"女高音蕾妮·弗莱芒说,"我们唱歌时听到的并不是观众们听到的。"[⑦]

伦敦大学学院的研究员苏菲·斯科特推测我们的"听觉"STS 大脑之所以没注意到我们自己的声音,一部分是因为我们太专注于聆听自己的思想。我们的注意力一次只能关注一件事,所以我们的焦点落在我们的意图上——想明白如何去做我们想做的事情。安娜贝拉的焦点就在她的思想和意图上,而并非她的行为和语调。[⑧]

因此,和我们的面部表情一样,我们的语调常常会在无意中出卖自己的想法和感受。我们试图让自己的声音听起来很放松,可传递出来的信息是不自在;我们想让自己听起来有信心,可他人听到的是言过其实和不可靠；我们想表达爱却种下了怀疑的种子。

你那泄露真相的模式

我们身上的某些细节会成为盲点，要想理解这一点很容易——微皱的眉毛、尖利的语调。然而，让我们诧异的是自己对那些非常明显的行为模式也会不自知。

对于班尼特，这显而易见。一天晚上，他和家人们玩起了动作猜字游戏。当他五岁大的儿子滑稽地模仿一个人一边踱着步子，一边冲着手机大叫的时候，他的女儿立刻大叫："是爸爸！"班尼特脸部微微一颤："怎么会是我？""因为，"她回答，"你总是在打电话！"

他有吗？当孩子们在身边的时候，班尼特会尽可能地缩短打电话的时间。可是，这不是孩子们看到的情景：在他们的印象里，他一直都在不断地打电话，打断了家庭时光。导致这一差异的原因之一就在于他们对时间的感知观点。当我们打电话的时候，我们会沉浸在与对方的对话中，时间过得飞快。我们身边的人听到的是可怕的一半对话；没有任何故事，只是莫名其妙的一半对话，而时间就这么溜走了。

即便是我们生活中的重要模式也都几乎是他人可见，但对我们自己而言就是盲点。在过去的四年中，你一共有过六段不同的感情经历。每段感情刚开始的时候，你都会对所有朋友说："这就是那个人。"当这段感情带着放纵的旅行和冒险走过最初的激情期，逐渐稳定下来的几个月后，分手的念头不知从哪儿冒了出来，随后，你终结了它。这几段感情中唯一值得注意的就是你的朋友们能够在每段感情刚开始的时候就绘制出它的发展历程，可你自己却对你的每段感情都遵循同一种发展模式这一事实完全不曾察觉。事实上，直到你最好的朋友给你指出这一点后你才开始注意到它。

电子邮件里的身体语言

令人惊讶的是，即使是在电子邮件里，人们也会试图寻找情绪和语调。或者更准确地说，尽管无法直接看到发送者的脸，也无法听到其声音，我们仍然保留着想知道他们情绪和意图的欲望，所以我们会收集能够找到的一切线索。

电子邮件能够提供一些明显的线索，譬如全大写字母、大量的叹号和问号，以及哪些人突然（战略性地）出现在抄送者栏中，此外还有更多小细节，例如措辞或者时机。我们会怀疑他们为什么回复得这么快，或是他们为何要等这么久才回信。他们那三个字的回答到底是戳中要点，还是仅仅含混而过？他们的大段文字究竟是三思后的成果，还是一个恼怒的标志？我们知道他们说了什么；我们想知道的是他们的用意。

他们也许能准确地看到我们试图隐藏的东西

人们总是在观察我们的脸、语调和行为，这是事实，但这不意味着他们读到的信息都是正确的。他们通常能够分辨出我们说的内容和时间与我们的感受不符，可是他们并不总是能够说出原因。

有时候，人们对我们的观察结论就是错了。在鸡尾酒会上，你有些害羞，希望有人能接近你。然而，当你在门口徘徊的时候，其他人认为你"清高"或"我们其他人配不上你"。他们从你的行为举止中看到了什么，但是他们对你的解读出现了偏差。

还有些时候，人们看到的恰恰是我们想隐藏起来的。安娜贝拉的同事看到的就是真实的她。翻白眼，叹气，还有咬牙切齿的微笑——她试图把自己的真实感受藏起来，却留了一个缺口。她不必说"我很失望"。她的脸已经帮她说了。⑨

三个盲点放大镜

其他人观察到的关于我们的事情，我们自己都看不到。我们的盲点是他们的热点。然而，观察的差异只是造成盲点的部分原因。有三个放大镜，它们会放大我们对自己的感知与他人眼中的我们之间原本就存在的鸿沟。这三个放大镜虽相互关联，但每一个都值得我们仔细检验。

放大镜 1：情感加减法

情感在他人如何看待我们和我们心目中自己的形象之间的鸿沟中扮演重要角色。我们会在事后的描述中减去某些情感："那个情感不是真正的我。"可是，其他人却会把它放大："那个情感恰恰就是你的真实写照。"

萨沙的女儿最近离开家去上大学了，让她没想到的是这让她有种失去至亲的感觉。她的朋友奥尔加是她最好的闺蜜，从各个方面支持她。所以，当萨沙从她们共同的朋友那儿听到奥尔加把她描述成"相当自我，喜欢当受害者"的时候，她惊呆了。

萨沙并不认同这一描述。虽然她是说过感到很孤独，可是当你唯一的孩子去上大学了，这难道不是很正常的反应吗？萨沙没有完全意识到她向奥尔加倾诉的抱怨带有一种残酷本质。一天好几个小时，连着好几天，她一直都在诉说自己的痛苦，丝毫没留意这一切对奥尔加的影响，她甚至都没询问过奥尔加的生活。（奥尔加也正面临她人生中的艰难时刻。）

萨沙和奥尔加都是我们同情的对象。萨沙很痛苦，奥尔加被她一直以来对朋友的支持所累。我们理解为何萨沙会向奥尔加抱怨，也明白为何奥尔加会向她的朋友发泄。我们的要点既不是评判，也不是留意萨沙如何从关于自我的故事中剔除了自己的情感。情感加减法解释了萨沙听到反馈时的反应。她之所以受伤不仅仅是因为奥尔加向她们共同的朋友发泄，还因为奥尔加的话让她很困惑。**这不会是真的**，她心想。**奥尔加为什么要这样说呢？**

沟通时，愤怒的一方往往会无视自己的情绪。你和同事为了将明天在董事会上的演示稿确定下来感到压力巨大。当晚的晚些时候，同事突然想到一个思路完全不同的点子，并兴奋地和你分享了他的新点子。你直接打断他："你想重新开始？在现在这个时候？不可能！"说完，你快速地离开了会议室避免自己说出更多的气话。

第二天，当同事和你提起你昨天大发雷霆，"一怒之下"冲出房间的时候，你难以置信地说道："我从没在你面前提高音调。"你还很肯定地说："我也没有'一怒之下'。"在你的脑海里，你从没这样过。当我们生气的时候，我们的注意力集中在挑衅和威胁上。事后，我们能够想起的也是威胁。对你同事而言，你的愤怒就是威胁。这不是断章取义，这是故事的核心。你的愤怒就是同事看到的以及他与你互动的全部。

正如上文事例中展示的，强烈的情感似乎只是环境的一部分，而并非我们的一部分。我们认为，不是我发火了，而是当时的情形相当紧张。然而，情形其实不紧张，紧张的是人。

放大镜 2：境况 VS 性格

情感加减法的确涵盖着丰富动态。当事情出现问题，而我身处其中的时候，我往往会将自己的行为归咎于当时的境况；你则倾向于将我的行为归咎于我的性格。[10]

我吃掉了宴会上的最后一块蛋糕，你说这是因为我自私（性格），我说这是因为其他人都不想吃（境况）。我快速跑来参加电话会议，结果迟到了5分钟，你说我注意力不集中（性格），我说我得同时应付五件事（境况）。当我又请假一天，你说我不可靠（性格），我解释我不得不送生病的姨妈去医院（境况）。

这里列出的差异并不仅仅是为我们自己开脱。这真的是另一种描述事件的方式。在极端情况下，这也有助于解释为何有人因商业欺诈被定罪，有人连累数十位投资者破产，可这些人却认为自己是这个社会的杰出成员："我一直都有社区意识且慷慨大方。我从没想过要伤害任何人。我是因为某些失控的事情而被抓。"出问题的是境况，不是我。

放大镜 3：影响 VS 意图

第三个放大镜其实早已在鸿沟地图上展示出来了：我们通过自己的意图（第二环）来评判自己，而其他人则是通过我们的影响（第四环）来评判我们。考虑到即便是良好的初衷也能招致负面影响，所以这自然也就导致了你讲的关于我的故事大大不同于我所知道的"真实"故事。

我们从安娜贝拉身上看到的就是这个。她的同事常常让她感到失望，她也经常对他们流露出轻蔑之意。可是她想要他们感到快乐并得到赞赏，所以她给自己制定的意图是让自己看起来充满敬意。她尝试着去做一些积极的事情。这样做有问题吗？

问题就在于她对同事的影响是负面的。她的同事不会这样想：哦，她对我们的影响是负面的，可是重要的是她的意图是好的。相反，他们留意到了负面影响并得出一个结论：安娜贝拉既难相处又很虚伪。安娜贝拉以她的意图来评判自己；她的同事却是以她的影响来评判她。

这种模式很常见。我心目中自己与他人的互动故事是由我的意图来驱动。我有好的意图——我想帮忙，想指引，甚至想指导。我自以为我的好意图会带来好影响——他们觉得有人帮助、指引自己,并对我帮助他们的努力表示感谢。因此,人们一定会知道我是一个好人。

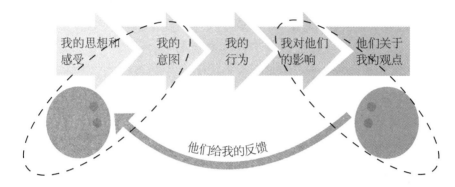

然而,对于我们身边的人而言,他们讲述的故事则完全由我们对他们的影响来驱动。尽管我有最好的意图,但我可能还是会对你带来负面影响。你觉得我颐指气使且管理起来事无巨细。于是,你认定我是故意这样做,或者至少我知道自己很霸道,而且对此并不关心。如果我意图不良或疏忽大意,可以说我是一个坏人。现在,你给我的反馈是说我霸道、控制他人,这让我大吃一惊而且非常困惑。我摒弃它因为这与真实的我完全不符。反馈是错的。而你对此的结论就是,我要么对自己是什么人完全不知情,要么就完全拒绝接受其他人都认可的事实。

"修补"这一裂缝的方法就是在讨论反馈的时候将意图和影响分离开来。当安娜贝拉收到反映她难相处的反馈时,她坚称自己并不难相处,她的话的大意就是:"我的意图是积极的,所以影响也是积极的。"可是,她并没有真正意识到她对身边人的影响。因此,她应该将意图和影响分开说:"一直以来,我都努力地想让自己变得更耐心(第二环,我的意图)。然而,听起来这似乎不是我带给你们的影响(第四环)。我很失望。让我们弄清楚为何会这样。"

反馈者也会混淆影响和意图。他们的反馈中包含了已经假定的意图。与其说"你试图偷取他人的点子"(其中就包含了对意图的描述),他们应该说出该行为对他们的影响:"当你说这是你的想法时,我感到很不高兴而且很困惑。我觉得那个点子应该属于我。"然而,拥有如此技巧或如此心细的反馈者实在寥寥无几(因为很显然,他们都是糟糕透顶的人)。

结果：我们（总体说来是个好人）

所有这些放大镜——我们习惯于从自我描述中剔除某些情绪，将过错归咎于客观境况而非个人原因，以及专注于自身的良好意图而非对他人影响的倾向性。于是，我们就得到了这样的数据：37% 的美国人认为自己成为了办公室霸权的牺牲品，然而只有不到 1% 的美国人自认是办公室霸主。一名霸主的确能制造多名牺牲者，这是事实，可是 1:37 的平均比例似乎就不大可能是事实了。[⑪]

更有可能的事实是，在这 37% 的人群当中，至少有一部分人觉得自己受到了欺凌，但造成这一不平待遇的人本身并没有意识到自己对他人的影响。他们以意图（"我只不过是想把工作做好"）来评判自己，并将他人的反应归结于过度敏感（性格）或是环境（"你看，当时情况很紧张。任何人都会有这样的反应"）。告诉后者不要欺凌他人并非解决之道，因为他们并没有意识到自己这样做了。取而代之的，讨论具体行为的影响（并在时机合适时阻止该行为）能够帮助辩方看到当下的自己，并开始照亮他们的盲点。教会人们如何对待和理解反馈——即使它让人感到心烦或是错的——也许能帮助双方更成功地理顺所有线索。

你我共谋让彼此身处黑暗

这就引出一个问题：为什么人们不告诉我们？为什么萨沙要通过他人之口才知道她正在耗尽奥尔加的同情心？为什么要等三年后，第二次 360 度测评时安娜贝拉才发现自己言行中的轻蔑之意如此明显？

当我们提建议和意见的时候，我们通常会对批评的意见有所保留或予以隐瞒，因为我们不想伤害他人的感情，也不想引起争端。我们想他们一定已经知道，或认为告诉他们是别人的事情，又或者如果他们真的想知道，他们自己会问。

这种保留和隐瞒的结果就是当真实的观点缺失时，接受方很容易就会接纳错置的安慰：如果你说的都是真的，其他人早就告诉我了。既然他们什么都没说，你说的一定不是事实。这不过是证实看清自己的确是一大挑战的另一个原因。

什么能帮助我们看到自己的盲点？

就让我们从什么没有帮助开始吧。仅仅通过更认真地审察是无法做到把自己看得更清楚的。原因就是：当你认真审视自己的时候，你看到的是你没有任何盲点，而反馈是错误的。你会思考导致这一错误反馈的原因，之后，你会得出一个结论，向你反馈的人出于长远考虑的动机或是因为个性混乱才提出了这个错误反馈。看到自己的看法与他人的反馈相去甚远，我们的反应和对方一样，只是双方观点相反。我们知道错误的反馈让我们心烦意乱（第四环，影响），并认定他人给出这种反馈是蓄意行为（第一环，思想）。这也就意味着他们一定有所计划，又或是他们一定是出了很严重的问题。

用你的反应作为盲点报警器

上述想法非常系统化，以至于你完全可以充分利用它们。与其对反馈或提出反馈的人置之不理，你倒不如把这些想法当成一个盲点报警器。当你留意到自己开始思考"他们的计划是什么"以及"他们到底出了什么问题"的时候，请确保你接下来的想法就是：**我得想一想这个反馈是不是就落在我的盲点上。**

提问：我怎么就成了阻碍自己发现事实的障碍？

为了找出原因，我们必须得具体。我们寻求的反馈信息往往过于笼统，又或者其他人认为我们真正想要的就是赞赏（有时候，他们的确是对的）。当我们提出"那我干得如何"或"你对我有何建议"这种含混不清的问题时，这只会让提出反馈的人暗自揣测我们真正想要的到底是什么——你觉得那样如何？这个项目？我们的感情？你的领导力？你的生活？——以及他们到底该表现得多诚实。这和你问你九岁大的孩子"今天过得怎么样"不同。对于他们不假思索地回答"很好"，你并不会感到惊讶。

取而代之的，你可以问（提出反馈的人，而不是你九岁大的孩子）："你认为我做了什么或是没做什么使我成为了自己的障碍？"这个问题更具体地表明了你想要的诚实态度，以及你对自己会给他人产生何种影响的感兴趣程度。同时，这个问题也缩小了对方回答问题的范围并降低了回答的难度。刚开始,他们可能会有些胆小("呃,有时候,我想你……"),可是只要你能回应以诚挚的兴趣和赞赏,他们就会为你描绘出一幅清楚、细致且有用的图画。

寻找一致的方式

面对令人沮丧的反馈,我们通常的反应都是寻找其他与之相对的反馈信息,借此来保护自己。你说我自私?那我又怎么赢得了去年的社区服务大奖?你认为我总插嘴?请让我打断你……因为上个星期当你发表那篇不理智的陈述时,我当时不得不表示沉默,袖手旁观。

我是这样看自己的	你是这样看我的
害羞	清高
欢快	虚假
自然	古怪
说真话	坏脾气
热情奔放	情绪化
聪明	自大
高标准	吹毛求疵
开朗友好	傲慢专横
古怪	惹人厌

与其让各自的反馈对立,我们不如深吸一口气,寻找一致的反馈——两方面的一致。首先,思考在描述同一行为时你们双方对它进行解读的差异到底有多大(如上图所示)。其他人可能误会了你(害羞 VS 清高),又或是你可能没意识到自己对他人的影响(开朗友好 VS 傲慢专横)。最初,反馈与你预期的大不相同,但只要对它进行重新思考和解释,你就至少能够识别正在讨论的自身行为。

第二种关于一致的方式:扪心自问,**我之前在哪儿听到过这个**?这是你第一次收到这种反馈吗?或者,你过去是否从其他人(或同一个人)那儿听到过相似的说法?这样的方式会提供关于盲点的有用线索。如果你的小学一年级老师和你的前妻都对你的个人卫生有所抱怨，那么，也许现在就是该好好聆听的时候了。

获得第二个观点

如果重要的反馈无法引起对方共鸣，不妨向朋友提出一整套问题。不要说："这不可能是真的，对吗？"相反，你应该明确地列出问题："这是我刚刚收到的反馈建议，它似乎是错的。我的第一反应就是拒绝接受，可是我想知道这个反馈是不是落在我的盲点上。你看到我这样做过吗，如果有，什么时候？你觉得这会有什么影响？"你必须要让你的朋友知道你想要他们坦诚相对，原因如下：

诚实镜子 VS 支持镜子

提出反馈通常又被称为"举起一面镜子"帮助某人看到自己。可是，并不是所有镜子反射的影子都一模一样。涉及到反馈时，通常有两种镜子——支持镜子和诚实镜子。

支持镜子展现给我们的是最好的我们，完美地站在奉承的灯光下。为了寻求安心，我们站到支持镜子前。是的，我们在那一刻的表现并不好，但是那并不是我们**真正**的样子。这没什么大不了。这是你的一张不好看的照片。丢了它。你是个好人。

诚实镜子展现给我们的是我们现在的样子——我们并不处于最佳状态，镜中的我们看起来不太好。它反射的是其他人今天看到的真实影像，今天的我们压力巨大，分心，沮丧之情溢于言表。"是的，你真的就是这个样子。这不是一件好事。"

无论是有意还是无意，我们通常都想要最亲近的人做支持镜子。我们向朋友诉说了来自采购部一个同事的反馈，言语中我们含蓄地暗示朋友站在我们这一方："他有点反应过激了，不是吗？他只是不明白我有更重要的事情要考虑，对吗？"和《白雪公主》里那个邪恶的王后一样，我们想从镜子那得到的不是一个诚实的评估。我们提问是为了安心和支持。

安心和支持很关键，我们的朋友和爱人无一例外都能够给予我们。可是，这样的角色也给了他们束缚：支持我们的人通常都会在向我们诉说批评、诚实的反馈时心存犹豫。而这样的反馈也许会有所帮助："你知道吗？我认为那个采购部的人说的并不都对，而且我认为他的表达方式也不是最好的，可是我能明白他的意思。有些事你可以做。"

他们犹豫并非因为怯懦，而是出于困惑和关心。他们一切皆从我们的利益出发，却不肯定这种支持是否正确。同时，他们也不确定是否应该打破这一已有模式以及如何打破。他们的这种关心合乎情理。当某人一直被我们当成支持镜子的时候，一旦他们突然变成诚实镜子，我们就会感到他们背叛了自己，打了自己一个措手不及。

你可以用诚实镜子和支持镜子来明确自己想从朋友那儿得到什么。当你把刚刚截稿的新剧本交到朋友手中，或是带他们参观你新装修的房子时，不妨给他们一些提示。你需要什么样的支持，又或是你寻求的到底是何种程度的诚实？把话说明白将有助于避免产生误会。

给自己录音

对许多人而言，从录像上看自己或是从录音中听到自己的声音是一种最不自在的体验。然而，这样做却能给我们带来极大的启发，使我们能够通过平时瞧不着的方式听到自己的语调，看到自己的行为。

佐伊就是通过为每周的头脑风暴会议录音这种方式找到了自己的一个盲点。一直以来，她都为自己鼓励创造性的做法而骄傲，所以当她通过小道消息得知自己的外号是"安妮·奥克莉"（一个能用枪击中很小目标而闻名的女性——译注）时——因为她会"枪毙掉每一个想法"——她十分震惊。于是，她询问其团队成员是否有人愿意用智能手机录下他们的会议实况。让一名团队成员接手这一任务不仅将一部分控制权交到了团队手中，还减轻了团队成员的担忧：担心她在收集**他们**的信息而不是她自己的。

聆听录音时，佐伊惊呆了。"首先从我嘴里说出来的**通常**都是**否定**。无论何时，只要有人提出一个想法，我的第一反应就是质疑它。'这就是我所担心的'或'这就是为什么我会怀疑这没有用'。在录音中，一切听起来是那么明显，可是我从不知道自己这样做了。"

佐伊立刻明白了事情的原委。她真心认为新鲜的想法是维系公司生存的血液，可是她也担心会浪费时间。她对可能性的焦虑破坏了对话：她向新点子发出邀请,可随即而来的对可能一无所获的担忧阻断了进步。意识到这一点后,她和她的团队现在正努力一起消除矛盾和不安。

收集有关自身盲点信息的科技日新月异。在麻省理工学院的人类动力学实验室,桑迪·彭特兰及其同事们已经研制出了电子徽章和智能手机应用程序,能够收集人们一天当中的交际数据。这些程序的设计目标就是追踪语调、高音、节奏、姿势以及其他非声音线索,它们能够帮助研究者检测这些社交信号如何影响生产力及决策的制定。[12] 他们的一些初始发现令人惊讶:在诸如商业谈判、快速约会及政治观点投票等如此复杂的背景下,其结果中有高达 40% 的变量可以归因于大都发生在我们自身盲点中的社交信号及行为。换言之,对话的内容——商业议案、五分钟约会或投票问题——并没有那么大的差异。可是,成功的议案、良好的约会前景以及民意调查者都展示出了相似的社交信号。说话者和聆听者面露微笑,更生机勃勃,语调抑扬顿挫,手势和姿势都很同步。

仅仅通过观察这些信号,麻省理工学院的研究者就能预测其结果成功与否。他们的这项技术已经被用于帮助那些自闭症患者发现及理解社交线索;它们也许很快就能帮助我们所有人来理解我们作为领导者、同事或家人对身边人以及最后的结果所带来的影响。

由内向外地关注改变

当安娜贝拉收到同事们觉得她轻蔑待人的反馈信息时,她听到的问题在于她的行为:"当我表现得不尊重的时候他们就会不高兴,那我就努力表现得充满敬意。"

可是,她的同事想要的不是她**看似**充满敬意;他们想要的是她心有敬意。安娜贝拉应该这样想,无论她的真实态度和感受是什么,人们最终都会感受到。所以,她有两个选择。她可以(1)谈谈她的真实感受——解释她为何会对同事感到失望,她的预期值来自何方以及什么有助于解决问题;或者(2)她可以努力改变自己的情感——不是她看起来如何,而是她内心的真实情感。

令人惊讶的是,选择(1)可以去除很多压力。安娜贝拉可以清楚地阐明她的预期,然后和团队一起解决问题:这些预期现实吗?如果答案是肯定的,那我们如何让团队成员实现这些期望?安娜贝拉的哪些行为可能会阻碍团队成员进步?如果她总是事后批评同事的努力,那么不用多久,她的同事们就会停止与她进行事前讨论。

选择(2)要求安娜贝拉和自己的情感、态度进行协商。这不是假装或隐藏,而是培养一种对同事的同理心和真诚的赞赏。她也许需要从一种新的角度来看待同事们付出的努力,更深入地了解他们,或是努力发现他们擅长做什么。

当她和自己协商的时候,她可以列出团队给予她的支持:"在我承受压力的时候,我很容易就会感到失意。我了解到我会以一种完全无意识的方式将它表现出来。我正在努力让自己在承受压力时能做出更好的反应,你们可以帮助我,在我做出不当反应时及时指出来。"

你只需要承认所有人都已经看到并知道的模式,并清楚告知所有人你正在努力地改变。

树立目标

这一章的副标题是"发现你是如何走到这一步的"。我们应该清楚表明当我们收到某人的反馈时,这就是我们想做的。我们并不是敦促你确定对身边的每个人如何看待你都了如指掌——无论你是否想这样做,也无论他们是否想让你知道。[13] 人们对我们有各种各样复杂的想法,其中一些否定的想法令我们吃惊,而一些肯定的想法也许会让我们更加吃惊。

在大多数情况下,我们需要知道的就是人们对我们的看法大体良好。如果这并不全面,但这至少是真实的。当我们觉得其他人对我们有好感的时候,我们会感觉很舒服,很自信,也很快乐。

然而,当有人想给我们提出反馈的时候,这一推理就会破裂。这也是一个关键时刻,这时的我们要努力了解更多人对我们的看法,因为这既能帮助他们,也会帮助我们自己。也是在这个时候,照亮你的盲点能够让一切变得不一样。

总结：一些关键点

我们都有盲点，因为我们：

- 看不到自己会泄露真相的脸
- 听不到自己的语调
- 没有意识到自己的行为模式，即便是大的行为模式

盲点会被三个放大镜放大：

- 情感加减法：我们剔除自己的情绪，而其他人会将它翻倍。
- 归因：我们将自己的失败归结于境况，而其他人会将它归结于我们的性格。
- 影响—意图鸿沟：我们通过自己的意图评判自己，而其他人通过我们对他们的影响来评判我们。

要想看清自己和我们的盲点，我们需要他人的帮助。

邀请他人做诚实镜子，帮助你看到当下的自己。

提问：我是如何成为自己的绊脚石？

关系原因

"我们"带来的挑战

关系原因总览

关于是谁提出反馈的这个问题看起来似乎并不应该那么重要。不管其来源是哪儿，建议要么睿智，要么愚蠢；观点要么有价值，要么毫无价值。可是，来源真的很重要。更多时候，触发我们敏感点的是提出反馈的人，并非反馈本身。事实上，关系原因可能是导致双方对话触礁的关键。

在第二、三、四章里，我们着眼于事实原因——双方的对话因为反馈内容而翻船的原因。在第五章和第六章中，我们将会探讨那些导致翻船的常见原因，这些原因的基础不是反馈的内容，而是反馈者、地点、时间、原由以及方式。所有这些基础最终全都回归到"谁"上。"你现在对我说这个，就在我最好朋友的婚礼上？你真得现在说吗？"我们对这个建议置之不理是因为它的传递方式、时间、地点以及原由全都和"谁"有关。因此，我并不是非听不可。

在第五章里，我们注意到，我们会因为自己感受到的反馈者对待我们的方式而对它置之不理——例如，他们不公平，或不尊敬我们。我们还会因为自己对反馈者的看法而弃置它——也许，我们认为他们没有资格，或是我们怀疑他们另有企图。我们将会向你们展示如何从反馈中学习，受益，哪怕反馈的传递方式不当，或是反馈来自于你不喜欢或不信任的人。我们将带着大家来看一看你为什么会这样做。

我们在第五章里谈到的反馈可以与任何事情有关——如何才能吃得

健康，或你今年的收入。在第六章里，我们着眼于那些确实是由关系本身产生的反馈。通常来说，这种反馈大都由你和提出者之间的差异、不配合以及摩擦产生。提出者建议如果你能改变（"准时一点"或"放弃控制一切"），问题就能迎刃而解。我们通常的反应都是坚称**我们**不是真正的问题，**他们**才是。问题并不在于我们迟到了五分钟，而是因为他们总是这么紧张。而且只要他们能够不那么懒惰，凡事积极主动一点，我们也就不用总是控制一切了。

于是，他们认为问题在于我们，而我们认为他们才是症结所在。我们将会向你展示为何关系中的反馈很少是和你或我有关。它通常是与你和我以及我们的关系系统有关。理解关系系统会帮助你越过指责，进入共同责任一环，然后卓有成效地谈谈这些充满挑战的话题，哪怕对方认为这个反馈只和你一个人有关。

在你阅读接下来的两章时，请在脑海里想想几个现实生活中的提出反馈的人。究竟是什么让聆听他们的反馈变得如此困难，以及即使困难重重，你到底能从他们那儿学到什么？

第五章

不要"变道"

从"谁"到"什么"的解脱

HBO 的一部情景喜剧《幸运的路易》中有一集,路易终于结束了在汽车修理厂辛苦劳动的一天,拖着疲倦的身体回到家,憧憬着能够和妻子金姆度过一个期待已久的浪漫周末。路易为妻子准备了一份礼物——红玫瑰——并兴奋地将它拿了出来。金姆看起来很失望,没一会儿,她向路易提出了一些建议。

金姆:听我说。首先,你不要误会,好吗?可是,如果我们打算继续一起度过接下来的 30 年,我想你需要知道我并不喜欢红玫瑰。没别的,只是我真的不喜欢红玫瑰,好吗?

路易:好吧。呃,我能对你刚刚和我说话的方式说几句吗?这并没有什么大不了。我只是觉得你首先应该谢谢我送你花,**然后**再说玫瑰的事。

金姆:我早就告诉过你我不喜欢红玫瑰。你忘了?

路易:哦,是的,我想我好像记得你说过。可是我还是要说,这是一份礼物,所以我想它是什么都没关系。你还是应该谢谢我,不是吗?

这个对话会一直这样继续下去,直到他们最后交流:

　　金姆：你给别人的是一件他已经明确告诉过你他不想要的东西，你居然还指望他会谢谢你？

　　路易：你知道怎么提问更好吗？你不如拿着红玫瑰，转一圈，然后这样做？！ ①

　　争吵要点：1；浪漫周末：0。

　　发生了什么事？表层故事再清楚不过了：路易给金姆玫瑰，金姆回以反馈，随后他们就发生了争执。当然，他们的反应表明这场对话其实和更深层的事情有关：这不是关于玫瑰花，这和双方的感情关系有关。

关系原因创造变道式对话

　　金姆的反馈触发了路易的关系原因。

　　她的反馈很简单：我不喜欢也不想要红玫瑰。更重要的一点是，她很不高兴，因为路易应该**知道**她不喜欢红玫瑰——不是她期望他能读懂她的心，而是因为她已经告诉过他，并且不止一次。这些玫瑰花就是证据 A，证明长期以来她一直忍受着路易根本不听她说话的事实。在这一集的晚些时候，金姆解释说：

　　"当我告诉你事情可你根本不听的时候，这对我就是一个巨大的侮辱。这让我觉得你根本就不重视我。"

　　面对金姆的反馈，路易如何回应的？他改变了主题，完全彻底地换了一个话题。不过，请等一下——金姆说的是红玫瑰，路易说的也是红玫瑰。同一个话题，不是吗？

　　然而，这并不是一个话题。金姆借红玫瑰提出她觉得自己被忽视了，她感觉不到路易对她的关注。路易直接迈过金姆提出的关于她自身感受的话题，转而提出了他自己的话题：他觉得自己没有得到应有的赞赏。无论是他的这一反应，还是他的这个话题，其本身都没有任何问题，可是它和金姆的话题没有一丝一毫的重叠之处。现在，我们看到的是两个人分别给出反馈,却没有任何人接受反馈。

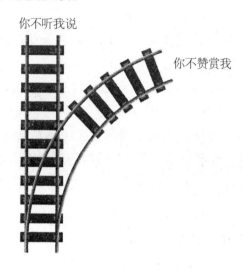

路易和金姆陷入的这个恶性循环非常常见,以至于我们给它取了一个名字:变道式对话。他们的对话在不知不觉中发生了转变,就好像铁轨变道,从一个话题变成了两个。很快,他们就会沿着各自的方向前进,渐行渐远。

这个恶性循环的关键一环就是最初接到反馈的那个人并没有意识到他们正在改变话题。路易转换话题不是为了逃避金姆的反馈。他转换话题是因为他感到自己的感受被忽略。当金姆说她不喜欢红玫瑰的时候,路易觉得她的话伤害了他,令他沮丧。对他而言,金姆缺少赞赏是其转换话题的原因。他的情感将对话变了道,路易沿着自己的轨道闷头走了下去。

变道式对话战胜了反馈

变道式对话会产生两个潜在影响,一好一坏。潜在的积极影响是第二个被摆上台面的话题很可能非常重要——有时候比触发它的反馈更重要。之前,我们可能会犹豫要不要提出这一话题,可现在它就在那里,终于公开了。既然都已经说开了,我们也就能着手处理它了。

消极影响就是因为我们有了两个话题,所以对话就陷入了混乱。问题不在于同时处理两个话题——我们能够坐下来谈论两个、十二个,甚至二十个话题。然而,随着对话发生"变道",我们没有**意识到**有两个独立的话题正在进行中,所以当对话双方都带着自己的话题滤镜聆听彼此的时候,双方都会感到失落、茫然。

当金姆说:"你给别人的是一件他已经明确告诉过你他不想要的东西,你居然还指望他会谢谢你?"她的话题是"路易没有听她说话",这也是她的陈述内容。可是,如果通过路易的"金姆不知感恩"的话题滤镜来听这段话,它无疑进一步证实了金姆的不知感恩。在这次反馈对话中,金姆和路易分别了解到了什么信息?他们"了解"到了他们已经知道的信息:即使是在被告知他缺乏聆听的情况下,路易仍然不会聆听;金姆自私且鲁莽,路易只是无法赢得这场对话。

沉默更糟糕

有时候,变道式对话中出现的第二条"轨道"并没有被公开,而是进入了地下运行状态。我们将自己的反应锁在脑海里,当我们心存怨恨地忍受来自部门主管的批评时,我们选择了沉默抗议。很久之前,我们就已经转换到了自己的话题上:**哇哦,你要我冷静?你是我这辈子见过的最死缠烂打的人。现在,我想我还得再加一条——没有自知之明。**之后,我们离开,将内心的不满和伤心发泄在他人身上。("詹娜到底是这个世界上最神经质的人,还是仅仅只是这个半球范围内?我想我无法确定。")我们将矛盾分流,但无论导向哪个方向,都无法得到理解。

两大关系原因

变道式对话分为四个步骤:我们得到反馈;我们体验关系原因;我们将话题转向自己;我们直接越过彼此。为了更好地管理自己的"变道"冲动,我们必须更加深入地理解制造这些冲动的关系原因。接下来,我们会着眼于两种关键的关系原因:(1)我们对反馈者的看法;(2)我们所感受到的反馈者对待我们的方式。

我们对他们的看法

有一些人,我们对他们充满敬仰和爱慕,所以他们的任何行为和建议都会自带光芒。我们想当然地认定他们提出的反馈都是明智的、深思熟虑的、有深度的——恰恰就是我们需要聆听的。我们会琢磨他们说过的每一个字,努力追赶他们的脚步。他们的建议或意见早在提出之前就已经通过了。

此外,还有其他人。来自这些人的反馈也许并不会事先就被放弃,但是我们会处于高度警觉状态。能让我们取消这些人反馈资格的原因很多——最常见的大都涉及到他们的可信赖度、可靠性、(缺乏)技能或判断力。一旦我们取消了他们反馈的资格,我们就会毫不犹豫地拒绝反馈的实质内容。我们对内容的态度取决于"那个人"。

> **我们对他们的看法**
>
> **技能或判断力**:他们给出反馈的方式、时间或地点。
>
> **可靠性**:他们不知道自己在说什么。
>
> **可信赖度**:他们的动机值得怀疑。

技能或判断力:
他们提出反馈的方式、时间或地点

首先出现的,同时也是最容易找到的目标就是反馈的提出方式、时间和地点(所有这些因素都直接反映出"那个人")。反馈者没能以恰当的方式处理好这三大要素:他们提出的方式显示出他们缺乏技巧,提出的时间和地点则显示出他们缺乏判断力。

"你为什么要当着我未婚夫的面说这个?"

"你一直等到现在才提出来?"

"你本该首先谢谢我送你的这些花,然后再来谈谈玫瑰花的事。"

我们会被方式、地点和时间激怒(并常常觉得这无可非议),而一场经典的"变道"也接踵而至。我们专注于讨论它提出的方式有多不恰当,以至于丝毫没留意到我们将自己的愤怒管理问题呈现在了客户面前,并从没回过头来谈论实际的愤怒管理问题。我在我的轨道上,你在你的轨道上,我们很快就会从彼此的视线中消失。

可靠性:他们不知道自己在说什么

我们也会因为反馈者缺乏专业知识、背景和经验做出类似反应。他从没自己做过生意；她从未执教过有组织的足球队；他这辈子就没离开过堪萨斯的道奇城，可他现在竟然不吝赐教他关于移民经验的"智慧"；他们有丰富的育儿知识但他们根本不是父母。我们为什么要听这样的人的想法？

这些反应都很合理。然而，事实上，无论是全新的视角，还是不受已知"做事方式"阻碍的外来者通常都能令我们受益。他们也许会问那些"幼稚的"问题，或是提出一个独特的观点。MP3 技术革新了音乐产业，智能手机技术改变了电子通信——面对改革力量来自于产业外部的事实，我们其实并没有那么惊讶。新点子通常都来自于没有传统可靠性的人，这些人拥有更大的自由，能够在圈子外自由地思考，因为他们根本就不知道圈子的存在。在历史上，凭借新手那看似不着边际的建议而获胜的战斗多得不胜枚举。

即使是在个人关系中，一个全新的视角也能轻松穿越复杂的历史以及我们精心设计的推论。新朋友能够看到老朋友的不公平之处，或是提出一个建议，轻松缓解你与同母异父兄弟之间因为习惯和历史而造成的紧张局面。当有人问："你为何要让自己的商业伙伴如此贬低自己？"在你开口解释她的为人以及你是如何了解她从而能够理解这一切之前，请你先停一下。然后，思考他们关于改变现状的想法是否真的对你有帮助。

另一种对可靠性的判定同价值观和认知有关。我们不想成为他们那种领导者——或他们那种人。那么，我们为何要接受他们的指导呢？

说得对！如果他们指导你如何欺骗配偶，或是如何挪用养老基金，请你务必让这一警钟在你脑海中长鸣。然而，更常见的情况是其他人对你的指导是为了帮助你在复杂的环境中找到方向，或是提醒你他们已经遇到过的位于远处的路障。他们的建议里通常都包含有帮助甚至是睿智的内容，哪怕你最终选择以一种更符合自己价值观的方式去实施它。

可靠性和背景知识也很相关。他们的经验是你用来权衡反馈有效性的一个要素，但请你不要用它来自动拒绝他们的建议。

可信赖度：他们的动机值得怀疑

在这里，"信赖"指的是反馈者的动机，也是我们是否愿意考虑他人指导，接受他们的评估或相信他们的赞赏是否真心的意愿基础。

触发不信任的原因有很多。有时候，我们担心反馈者图谋不轨。我们不信任是因为担心他们是为了打击或控制我们。或者，我们只是怀疑他们并不是真心为我们着想。又或者，他们也许并没有那么在乎我们——他们向我们提出反馈，这样他们就能交差了。

很好，我们也会"收到反馈"，然后继续我行我素。

还有一些时候，你会思考他们说的是不是事实。他们赞扬你的工作因为他们认为这样做很好，还是他们实在说不出自己的真实感受？他们背着你又会说些什么？

人们很少会清楚地阐明意图，即使当他们这样做了，我们也不一定会相信他们。你说你"不过是想提供帮助"，可是事实看起来就像是你"想让我被炒鱿鱼"。正如我们所见，挑战就在于意图都是隐形的。它们被锁在反馈者的头脑里，甚至就连反馈者也许都没有完全意识到它们的存在。这也让意图显得微妙而棘手。我们十分关注他人的意图，但我们又无法知道它们是什么。② 所以我们把头探进兔子洞，试图在黑暗中搜寻、猜测。当我们终于探出头时，我们依然迟疑不决，或情况更糟。我们认为自己知道他们的意图，但其实我们不知道。这并不是说我们因此就该先假定他们意图良好。我们只是应该意识到自己**不知道**，这能彻底终结意图之争的对话。

此外，关于意图的问题也是一个单独的话题，独立于反馈的准确性或有效性之外。反馈者也许是出于嫉妒，也许是不怀好意或是个彻头彻尾的大傻瓜，可即便如此他们的反馈可能真的是正确的，是我们这几个月以来听到的最有用的内容。又或者，他们也许真的是衷心从我们的利益出发。可是，他们建议你穿黄色紧身皮裤去上班的建议如何呢？绝

> **意图里的狡兔三窟**
>
> 你想要伤害我。
> 你把你的问题投射在我身上。
> 你想告诉我谁说了算。
> 你厚此薄彼。
> 你被我威胁。
> 你口无遮拦，总是脱口而出愚蠢的话语。
> 你只不过是在嫉妒。
> 你正在和我作对。
> 你想做好人，但不诚实。
> 你想控制我。
> 你不过就是个小傻瓜。

对是个糟糕的主意。

所以,请将可信赖度和内容分离开来,因为它们原本就是两个单独的话题。探寻反馈本身的意义所在。你可以在并不坚称确信对方意图的基础上,与之分享他们的反馈对你的影响。请不要使用关系原因中的信赖因素自动地屏蔽反馈。

反馈游戏中那些令人惊奇的玩家

关系原因以我们对反馈者的看法为基础,这也就解释了为何有些事只有我们最好的朋友可以说,而其他人不能。如果我们信赖对方,认为他们有资格就某个特殊的话题(可以是职业建议,但不能是爱情生活建议,又或是正好相反)发表意见,我们往往就会更倾向于接受他们的反馈。

关系原因同时也解释了为何有时候恰恰是最亲近的人**不能**向我们反馈,无论他们的意图多么单纯,提议多么准确。

陌生人

弗雷德靠在拐杖上,认真阅读咖啡厅的菜单,这时一个女人拍了拍他的肩膀。"无意打扰,"她说,"只不过我注意到你使用拐杖的方式和我去年使用的一样。很显然,这并不是使用拐杖的最佳方式,我最后扭伤了臀部。我花了六个星期从最初的伤害中复原,在这之后,我又花了六个月的时间才彻底康复。"

那个女人告诉弗雷德如何调整抓握和迈步。回到家后,他兴奋地向女朋友伊娃展示他刚学到的一切。伊娃有些愤愤不平:"这件事我说了好几个星期。你对我充耳不闻,可是一个陌生人刚跟你说一遍,你就听进去了?"

是的。两个建议一模一样,可是提建议的人变了。原本阻碍反馈的关系原因——当建议来自他的女朋友时——被移除了。在弗雷德看来,伊娃相当享受对他颐指气使的感觉,还常常对那些他不太感兴趣的事情津津乐道。而且她从没用过拐杖,她能知道些什么?咖啡厅里的那个陌生人?情况则完全不同。除非是她想帮助你,不然一个陌生人为什么要和你说话?她还以和弗雷德相同的经历现身说法。这显得很可靠。加上没有任何不可告人的动机。她的反馈被接受了。

那些你最不喜欢的和最不喜欢你的人

令人惊讶的是，在反馈游戏中，你认为**最难相处**的人是另一个非常有价值的玩家。楼下采购部那个总是为了文件纠缠你的女人？那个似乎认为你就是个白痴的海外客户？让自己成为每一个家庭聚会——包括葬礼——的中心的亲戚？我们说的就是这些人。

你不信任他们。你不喜欢他们。他们总是在错误的时间说一些错误的事情。你到底为什么要聆听来自**他们**的反馈呢？

因为他们对你有其独特的观点。我们往往会喜欢那些喜欢我们以及与我们相似的人。③ 因此，如果你在生活中鲜少与伴侣发生摩擦，或是与同事们相处愉快，这很有可能是你们拥有相似的方式、想法以及习惯。你们的偏好和期望也许并不一模一样，但是你们双方很容易就能形成互补。因为这份轻松，和他们在一起的时候，你通常都会处于最佳的高产状态。

他们无法帮助你应对最尖锐的边缘问题，因为他们看不到那些边缘。采购部的那个女人能看到。她认为你自负、无礼、不负责任、令人讨厌、简单粗暴、回避问题。你知道问题在于她——她会将你最不堪的一面展示人前。可是，这就是你最不堪的一面。这就是压力下的你，矛盾中的你。

通常，我们最大的成长空间也就是在这里。当我们承受压力或身处矛盾之中的时候，我们会丧失往常具备的技巧，会以我们看不到的方式影响他人，并且会在面对积极策略时显得一片茫然。这时，我们**需要**诚实镜子，而担任这一角色的最佳人选就是那些与我们相处得最不愉快的人。

如果那个海外客户认为你是个白痴，一定有某些事情是你不了解的，而且没有她的帮助，你就无法了解到该事情。这也许是一种文化差异，如果你想在她的市场上事半功倍，你就需要了解这一差异。这也许是你说话的语调和措辞，它们使她心烦意乱而你并没意识到。这值得你想清楚。为此，你也将会需要她的帮助。

想让自己快速成长吗？直接去找那些与你相处最不融洽的人。问他们你的哪些言行让情况恶化。他们一定会告诉你。

我们感受到的他们对待我们的方式

第一种关系原因源自于我们对反馈者的看法。第二种则来自于我们感受到的他们对待我们的方式。

无论是在职场上还是在私人生活中，无论是偶然相遇还是亲密时光，我们都会期待从中获得很多东西。其中就有三种常常会被反馈的荆棘所绊住的关键关系利益：我们对赞赏、自治和接纳的需求。

> **我们感受到的他们对待我们的方式**
>
> **赞赏**：他们看到我们的努力和成功了吗？
>
> **自治**：他们给我们适当的空间和控制权了吗？
>
> **接纳**：他们尊敬或接受（现在的）我们吗？

赞赏

自从你姐姐三年前中风之后，你就担负起了照顾她的重任。这是一个挑战。随着体力的透支，你的耐心也快耗光了。这天早上，你对她大声说话恰好被她儿子听到。他也冲你吼道："不要再对我妈妈这样说话了！"

虽然他这样说没错。可是，这几年来悉心看护应得的赞赏呢？每天给她洗澡换衣服，对这些付出的认同在哪里？你给她喂饭、搀扶她和抱她，这些付出应得的赞赏又在哪里？对你外甥的不悦，你表示理解，可是从整件事着眼，他的反应有些过激，也许甚至有些可恨、不公平，让人失去了平衡。至少，这是你此刻的感受。

即便是在双方关系良好、涉及事件微乎其微的时候，我们的关系原因也会被触发。当萨曼莎请假带儿子去参观大学的几天当中，欧尼非常高兴地接手了她的工作。当萨曼莎回来之后，她做的第一件事就是质问欧尼为什么没有给一个客户回电话。他们之间从没交恶过，可是欧尼的关系原因被触发了。他没有说："你说得对，因为它帮我学会了如何更及时地回复你的客户。"他说的是："你这个人怎么回事？"这不是因为萨曼莎的责怪有误，而是对欧尼而言，这让他失衡了。因为他原本期望得到的那个热情洋溢的感谢被无情地颠覆了。

这种逆转式的转变也是让路易无法接受的原因之一：我为你做了一件美好的事情，你的反应居然连中立都不是，反而是负面的。一瞬间，路易从满心欢喜变成了受伤害。无论金姆的说法是否正确,他都无法接受。他正在为意想不到的伤害而痛苦。

自治

自治与控制权有关,在告诉我们该做什么及如何做的过程中,反馈者能够在一瞬间造成触犯。通常来说,我们的边界都是隐形的——对其他人,乃至于对我们自己都是如此——直到它们遭到侵犯。也就是在这时,边界的轮廓突然变得无比清晰。

当我们还是孩子的时候,我们会不断地与家长就这些边界进行协商——"餐椅托盘上的麦片圈归我管,只要我高兴,我就能把它们洒到地上。"长大成年后,我们会继续商讨这些边界。在你给你的团队成员发送电子邮件之前,你的上司不能就你的电子邮件提出任何疑虑。这是**你的**电子邮件,是**你**发给**你的**团队成员的关于市场宣传的邮件——这是你的麦片圈。至少,你是这样认为的。

对于力图控制我们的侵犯,我们显得尤为敏感。"退后,"我们想说,"我控制自己的态度;我控制我的行为;我控制我的人格;我控制我的穿衣风格、走路及说话方式。当你向我提出此类质疑时,你不仅仅侵犯了我的边界,你还错误理解了你在我生活中的角色。"

我的自治领域和你的自治领域偶尔会发生碰撞,谁享有决定权的问题由此产生。这是一场谈判,也是一系列必须开展的重要对话,对话必须清楚明确。我们可以想象一些场景,在那里面我们会倾向于反馈对象("如果我和我的团队之间的每一封电邮都不得不背熟,我们将永远一事无成"),有时,我们又会站在反馈者的立场上("你是新人,我有责任确保你的邮件与公司的规范制度相匹配")。无论你选择那种方式,你都需要明白触犯我们的并非建议本身,而是我们被告知该做什么事,意识到这一点将会有助于我们正确处理问题。我们可以就恰当的自治边界展开一次清楚明确的对话,而无需围绕你对我的邮件做出的语法修改建议是否有意义进行一场没有必要的争辩。[④]

接纳

许多反馈对话的核心都存在这样一个困境：有些人无法接受我们现在的行为方式，而我们也发现接受来自这些人的反馈也异常困难。

我父亲有很多建议。也许，我能够听听他的建议，只要他说，哪怕一次也好："孩子，你知道吗？你其实还不错。"

在我上司眼中，我无论做什么都永远做得不够好。哪怕我出现在她的团队里也会刺激她，可是她知道她需要我做事。

一天结束时，我的前任就会要我变成一个不一样的人。

这很复杂。提建议者想要我们在某些方面做出改变。我们想知道就算我们不改变也无伤大雅。你说尽管我有缺点但依然爱我；我希望你**因为**我的缺点而爱我。

出现这一矛盾的一大原因就是反馈者和接受者对接纳的定义有所不同。在反馈者看来，这不过是一个小小的行为调整建议，但接受者也许会觉得这就是拒绝接受"我是谁"的明确表态。

这正是大卫和成之间的症结所在。大卫常常会向成提供攀登成功阶梯的建议："没有人比你更聪明，可是在这一行，外表和内在一样重要。如果你想从齐整的队伍中被挑选出来，你就得加把劲。"

成觉得大卫的指导空洞且带有侮辱性。他向大卫解释说他不是这种人。如果他能前进，那是因为他有才能；如果没有，至少他能按自己的方式生活。如果要他牺牲自我认知核心中的谦逊和真诚，变成一个虚假、自我推销的饶舌之人，他觉得这不值得。

大卫认为成的反应很莫名其妙。在他看来，他只是建议成对自己的行为稍作调整，而他将会因此收获丰厚的回报。这和"成到底是哪种人"一点关系也没有。他的推荐很表面化——这就是要点。大卫想知道，成的"这就是我"的座右铭是否只是他用来将自己与批评隔离的一种方法。

这提出了关于接纳和改变的第二个关联性问题。当我们说"接受本我"时，我们是不是真的只是想让自己对批评免疫呢？忘了接孩子们放学？这就是我！在我们的新投资者面前发火？这就是真正的我！参加舞会酒后驾车？我就这样！

一方面，我们都需要被接受的感觉，另一方面，我们也需要聆听反馈——尤其是当我们的行为会影响他人的时候。正如我们将会在第十章中详细谈到，接受本我并不是逃避结果责任的借口。因此，寻求接纳，**并且**努力改进与孩子、投资者（以及那辆车）的关系。

🍂 关系原因：什么能提供帮助？

在此，我们的目标不是要将会触发反应的人际关系问题弃之不顾。正如我们所说，有时候，第二个话题的重要性至少与第一个话题相当。我们的目标是当两个话题都被摆上桌面时，我们能更快更好地意识到它们的存在，并根据实情分开处理这两个话题，而不是任由一个纠缠不清，或是直接抵消掉另一个。

只需三个步骤，我们就能管理好关系原因并避免对话"变道"。首先，我们需要能够发现客观存在的两个话题（最初的反馈和关系关注点）。其次，我们需要为每个话题都安排一条对话"轨道"（而且要让对话双方同时处于同一条"轨道"上）。最后，我们需要帮助反馈者更清楚地阐明他们最初的反馈，尤其是在反馈本身与人际关系相关的情况下。

发现两个话题

意识是首要技能。除非我们意识到有两个话题，否则，我们无法为每个话题安排各自的"轨道"。为此，我们可以做一些发现训练。请在下文的例子中找到变道：

女儿：妈妈，你从来不让我出去玩。你还把我当成一个小孩。你难道不相信我吗？

妈妈：你应该为你有一个关心你的妈妈而感恩。

话题一是女儿的观点：她认为她妈妈总把她当成一个不值得信赖的孩子。妈妈的回答直接转变到了话题二：她觉得自己的女儿不知感恩（赞赏原因）。对妈妈而言，留在话题一是更好的选择。她可以询问女儿的观点：
"就让我们来谈谈你想要的相处方式吧。"或者，她可以澄清自己关于信赖
的想法："我想要信任你，而这种信任需要你去争取……"一旦她们开始这
样的对话，妈妈就能迂回前进，然后提出她女儿是否懂得感恩的问题，以及
这对双方意味着什么。

上司：你没有达到你的销售业绩要求。

销售员：你为什么要在我就要休假前告诉我这个？

话题一是销售业绩要求。话题二是提出业绩要求的合适时机（反馈者
的技巧 / 判断力）。

妻子：家里简直一团糟！你本应该在我到家时就让孩子吃完饭，洗好
澡。现在去参加朗诵会肯定会迟到！

丈夫：不要用那种口气跟我说话。我又不是一条狗！

妻子：你是想要为这个和我吵架吗？你答应过的事一件都没做，现在
还反过来指责我？

丈夫：又来了！我说的就是你刚刚对我说话的那种口气。

话题一是妻子看到丈夫没有做到他答应过的事情后的感受。话题二是
妻子的语气及丈夫对它的反应（自治）。

当我们停车等灯的时候，一个过路的行人对我们的车重重地击了一拳。
他大叫道："你停到了人行横道上！"我们猛按喇叭，并冲他叫道："你敢
再打一拳试试？"

话题一是行人对我们的反馈：我们不应该停在人行横道上。话题二是
我们对行人的反馈：他不该敲击我们的车（自治 / 技巧）。我们会忍不住
只关注对方击打车辆，而对最初的反馈不闻不问，可行人的反馈是正当合
理的。如果我们真的有侵占人行横道的倾向，我们也许意识不到这会增加

坐在轮椅中的人及孩子过马路的难度。

为每个话题安排各自的"轨道"

好吧,你已经发现了两个话题。现在该怎么办?

路标

一旦你意识到有两个话题同时在对话"轨道"上,请立刻大声将它们说出来,然后提出前进路线。就像指挥火车通行的信号灯一样,你给出一个方向信号用以标记交叉口:两条轨道——两个话题——在这里分道扬镳。

艾拉是一名教师助理,她的学生是一群残疾孩子。上课前和放学后,她都会额外花时间和孩子们待在一起,并且利用夜晚休息时间设计课堂活动,收集艺术资料。与艾拉共事的那位老师几乎从不指导她的工作,也很少对她的付出表示赞赏,而艾拉为了不引起事端也从没提过任何要求。

这一学年过去八个月后,一天,那位老师说:"你花了太多时间在霍华德身上。这个班里除了他还有其他九名学生。"艾拉有些震惊,心想:整整八个月后,我得到的第一个反馈意见居然是我太关心一个孩子?你有没有注意到我对这些孩子意味着什么?你有没有注意到我为这份工作付出了什么?她的"变道"在沉默中完成了——她并没有大声说出自己的抗议——可是她随即快速退到走廊的行为已经表露了她内心的沮丧。

当艾拉冷静下来后,她恢复了一些意识,想道:哦,这里一共有两个话题。一个是我是否花了太多时间在霍华德身上,另一个就是触发她此刻反应的话题——我的情感完全没有得到赞赏,尤其是在这一年来我从没得到过任何赞赏或指导的情况下。

第二步就是设"路标"。艾拉回到教室,对那位老师说:"我们来谈谈霍华德以及我对时间的安排方式吧。这很重要。这也是我第一次听到你的意见。所以,在我们谈过霍华德之后,我想,我们或许可以回到我如何获得反馈的这个问题上,再谈一谈你从我和孩子们在一起的工作中留意到了哪些积极的内容。"

艾拉设立"路标"的方式堪称模版:"我看到了两个相互关联但彼此独立的话题需要我们去讨论。它们都很重要。我们需要为每一个话题都设

置各自的 "轨道"，对它们分别进行详细彻底地讨论。在讨论完第一个话题后，我们可以掉转头再来讨论另一个话题。"

当然，普通人并不会这样说，对我们大多数人而言，设立 "路标" 也并不容易。这要求我们跳出对话，然后从旁观者的角度去观察它。事实上，设立 "路标" 之所以对我们有如此大的帮助，原因之一在于思维的僵化。它以一种异常明晰的方式阐明当下的情况，打破了对话的常规模式。你可以用自己的话来述说，但一定要清楚明确。

那么，你应该首先谈论哪个话题呢？对此，你需要考虑两个因素。其一，你应该为最初的反馈找到一条捷径。这也是另一个人想讨论的内容，因此如果想要一切顺利，你最好从他们的话题开始对话。不过，你需要考虑的第二个因素就是情感。如果你的关系原因表现的过于激烈，完全堵死了你前进的道路，使你根本无法聆听对方的话，那么，你应该将它说出来，并且提议首先讨论你的话题。这将会帮助你倾听他们的话题，等到对话结束时，这也将成为他们最关心的问题。

问题潜伏在他们的 "建议" 下

即使我们足够警觉，能够抵抗 "变道" 的发生，我们也会不自觉地陷入另一个常见的陷阱：我们停留在反馈者的话题中（他们的轨道上），可是我们误解了话题的内容。发生这种情况的原因一部分是因为在提出他们关注的事件时，反馈者采用的方式通常都很笨拙。他会说正在为我们提供 "友好的建议"，从而帮助我们进步，可实际上，他提出一个更深层次的问题。我们按其字面意思接受了评判，并认为我们理解了它。可是我们并没有。

还记得路易和金姆吗？请留意，当金姆第一次向路易提出建议时，她说的话其实相当关键："你想给我一份礼物，但我不喜欢玫瑰花。"如果有人认为此处的话题是送礼物，那他完全有理由获得谅解。可是，随着事情被和盘托出，一切变得再清楚不过了：金姆的话题其实是丈夫没有倾听她的感受。

这很常见。通常来说，当我们受到伤害，感到沮丧、被忽视、被侵犯或是焦虑不堪时，我们往往会试图将自己的感受隐藏起来。我们会披上好意的伪装，以提建议或意见为名，为对方提供一些 "小窍门"。可是，我们不是真的从对方的利益出发,为他提供指导意见。我们希望他们能为了**我们的**利益而改变。

所以,当你收到提议时,你应该问自己的问题是:这究竟是帮助我成长和进步,还是对方另有其他意思?

"也许,你想变得更有责任感。"
其真实含义可能是:"你没有回我电话,这让我很伤心。"

"我想,如果你不整天只想着工作,你可能会更快乐。"
其言下之意可能是:"你一心只想着工作,这让我感到很孤独。"

"如果你能分一部分工作交给我,你就有更多时间去处理重要事件了。"
也许,说话者的真实想法是:"我想你能信赖我,让我分担更多责任。"

"你喝太多酒了。这对你没好处。"
这句话也许是想告诉你:"你喝酒让我很担心,这也开始渐渐影响到我们的感情。"

为什么我误解了对方的话题会变得如此重要? 有时候,误解无伤大雅。如果我改为小酌,这对我好,也能缓解我们的紧张关系。可是,如果我只是把他们的指导意见当成给我的一个建议,我可能并不会认同这会让我更快乐,这完全合理。我可能会说:"事实上,当我减少工作的时候,我会坐立不安。"问题解决了,我们可以继续下一个话题。可是,如果对方关注的是他们感到孤独,我就彻底错过了真正的话题。

当然,这并不是说你得到的每个指导都是虚伪的。不要简单地认为凡事都有更深层的一面。取而代之的是,请核实:我们是否站在同一轨道上? 真实的话题是什么?

事实上,有时候就连反馈者本人都没有意识到他们的反馈其实主要来自于自身的焦虑或失望。你妈妈问:"你为什么还不结婚? 我觉得你根本就没认真去结识其他人。"你妈妈是在指导你(你不想要的),但你可能产生以下反应:

a) 就她的评估与她展开争辩("实情并非如此,我在努力");

b) 在感觉不被接受的反应下启动"变道"("我单身,我快乐。你为什么总是想改变我");

c) 为了保护你的自治而"变道"("妈,我已经 38 岁了。我能掌控我自己的生活。"对此,她会回应你"很显然,你不能")。

因为你自身的自治和接纳需求,这些就是可能的第二个话题。不过,你也要倾听妈妈建议之中包含的担忧和关心,这些也许深藏在她心底。与其和她为了约会的建议而争辩,你不如问她:"你到底担心什么?"你可能会听到下面这些回答:

我担心你不知道你年纪越大就越难找到合适的人。

我担心你最后会和一个你不喜欢的人在一起(就像我)。

我担心你最后会和一个我不喜欢的人在一起。

我担心你不能养活自己。

我想知道你到底会不会采纳我的建议(你似乎不会)。

我想知道是不是我做"错"了什么才导致你今天这样的局面。

在你结婚之前我都无法放松。

请留意,上述担忧中没有一种真正和她最初的"指导"话题——约会策略——有关。理解她的关心也会帮助你缓解自己处于紧绷状态的关系原因——这更大程度上和她对跟谁结婚以及她对你的担忧有关,与是否接受你的想法并无太大关系。在理解了这一点之后,你就能理智地决定你是否还觉得自治和接纳的理由依旧那么重要,值得讨论。

路易和金姆:接受二者

一旦你意识到关系原因和变道式对话的存在,你就会发现它们无处不在。你就像是迷宫里的老鼠一样,开始注意到反馈对话中竟然有这么多地方有可以一分为二,甚至一分为三个话题。

让我们思考一下，如果取代"变道"，如果路易能够做出更高效的回应，他和金姆的对话会如何继续下去呢？他可以这样说："我原本希望鲜花能让你高兴起来，可是现在我能看得出来你很失望，但我仍然希望得到你的理解。"这只是路易为了更好地解决问题而留在金姆"轨道"（她对他提出的意见）上的一个例子。或者，他可以这样说："好吧，我忘了你不喜欢玫瑰花。你应该再提醒我一次你为什么不喜欢。还有，不得不说我觉得有一点点沮丧，因为我的努力没有得到赞赏。这两件事我们都应该谈谈。"如果路易想清楚说明有两个重要的话题等待讨论，每一个话题都需要自己的对话"轨道"，这可能就是个不错的例子。

当然，如果路易（或金姆）之前能更有技巧地展开对话，也许就不会出现之后那戏剧性的一幕，也不会有争吵或眼泪。如果这是一部追求收视率的情景喜剧，这可能会是个棘手的问题。但在实际生活中，这绝对是一件好事。

总结：一些关键点

谁向我们提出反馈会触发我们的反应。

· 我们对反馈者的看法：他们可信度如何？我们相信他们吗？他们表达想
  法时带着良好的判断力和技巧吗？
· 我们感受到的反馈者对待我们的态度：我们感到被接纳了吗？有人赞赏
  我们吗？我们的自治权受到尊重了吗？

关系原因会创造变道式对话，对话中，我们的桌面上摆着两个话题，而我们
会绕开对方的话题。

发现两个话题，给每个话题一个自有的轨道。

反馈游戏中令人惊讶的玩家：

· 陌生人
· 我们觉得难相处的人

我们认为难相处的人恰恰能够看到我们最不堪的一面，因此，他们也许尤为
适合做我们的诚实镜子，照亮我们身上成长空间最大的那一处。

倾听潜伏在指导中的关系问题。

第六章

识别关系体系

后退三步

你和妻子正在吃早餐,坐在对面的她因为睡眠不足而显得有些心绪不宁。她想对你反馈:**做点什么**来对付你的打鼾吧。别想把这事赖在狗的身上。不是电视,也不是邻居。"这很简单,"她说,"你打鼾。我睡不着。是你出了问题。解决它。"

你从没想过要指责狗。这太可笑了。在这里,真正的问题在于你的妻子。她是这样讲述整个故事的:"**你打鼾。结束。**"可是,你知道更多。是的,你是打鼾。可是,你的鼾声非常小——小得让它都算不上鼾声。正常人根本不会被你的鼾声所扰。你的前妻甚至都没注意到你打鼾。问题就在于,你的现任妻子对噪音超级敏感,尤其是当她感到压力大、焦虑不安的时候。但现在有谁会没有压力,又有谁会不焦虑呢?你告诉她如何放松,然而她压根就不听,她也不用你买给她的白噪音机。

问题就是你妻子太敏感,而且固执。

🍃 谁有问题,谁需要改变?

反馈通常都由一个问题引发:某些事情无法运作了。某些事情不对头。你妻子得不到充足的睡眠。你老板认为你没有全力以赴。你和顾客关系紧张。新来的那小子原来是个恼人的同事,比你预计的差多了。毫无意外,反馈接踵而至,指向一件事或另一件事。

这本身并没有任何问题。当某事出现问题,我们必须能够谈论它,这样我们才能把问题弄清楚,想出解决方案。

可是,事情就是在这里开始变得奇怪。当我们提出反馈时,我们知道自己正在提供"有建设性的批评"和有帮助的指导。而且自信地认为正确地识别了问题的原因,现在我们正更进一步要解决它。

然而,当我们处于**接受**这类建议的终端时,我们并不认为它有何"建设性"可言。我们听到的是指责:**这是你的错。你有问题。你需要改变。**这让我们觉得完全不公平,因为我们没有问题,这**不是**我们的错,至少这不**仅仅**是我的错:**如果你能不这么固执,使用那台白噪音机,就不会再有问题了。**

即使是对最体贴、心思最细腻的人而言,准确指出为何这些感知的差异会如此巨大也并非易事。这一定不仅仅和我们站在反馈对话的哪一端有关,不是吗?

是的,这就和你的所处位置有关。不过,要想看清楚原因,我们还需要理解关系体系。

看到关系体系

"体系"是一套相互作用或相互依赖的组成成分构成的一个复杂整体。体系中的每一个部分都会影响其他部分;一件事的改变也会引起连锁反应。一段关系是一个体系,一个团队是一个体系,一个组织是一个体系。一条食物链是生态系统中的一部分;你和你女儿之间除了书面信息以外的沟通,也是你们当前父女体系的一部分。

当一个体系出了问题,我们每个人看到的事情恰恰都是其他人看不到的,而这些观察也并不是随时会出现在我们眼前。当事情出了问题,我往往会看到那些**你做过**的导致问题出现的事情,而你往往会看到**我做过**的那些事情。你知道我打鼾,我知道你很敏感。你知道我错过了最后期限,我知道你总是给我错误的最后期限(很显然,至今为止就是这样)。

因此,你真诚地责备我,我愤愤不平,转而真诚地责备你。的确,我们每个人都看到了对方在问题中的责任,我们每个人都相信我们不应该承担问题的**全责**。

这就是体系视角 2: 我们每个人都只看到问题的一部分(对方造成的那一部分)。体系视角 1 是:我们每个人都是问题的一部分。也许,我们各自问题的程度不一,但是我们都身陷其中,彼此相互影响。如果你不打鼾——不管你说它是什么——你的妻子可能就能入睡了。如果你妻子的压力不那么大——或者,她不那么固执——她也许也能够入睡。你们各自的言行共同作用,这才创造了问题。这就是体系的运作方式。

一个体系观点会帮助我们首先理解是什么制造了沮丧 / 困难 / 错误(并由此催生出反馈)。它可以帮助我们识别根本原因以及体系中的每个人对问题的贡献方式。此外,它还能解释为何我们作为反馈接受者和提出者的反应恰恰相反。接受者会产生防卫性反应,因为他们清楚地看到了提出者对问题的作用,而他们的辩解也让提出者惊讶不已。因为在他们看来,接受者导致问题的言行是那么明显。而且,反馈双方通常都会认为,只要**对方**改变,问题就能以最快最好的方式解决。

如果我们想让反馈对话进展得更好,我们就需要更好地处理讨论中的提出者和接受者(通常还有其他人)导致问题的方式。这能帮助我们超越指责和辩解,直接飞向理解,它还能制造出更能让彼此接受的解决方法。当我们看到一个关系体系时,我们通常都会发现一些只要我们每个人做出改变就会对整个体系产生重大影响的简单事情。这也许能帮助每个人都睡个好觉。

后退三步

让我们从三个不同的但更有利的点来看看关系体系——近程、中间距离和广角。站在每个点上,我们都能看到存在于我们关系体系中的不一样的模式和动态。

后退一步:**你**+**我**的交汇点。从这里,我们看到的是你和我作为一对的互动关系。你＋我的组合对引起问题有何特别之处？我们每个人分别做了什么，导致问题产生？

后退两步：**角色的碰撞**。站在这个点上，我们的视角得以扩展，从而能够看到我们每个人在团队、组织或家庭中扮演的角色。我们之所以会和对方发生碰撞，角色通常都是一个关键但很大程度上被忽略的原因。

后退三步：**全景图**。从这个位置望出去，我们看到的是整个画面——包括其他参与者、体系结构以及指引和驱使我们每个人做出选择并产生结果的全过程。

后退一步：你＋我的交汇点

人们叙述反馈的方式通常是"你就是这样的，问题就在那"。然而，在相互关系当中，"你就是这样的"真正的含义是"你就是这样与我建立关系的"。制造问题的通常就是这个组合——我们双方的差异在此交汇。

你想在周末停工休息，我想获得你的关注和投入，只有在相互关系中，你的需求才会成为我的需求，成为共同需要面对的问题。你想在妈妈葬礼后就清空她的房子，而我想有更长的时间来悼念她，只有在相互关系中，你我的需求才能成为问题。你只会说瑞典语，这没问题；我只会说英语，这也没问题。可是，当我们在一起的时候，这就成了问题。

这些差异往往会变成充满变数的体系，制造出一连串的连锁反应。桑迪和吉尔就金钱问题发生了争执。桑迪认为吉尔太抠门，吉尔认为桑迪挥霍无度。当桑迪和吉尔刚刚结婚时，他们之间的差异还只是一些小吵小闹。当吉尔被解雇后，情况开始恶化，他们还发现他们处理金钱和压力的方式完全不一致。当桑迪忧心忡忡的时候，她会从习惯和小小的奢侈行为中找到慰藉。在这样的日子里，她并不会放纵自己，但是一杯3美元的卡布奇诺就能让她暂时远离忧虑。吉尔则通过追踪手中的每一分钱的去向，以及找到象征性的削减开支的方法来舒缓内心的焦虑。

毫无意外的，两人交换了意见。吉尔严厉地指责桑迪："我实在无法理解，你怎么能在我们削减开支的时候还如此大手大脚地花钱？"桑迪反过来斥责吉尔："你真的要回超市把我买的葡萄坚果麦片换成普通麦片吗？你疯了吗？就为了省这区区 35 美分，把我俩弄成现在这样，你觉得值得吗？"

双方都将指责的手指指向对方，却没有一个人看到自己在这个充满变数的体系中的言行和作用。在上述任何一个时刻，反馈看起来都是这样的：

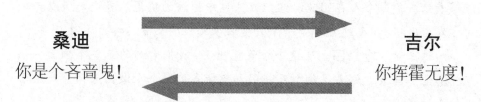

桑迪

你是个吝啬鬼！

吉尔

你挥霍无度！

不过，随着时间推移，他们之间将会出现一个恶性循环。随着压力激增，吉尔的监控欲望也在增加，这会让桑迪更加渴望自己的小幸福。于是，她把葡萄坚果麦片藏在壁橱的角落里，当吉尔发现麦片盒的时候，就会拿着盒子与她对质。他怀疑她背地里还有其他小动作，所以他愈发觉得失控，试图对她施加更大的压力。"你挥霍无度"变成了"你自私，不值得信赖，而且完全失控。""你是个吝啬鬼"变成了"你控制欲太强，缺乏理智，反应过激。"站在接受端，他们全都忽视了对方的反馈——把它们当成证明对方疯狂的更多证据。

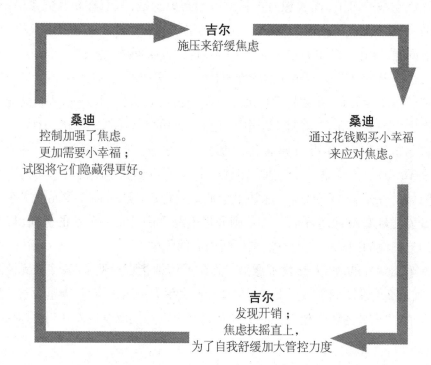

无论是桑迪还是吉尔都不理解体系。在体系内,我们看到的只有对方的行为及其对我们的影响。我们看到的不过是自己对对方制造的问题做出的正常回应。

无论是在个人关系还是在职业关系中,交汇点——偏好、倾向性和导致我们与对方发生矛盾的特质,以及这三者的差异——都对摩擦和反馈的产生起到了相当大的作用。婚姻研究者约翰·戈特曼报道,当下夫妻之间发生的争执中有 69% 都与他们早在 5 年前就开始争吵的同类话题有关。[①]从现在开始,他们还很有可能会从这本争吵菜单中挑选话题作为接下来 5 年当中的争吵谈资。

有时候,我们自己都察觉不到自己的偏好、倾向性以及特质:我们如何控制不确定性;我们经历新鲜事物时会作何反应;什么让我们有安全感;什么能补充或耗尽我们的能量;我们如何体会矛盾;我们究竟是以细节为导向,还是以全局为导向;线性思维还是随机;不稳定还是稳定;乐观还是悲观。事实上,我们也许完全意识不到我们的倾向性,直到我们和某个不一样的人在一起。当一个英国女孩告诉一个美国男孩他有"美国口音"的时候,美国男孩哈哈大笑。"很显然,有口音的是英国人。"

尽管其他局外人通常都能很容易看清其轮廓,但是我们看不到自己的体系模式。孩子让你筋疲力尽:**我为什么得说七百遍把你的鞋子从厨房中间拿出去你才能听呢**?你的公公来探望你们,并提出了一些(不请自来的)指导意见:"你需要坚持到底。你必须持之以恒。"

这已经足以让你抓狂——你**正在**坚持到底:毕竟,你已经又对他们说了 699 次。换作以往,你已经放弃,自己动手把鞋拿出去了。

然而,你的公公看到你和孩子们的关系体系中你看不到的东西。他看到你通过循循善诱、温柔地激励以及威逼利诱后所取得的进展,但最终你失败了。他能看到你的孩子们已经知道只有在妈妈大叫的时候她才是**认真的**。所以,他们一边忽视你,继续看电视,一边等你认真对待此事。

后退一步意味着走到你自己的视角以外去观察这个体系,就像你公公那样。与其集中全副注意力观察对方做错了什么,不如留意你们各自对彼此做出了什么反应。一旦你这样做了,你就会开始注意到更大的模式。继续纠缠下去——你认为的"坚持到底"——事实上只会让问题恶化。②

后退两步：角色的碰撞

后退的第一步让你看到你和对方，以及你们双方的倾向性如何交汇及交互作用。退后的第二步更进一程：这不仅仅是你和我的事，还和我们扮演的角色有关。

定义角色的是人们与其他角色的关系。直到你有了弟弟或妹妹，你才成为了姐姐或哥哥；你不可能成为一名导师，直到有人需要你的"指导"。尽管角色中也包含了个性使然的成分——我是个有趣的人，你是个负责任的人——但是角色对行为能产生独立于性格之外的影响。角色就像一个立方体的冰托盘，你将你的个性注入其中。你注入的内容固然重要，但是托盘的形状也同样不容小觑。无论我有音乐天赋还是五音不全，也不管我是谦虚谨慎还是自负狂妄，只要我是警察，你是超速者，我们之间发生的事情就很有可能会按照可预测的合乎情理的方式发展下去。

有一个重要的角色模式，我们称之为"偶然的对手"。③ 如果两个人之间发生的矛盾足够多，给对方造成的困扰和沮丧感足够强烈，他们双方就会视彼此为"对手"。他们双方都会将问题归咎于个性和对方有待商榷的意图。然而，真正的始作俑者通常是他们所处的角色位置，正是这一位置（偶然地）制造出了一连串的矛盾。如果我们双方站在绳子的两端，我们的工作就是拉绳子，那么，我们轻而易举就能制造出一场拔河比赛，但其实我们不过是在完成各自的工作。

警察和超速者之间可能有很多相似处——他们可以是一对同卵双胞胎——然而当他们各自扮演的角色在路上相遇时，他们的角色就会制造矛盾。同样的情况也会发生在不满的顾客和客户代表间，压力巨大的老师和焦虑不堪的家长间，以及前夫和新男朋友之间。

创造"偶然的对手"需要两个因素：角色的混淆和角色的明晰。

随着组织的改变和职责变化，角色划分很快就会被弄得一团糟。我的角色在哪里结束，你的从哪开始，这一切都变得模糊不清。泰德问我要新的价格信息，我还没来得及回应，你就跳出来，递给他信息。泰德问**我**因为我是价格专家；泰德没有问你因为你**不是**价格专家。除非当你讲述整件事的时候，你**就是**那个价格专家，泰德不过是错问了我而已。我们真的会如此混淆角色吗？是的，我们会。

想要夸大角色混淆存在的比例根本不可能，哪怕是在经营管理得最好的组织中也是如此。我们三个人都认为自己负责任务 A，没有谁认为自己负责任务 B、C 和 D。全球化和虚拟网络连同改组、合并、矩阵程序，以及员工的各种流动性这些因素一起加强了这一挑战。昨天，我们还是同事，今天，你就成了我上司的老板。昨天，我们还在同一个小隔间里共事，今天，你就坐在里斯本的办公室里和我用 Skype 聊天。

部门、职能和经营单位间可跨越的边界也加剧了这一混乱。如果我监督印刷媒体的数据挖掘工作，那我为什么还要不断地从市场营销部取得备忘录呢？毕竟，那个部门的巴里负责所有媒体平台——包括印刷媒体——的数据挖掘工作，而且任何其他相关报告都会被认为是"未经授权的"。

有时候，导致角色冲撞的并非混淆，而是明晰。这一张力已经被植入组织结构本身当中。在银行，合规官员和交易者常常会发生矛盾，这不仅仅是因为交易者的油滑或合规官员的过度谨慎，还因为他们角色的本质使他们不可避免地会发生争执。常见的类似矛盾还会发生在销售员和法律部门、外科医生和麻醉师、建筑师和工程师、人力资源部与所有员工之间。正如一名人力资源管理者笑言："在人力资源部，我们开心不起来，直到你们也变得不开心。"

当然，所有人都知道人力资源部的职能很关键，可是忙碌的人们还是会觉得它很烦人。我们很快就会将一切归咎于性格：人力资源部那些人都有强迫症，还成天紧张兮兮，受角色约束太深。另一方面，各部门总有些游手好闲的人，迟迟不能完成交代的工作，做绩效考核时也总敷衍了事，还经常在强制性培训中开溜。这一切都让人力资源部工作者倍感沮丧。为什么我们中有那么多人表现得就像是古怪、任性的青春期少年呢？

从组织机构的层面来说，这些角色冲突有其重要的目的，可是在人际交往这一层，它们往往都具有毁灭性，尤其是当人们错误识别矛盾源头的时候。让个人从各自的角色中解脱出来十分关键，其方法就是后退两步，并提问：**我们的角色对于我们对彼此的看法以及我们向对方提出**

的反馈有何影响？角色到底占了多大比重，个人表现的比重又是多少？即使你答不上来，向自己提问或是与对方就此展开讨论也能转变双方的意识。

后退三步：全景图

向后退了第三步后，我们就能看到全景图，这不仅包含了其他参与者，还囊括了实际环境、时机、所做的决策、政策、过程以及变通的应对策略。所有这些都将影响我们的行为和决定，以及我们向对方提出的反馈。它们都是我们所处体系中的组成部分。

试想一名冶炼厂员工在工作中严重受伤，而你就是安全代表。你的工作是确保这样的事故再也不会发生。在调查事故原因的过程中，一种常见的倾向性就是你将注意力只集中在受伤员工的行为上：他遵守操作规程了吗？他在这一岗位上工作了多久？他有没有疲劳工作或饮酒？他做了哪些不该做的事情？

这些都是重要的问题，可是你知道这不仅仅和这名员工有关。于是，你后退三步，从整个安全问题的全景来思考。如果那名员工疲劳工作，有谁知道他连续工作了两个班呢？员工们在过度疲劳的状态下操作仪器的频率又有多高？最后一次修理这部分仪器的人是谁？有维修记录吗？上司是否知道使用了不合规零件？削减安全培训开支有何影响？绩效考核是如何激励或如何未能实现激励安全行为的？作息规则的改变对员工的疲劳感或换班时的信息交换有何影响？

后退三步：全景图

其他参与者

两名高管发生冲突，激起了其下属团队成员因矛盾导致的小冲突。创新和承担风险被禁止，一种我们——他们的态度占据主导，为了管理和"解决"冲突，花费的时间已经大大超过限量。	两个人之间的矛盾会极大影响工作模式及其身边人之间的关系。想要理解发生了什么通常需要从大团队、部门或跨职能的动态着眼。

实际环境

续表

后退三步：全景图	
新的上升机制是最先进的，可是小范围内的恪尽职守意味着你只能看到曾经与你共事过的人。你已经有好几个月没有和楼下的同事进行邮件往来了。	实际环境能够影响我们之间的工作方式。开放的办公室空间会鼓励合作，或阻碍坦率的讨论。需要共同合作的职能最终可以在不同的写字楼里或不同的半球完成。
时机和做决策	
弗朗西不得不提前六个月提交度假申请；她的弟弟芬恩提前两周才收到工作计划。弗朗西不理解弟弟为什么不能配合全家的度假计划，哪怕他已经成年。	位置和决定的时机差异会在个体或组织间制造问题。有些人可能需要广泛地咨询，从他人那儿获取信息，而有的人完全可以独立做决定。
政策和过程	
以伦敦为中心的市场营销已经产生出一个统一的产品营销方案，然而柬埔寨那边说新的宣传在当地毫无效果。	中心化的过程会带来效率，但也会让响应当地需求变得更加困难。
应对策略	
研究部一如既往地延迟了向会计部报告部门数据的时间。会计部开始给出虚假的最后期限。会计部的"小动作"很快就被识破了。现在，研究部更加不把会计部的时间期限当回事了。	参与者们会针对他们认为难应付的对象开发出应对策略。其作用很快就会在第二个和第三个回合中显现出来——这就是所谓的滞后效应。

在此，有一个平衡会受到冲击。我们不想把时间浪费在事前盘查上，而一旦我们手头上有一个引人注目的解释，我们又会忍不住想放弃观察。可是，我们不应该仅仅因为它们在时间或地点上与伤害不具备相似性就忽略那些重要的投入和根本原因。[④]

图表提供了一些值得注意的全景因素。

通过体系滤镜的反馈

现在，让我们进入二年级课堂，看一看体系滤镜如何帮助我们应对反馈和沟通。

二年级的老师说话很小心："你女儿肯齐个性很强。她会说一些让其他孩子不开心的话。"老师眼中的肯齐是个好孩子，但是有一点点霸道。他希望肯齐的妈妈能够用心接受这个反馈意见。

结果，肯齐在门外偷听到了他的话，立刻冲进来反驳道："妈妈！那些小孩真的太讨厌了！是他们先惹我的！如果他们那么爱哭，我也没办法！"在肯齐看来，有问题的不是她。她是受害者。

反馈对话不得不暂停。肯齐觉得自己受到了不公正的指责，老师因为肯齐不愿承担责任而恼火，肯齐的妈妈不确定到底该相信谁。就让我们来看看如何从那三个有利的立足点来了解到底发生了什么事，从而更好地理解老师对肯齐的评论。

后退第一步看到的是个人交汇点，于是我们看到了这个：肯齐和她的一些同学之间有一个与生俱来的差异。肯齐有一点像戏剧女王，喜欢小题大做。所有事情不是"好得出奇，令人难以置信"就是"糟糕得像一场可怕的灾难"。她个性鲜明，在一群 8 岁的孩子里，她的戏剧天赋为她赢得了不少关注。

后退第二步看到的是角色。肯齐是去年刚刚转学来此的新生，她迫切地想找到自己的位置。与此同时，初来乍到也为她的人物角色增添了一抹神秘色彩。她"融入"的方式就是娱乐，孩子们和她相互吸引，他们渴望听她模仿老师在数学中"啊哦"的惊叹，或是重现早晨坐校车时"个性化的"一幕。这一切都鼓励肯齐说出更大、更夸张的故事，很快，班里的所有人都清楚地知道她扮演了班级表演者的角色。现在，我们开始看到运行中的体系——肯齐的行为影响她同学的行为，后者反过来也会影响她。

和肯齐恰恰相反，有些孩子并不喜欢成为注意力的焦点。当一个人不小心把颜料洒在肯齐在艺术课做的海报上时，肯齐立刻大叫："你真是这世上最可怕的人！"对肯齐而言，要想她理解这个过激的反应会让一个敏感的孩子感到多么难过恐怕非常困难，因为这并不会给她自己带来任何困扰。而其他孩子更同情那个不小心的孩子。他们彼此谈论着肯齐太"小气"，并且开始躲避她。

至此，我们已经看到了交汇点与角色。现在，让我们后退第三步，扩展眼界，看看接下来发生了什么。和肯齐在一起的朋友们很快就告诉她某某说了什么，或是谁又说他们永远都不会再和肯齐一起玩了。他们并不是真的想煽风点火，可是她的反应如此迅速且戏剧化，从而使得他们的友谊也变得更加微妙。**我们都心知肚明，我们就是这么酷；其他人都是些失败者和好哭娃娃。**与此同时，那些同情那个不小心洒颜料的孩子的同学们是这样想的：**我们有自己的群体，好孩子就是这样；其他人都是坏孩子，都是霸王。**从最初集中在肯齐身上的焦点，我们可以后退，看到班级里正在形成小团体，而这些小团体会相互作用，最终共同导致体系出现问题。

在更宽泛的体系中，还存在另一个因素，那就是操场的实际布局，这在无形中增强了"我们—他们"的互动。因为学校有一部分尚在建设中，操场只剩下两个正方形球场，女孩们常常在这里展开两军对战。校规也起到了推波助澜的作用：无论何时出现了纠纷，肇事者都会被送到校长办公室，然而学生们没有机会进行和谈来帮助双方理解和修复关系。校规旨在确认和消除单一行动者，却没有提及更大规模的体系。

当老师站在讲台前，他看到的混乱中心是肯齐。所以，他叫来了肯齐的父母，想给他们一些关于如何让他们的女儿做出改变的反馈意见。如果他们接受老师的意见，让肯齐坐下来，向她解释她需要表现得"更和善一点，不要那么严酷"，毫无疑问，肯齐一定会提出抗议。这不是因为她想逃避什么责任，而是因为真正的问题并不仅仅在她一个人身上。从她的位置来看，她的同学都是些好哭宝宝，而且很显然，她们也是一群告密者（这和第二天早晨肯齐绘声绘色地报告家长—老师见面会上的不公正完全一致。）

当然，肯齐需要明白她的行为对其他孩子的影响，有些事情**的确是**她需要改变的。不过，她认为其他人也是造成问题的原因这一点并没有错。如果老师和肯齐的妈妈（甚至肯齐本人）能够在更大范围的体系内展开讨论，肯齐就会觉得自己受到的对待更公正一些，也许会更乐意接受批评和指正。

> ### 在体系中看反馈
>
> **后退一步：**反馈从哪些方面反映出了我们在偏好、想象、风格或隐含规则上的差异？
>
> **后退两步：**我们的角色究竟是会增大还是减小我们发生摩擦的可能性？
>
> **后退三步：**其他参与者对我们的行为和选择有何影响？实际背景环境、过程或位置是否也促成了问题的产生？

同样重要的是，她们也许会发现应对这一充满变数的体系的新策略。例如，让几名来自另一个小团体的孩子坐下来，谈谈这件事也许会有帮助。让孩子们跨越这些团体界限，一起完成一个项目就能打破这种"我们—他们"的思维模式。或者，可以对班级角色进行重新洗牌。肯齐的新角色任务就是确保那些相对更安静的孩子能够参与到某些活动中来。肯齐的父母也许会发现她说的有些话的根源就在家庭，她们常常会开玩笑地用很夸张的方式说话："你是最差劲的！""你最棒了！"

体系滤镜的益处

通过体系滤镜来理解反馈的好处很多。

它更精确

第一个好处很简单：这就是事实。体系思维会纠正任何一个视角的倾斜。如果我倾向于看到你做了什么才产生质疑，而你往往只关注我的错误，那可以把我们俩的视角联合起来，得到一个能够更好地反映整个事件的观点。随着我们开始看到我们双方如何影响彼此，就会发现彼此相反的因果关系不过是一个又一个的循环。

它带我们远离不必要的评判

第二个好处是体系思维会化解误导，使我们不再自动将他人对问题的产生归结为"坏的"、"错误的"或"应该受到指责的"。我们是中立的，或以细节为导向，又或是自愿承担风险。其他人则过于中立，或毫不在意，又或是太保守。只要我们稍不留心，"公司里那些人做的那件事"就会变成"公司里那些自私的家伙们"。首先出现在我们脑海的是对一个行为的描述，第二个就是一大堆关于他人的评判。如果我们把矛盾看成是一个大体系中的一次简单交汇，而角色碰撞也许会让这次交汇变得复杂，我们从描述直接跳到责难的可能性就会大大降低。我们对风险的耐受力比他们高，这就使得我们之间的投资决定变得艰难。只要我们能头脑清醒地看到自己在问题中的位置，看清我们反应的方式和偏好形成了一个循环，要想"妖魔化"对方就会变得很难。你和你妻子,打鼾和敏感,这些都不存在"坏"的一方,只是它们放在一起才让你们双方受到问题的困扰。

它增强责任感

你说,好吧,可是有些时候,对方的行为真的应该受到指责,那时怎么办? 你叔叔不该抵押奶奶的银饰,你邻居的儿子不该弄翻你的邮箱,你隔壁办公室的那个女人不应该伪造这些时间表。这个所谓的体系法是否是一个通过将注意力从个人转移到体系上,从而减轻或逃避责任的方法呢?

我们认为恰恰相反。在你了解实际导致问题的因素如何交织在一起之前,你无法为导致问题承担真正意义上的责任。体系法可以帮你弄清楚自己的选择和行为,以及它们如何制造出你最终得到的结果。直到这时,你说你有责任才会有意义。

当然,体系法不会自动增加责任。当一名经理说"我手下的一名新员工伪造了时间表,我们真的应该开展更多培训,加强监管"时,这就是"体系"陈述。但这只是一个开始。这位经理是否要为发生的事情承担任何责任,以及他认为他——或其他人——需要为什么负责都尚不明确。

真正意义上的责任要求这位经理更仔细地了解为何员工会做出这一决定,这位经理在这件事中可能会扮演的角色以及其他参与者、追踪系统和培训在时间表事件中起到的作用。例如,是谁向新人解释该如何考量花在各个项目上的时间,以及如何计算休假或旅行时间? 经理是否做了什么,从而让新人在记录准确时间时感到压力过大,或者他是不是私下里甚至是在不经意间鼓励了一种"干苦活累活的大男子气概",从而促成了工作时间激增?

理解一个问题有多个原因并不会限制我们如何前进,也不会影响解决问题的选择。在一些存在违法、不道德、不恰当行为以及那些违反政策的案件中,规则或惩罚也许是合适的。有时候,经理说:"如果我自己对问题也负有一定责任,我又该如何管理手下的员工呢?"这就好比是说:"我们的安全系统出了问题,我们银行对银行抢劫也有责任,我们又如何能惩罚银行抢劫犯呢?"安全系统出现问题的确不好,了解这一点固然是好的。可是,你们银行安全系统有问题这个事实与抢劫犯是否该被送进监狱却没有任何关系。

当然，理解体系能改变你看问题的方式，你所认为的解决问题的最佳方法也会随之而发生改变。如果员工没有意识到改规则是因为你没和他们说起过，也许你可以纠正这一大意，发布一条警告。这和员工明知故犯的处理方式截然不同。体系法会帮助你在前进中找到一种**适当的**行为。

它有助于纠正我们转变或接受的倾向性

关于责任感，有两种常见的反馈类型在处理时充满挑战：转变者和接受者。体系视角会帮助我们在谈论反馈时对抗自己身体里的这些倾向性，并理解他人的倾向性。

指责接受者：全都怪我

第一种反馈类型就是指责接受者。只要事情出了差错，你就会把手指向自己，永远如此。你欺骗了我？一定是我魅力不够。我们的产品销售没有达到预定额？一定是我从一开始就搞砸了。因为下雨取消了？一定是我说了什么。

除了通过相信一切都是你的错制造出来的情感沼泽，还有了解缺陷。独力扛下修复关系和改正错误的全部责任也许会让你觉得自己很高尚，可是这和全盘拒绝承担责任一样会阻碍了解真实情况。接受者往往只会看到自己在事件中的责任，并止步于此。他们迅速地接受反馈意见，结束对话，不再探索导致问题的交汇点、角色和反应。

从一开始你就搞砸了？如果你认为你凭一己之力就能颠覆所有人的努力，那你也太高估自己了。情况很可能是这样：造成这一令人失望的销售业绩的原因有很多，从销售概念到时间线，从产品本身到市场营销再到分配。如果你想要下一次产品展示的效果更好，你不能期望自己一个人就能完成这么多项修补工作。如果你承担了所有责任，你就让其他人从事件中脱离。了解和解决问题的责任被搁置，最佳解决方案出现的可能性也会大大降低。

对于接受者而言，另一大挑战就在于积怨会随着时间而加深。在我们内心深处，我们明白实际上**并非都是我们的错**，然而其他人似乎并不打算承担自己应尽的责任。接受者也会开始抗拒他们原本可以做出的改变——当其他人不愿审视自己在问题中的责任时，一个人要想影响整个体系，他能做的也只有这么多。

在此，同样值得注意的是，接受者往往会停留在被虐的境况中。在一段存在情感或生理虐待的关系中，吼叫、诋毁或大肆抨击对方的一方通过指责受害者及其导致这一切的言行就能将人们的注意力从自己那充满伤害性的行为上转移开来。反馈（"你不该激怒我"）的人也许能够准确描述受害者在体系中的责任。当然，他们遗漏的是自己那造成伤害的、可怕的、不公平的行为。这也是为何这种关系会如此杂乱，以及为何要想走出一个受虐的关系体系会如此困难的原因之一。反馈者宣称你看到和感觉到的事情其实根本就不存在。

指责转变者：这不是我的错

另一种反馈类型指的是那些无论如何不承认自己在问题中所扮演角色的人。当他们得到反馈意见或遭遇失败时，他们会立刻把手指向所有曾阻碍过他们或对他们有偏见的人：这全都怪那些金融人士；是新的 IT 系统在作怪；要怪就怪邻居，还有那只松鼠。

你也许会觉得这种状态会让人放松；毕竟，反馈从你这儿被推出去，你没有错。然而，真实的体验却是相当疲惫。转变者发现自己会因为其他所有人的不称职或奸诈而不断受到指责。他们是受害者，却无力保护自己。生活发生在他们身上。事实上，这就是他们的生活。

如果我的投资人筹集不到资金，一定是因为风险资本家们都是些傻瓜，或是现在的市场不合时宜，又或者是因为我是个天才，领先于这个时代。因为我无法控制这些因素中的任何一个，所以我觉得受到了伤害，感到愤怒、无助或沮丧。在这种思维框架中，我什么也做不了，无力改变结果，因为这些原因都在我之外。或者，它们看似如此。

受害者状态下，反馈的力量根本无法穿透；我无法了解任何有助于我下次融资的信息。我的市场分析不够完整？我是不是在回答关于有竞争性产品的问题上准备不够充分？我是不是忽略了本不该忽略的那些早期建议？看到我对周遭环境产生的影响能让我变得更强，而不是更弱。如果我对自己的问题有建树,就一定有我能改变的事情。

它有助于我们避免"失败的修理"

当我们不理解产生反馈的体系时,我们往往都会犯一个错误:尝试只调整体系中的一个组成部分,并期望这就能解决所有问题。然而,炒掉CEO也不可能改变整个公司的企业文化,所以问题还在。更糟的是,这一修补事实上还带来了意想不到的新问题。

爱丽丝很泄气。她的直属上司本尼在项目交付时总是逾期而且超预算,此外,他还和他们的老板文斯发生了摩擦。于是,爱丽丝向本尼提出了一些建议:"你得想个办法准时交付这些项目,还得将成本控制在预算内。"爱丽丝表意明确:本尼需要改变。本尼收到了信息。

他们没有展开探讨的是为何本尼总逾期,以及爱丽丝、文斯和董事会也许也对这一问题有所作用。取而代之的,爱丽丝认定这是本尼的问题,而且还(隐晦地)认定本尼有能力修补自己的问题。可是,本尼光凭自己根本无法修复,因为一部分困难之处就在于董事会:它总是在需求问题上不断改变主意,文斯又没能及时地传达信息,而爱丽丝做的不过是把关于新参数的描述清楚或完整地传递出去。当本尼警告爱丽丝这些改变会导致延期以及增加开支的时候,爱丽丝也并不总是能把这一信息准确及时地传递给文斯和董事会。

因为没有一个人提出体系问题,所以本尼在环境允许的情况下做了他能做的:他将递交给董事会的预算申请翻番,预期的时间线也延长到了之前的两倍。现在,他不仅能够按时交付项目,而且将一切控制在预算内。

这算修补吗?事实上,如果本尼的新预算和新时间线更现实一些,如果大家关注的是项目是否具有可预测性,而不是花销和及时性,这个修补就成功了,至少短期内成功了。

然而,故事还没有结束,因为延长的时间线和增加的预算开始对体系内的所有参与者产生滞后效应。现在,董事会有了两倍的时间来改变主意,要求增加功能,并且直接越过本尼看结果。与此同时,更高的预算也提升了大家对本尼能够提供的结果的预期值。很快,他的劳动强度变成了以前的两倍,被更多复杂的要求纠缠,而来自爱丽丝和文斯的压力也更大了。

当反馈只针对于大型体系中的一部分，没能看到其他产生作用的因素时，我们就会得到本尼的这种坏结果。我们究竟是如何陷入这一失败的修复中？原因就在于我们只专注于体系中的一个参与者，用一个从根本上就不健全的解决方案隐瞒了真正的问题。本尼那种解决方案暂时看来似乎还不错。我们常常会忍不住用一个短期解决方案来解决问题，却没有考虑到它带来的长期消耗。[⑤]

谈一谈体系

意识到你面对的可能是一个真正的体系问题，是有技巧地探索体系的第一步。

随时留意

留心你自己在面对他人反馈时做出的反应：**问题不在我！** 或者，**如果你不是等到最后一分钟才来问我要，我能给你更好的数据；又或者我脾气坏因为你总是迟到**。这些膝跳反应式的"不是我的错"的想法就是有用的线索，它们能带我们后退，从而理解反馈背后的相互作用。

承担自己那部分责任

第二步就是承担责任：弄清楚你对问题的作用并为此承担责任。否则，反馈者就会把你说的"从我们的关系体系"来看问题的建议当成是找借口。他们会以为你想调转枪头，将指责指向他们。他们对你关于"体系"的花哨想法不感兴趣。事实上，请避免诸如"关系体系"之类的说法。

在这些对话中，你会努力发出两个关键的信息：首先，我承担我那部分责任；其次，我们对这件事都有责任。有时候，要想在一个对话中同时传递这两个信息其实并不容易。它们是一致且符合逻辑的，可是在向你提出反馈意见的人看来，它们听起来截然相反。所以，请先思考反馈者是否能够在一次谈话中同时听到这两个信息，如果不能，就从承担责任开始。一旦这点得到确定，你可以再绕回来，谈一谈你观察到的体系以及你对他们的要求。

"这就是能帮我改变的"

反馈者也许并没有准备好承认自己对问题的影响，或是暂时做不到。他们可能仍然停留在这个反馈的对象就是你且只有你的思维中。

如果是这样，你仍然可以做点什么。与其试图强迫他们承认并承担自己的责任，你不如说一说他们怎样做才能从你这儿得到更理想的反应。你是在要求他们改变，但你可以用"为了帮助**你**改变"（使其合理化）的方式将这一想法表达出来。

吉尔可以告诉桑迪："我太惊讶了，我的反应之所以会如此强烈，因为你花了钱却没告诉我你花在哪儿了，这让我很痛苦。我知道有时候我是反应过激，我正在努力改变。如果你愿意坦白地和我聊聊葡萄、坚果、麦片和摩卡奇诺，这会对我很有帮助，我们可以一起为它们制定家庭预算。"

这是否是一个我 + 所有人的交汇点？

有时候，你获得的反馈直接来源于你和某个特别的人发生的特别的交汇。你的表达有些含混不清，**而**他们的理解也出现了偏差。

不过，在其他时候，令人烦恼的情况也总是一直存在——无论你和谁相处，他们都会对你提出**相同**的反馈意见。比如你的脾气让人难以忍受；你几乎从不回任何人的电话；你缺乏组织性，健忘或散漫。理查德的第一个女朋友就曾抱怨他生性冷漠。理查德把女友的抱怨归结于她自己的情感匮乏。可是，当他接下来的两个女朋友都这样说的时候，才开始引起他的注意（一点点）。

当你第一次意识到这种我 + 你的交汇点其实是一种我 + 所有人的交汇点时，你可能会有些灰心。不过，我们也有些好消息要告诉你。要改变我 + 所有人体系实际上相当简单，因为一旦其中一个人改变了（譬如你），整个体系都会有所改善。在这种情况下，多重体系都将得到改善。在我们的生活环境中，你能掌控这么多的情况可不多见。

利用体系来支持改变（不是越过它）

有时候，反馈很简单：在检查前把你的鞋擦亮；不要插嘴；经常给你妈妈打电话。对你而言，要改变这些行为相对容易，而且还能给你可以预计的好效果。

其他时候，改变通常更加复杂。我们可能都认同只要你别那么情绪化，事情就会变得容易得多，然而此时来一场说教对事情并没有帮助。

有趣的是，一旦我们识别出体系的轮廓，我们通常都能做出有用的改变，而这并不要求人们改变他们的个性。我们可以转换他们的角色，改变我们的进程，或者甚至改变环境。让桑迪负责家庭预算能否改变她因为花费区区3美元而带来的情感体验呢？让我和客户一起讨论我的分析是否能够保证我就能按时完成它呢？交换家务从而使你在早晨就能完成分内家务是否意味着晚上吃饭时你会多一点放松，少一点情绪化呢？这都有可能。这就是看到体系的作用：它可以创造可能性。

总结：一些关键点

要想理解你得到的反馈，后退三步：

- 后退一步：你+我的交汇点。是不是我们之间的差异造成了摩擦？
- 后退两步：角色的碰撞。我们在组织或家庭里扮演的角色是不是造成这一切的部分原因？
- 后退三步：全景图。过程、政策、实际环境或其他参与者是否加剧了问题？

看体系：

- 减少评判
- 增强责任感
- 发现根本原因

在反馈中寻找模式。这是不是一个你+所有人的交汇点？

承担你的责任。

认知原因

"我"带来的挑战

认知原因总览

从某种程度上来说,我们总是在寻找危险。在接下来的三章里,我们将会看到。

反馈之所以会让我们有胁迫感是因为它会激发的问题来自于最具挑战性的关系——你和你自己的关系。你是一个好人吗? 你值得尊敬吗? 你能自食其力吗? 你能原谅自己吗?

有趣的是,每个人面对反馈和认知威胁的反应方式都各不相同,程度也不一样,就连从中康复所需的时间都不同。在第七章中,我们会在大脑里飞速运转,探索为什么会这样。你独特的大脑构造——你到底有多敏感或多不敏感,你反弹的速度有多快——会影响你面对积极和消极反馈时的体验。了解你的大脑构造会帮助你理解自己接受反馈时的情感反应。

这很关键,因为我们的情感会影响我们的思想,我们告诉自己的有关反馈的故事也会因此而变形。第八章着眼于五种能够消除这些变形的方法,使你能够更清楚地——以"实际大小"——领会反馈。

一旦你能清楚地领会反馈,接下来的任务就是想清楚如何让反馈与你的认知——你对你在这个世界上的身份的自我理解——协调一致。在第八章里,我们会逐一检验我们如何理解及如何扭曲反馈,而第九章则会讲述我们如何理解和如何扭曲我们的自我形象。我们的认知在坚定程度和有助于学习这两方面都有所不同。在第九章里，我们会为你们提供三种练习，它们能帮助你从易受伤害且固执的认知向健康成长的认知转变，而后者更容易从反馈和经验中获取学习信息。

第七章

了解大脑构造及性情对你观点的影响

克里斯塔相当自信。她笑着讲完了这个故事：

我和丈夫结婚后就开始了为期六个月的新婚旅行，驾车穿越全美。我们还在后车窗上用鞋油写了"如果你支持我们的婚姻就按喇叭"。人们疯狂地按喇叭、挥手，获得来自陌生人的友好支持让我非常高兴。当我们回归到日常生活之后，我丈夫擦掉了车玻璃上的字，可是我并没注意到。所以，当我在路上行驶和掉头的时候，曾一度很沮丧。听到有人使劲按喇叭，我就会微笑着向对方挥手，同时说："嘿，太谢谢你了。谢谢！我也爱你！"

"我就是这样，"克里斯塔又补充说，"我对消极反馈很健忘。当我听到有人不喜欢我做的某些事情时，我立刻就会想，**真的吗？可是你知道我有多惊讶吗**？诚实地说，我这么自信其实有一点点不太好。"

当然，克里斯塔的生活也并非一帆风顺，她也有无法一笑而过的时候。不过，即便是在她最低落的时候，她乐观向上的心态也会帮助她走出低谷："我和第一任丈夫离婚了，离婚就像是一个巨大的不断向外渗漏的水球。我对自己的一切都提出质疑——别人是不是还会爱我，我是不是真的懂得爱。和所有人一样，我也到过一些黑暗地带。"

"可是，"她又补充说，"我不会待很久。我很快就会从'没有人会爱我'走出来，回到'这太可笑了，很多人都喜欢我'。不到一年之后，我就和现任丈夫相恋了，我们还开车走遍了全国，得到了充满爱意支持的喇叭声。"

阿丽塔发现自己和克里斯塔恰恰是两个极端。作为一名受欢迎的产科医生，阿丽塔在去年的病人调查中得到了反馈。大家对她的评价很高，许多病人还特别提到了她在回答她们关于孕期问题时的细心。不过，有些病人评价说阿丽塔的日程表常常会延后，她们实在是讨厌等候。这些评价就像一个大锤，重重地砸在她心上。"我太难过了，"阿丽塔说，"我为每一位病人付出了那么多时间和关心，结果她们却反过来指责我、投诉我。在读到这些反馈前，我一直都很热爱我的工作。从那以后，我对工作的想法就不再和以前一样了。"最新的病人调查结果就装在一个信封里，放在阿丽塔的办公桌上，它已经放在那儿两个月了——从没被打开过。

对克里斯塔而言，反馈意见就像是浇在鸭子后脑勺上的水，转眼就干，然而对阿丽塔而言，它却穿透一切渗到了她的灵魂深处。我们每个人都有各自消化反馈的方式。

来自硬件的解放

克里斯塔和阿丽塔对待反馈的反应之所以如此迥异，原因之一就在于她们的大脑构造——她们与生俱来的神经结构和连接。我们的大脑构造会影响我们的认知，使我们向某一方面倾斜：焦虑或积极向上，害羞或外向，敏感或复原力强，与此同时，它也会对反馈（无论是积极的还是消极的）影响我们的强烈程度起到一定作用。我们心情有多高涨，会有多低落，以及我们从恐惧或绝望中康复的速度有多快，这些全都受它影响。

这一章着眼于面对反馈时我们截然不同的情感反应，以及我们的大脑构造在其中所扮演的角色。我们还会来看一看这些情感如何影响我们的思想，我们的思想又是如何影响我们的情感。了解自己的大脑构造和倾向性会有助于增强你承受消极反馈风暴并走出风暴的能力。

当你知道你在这个世界上的表现部分归结于自己的大脑构造时，你可能会感到有些气馁——你又多了一个问题，而且这个问题似乎还无法修复。不过，也有解决的办法。就像你天生是卷发、高颧骨或扁平足一样，你的大脑构造也没有太多值得评判的，一如你的第二个脚趾头是比第一个长或短不值得讨论一样。如果你这辈子听到的都是你"超级敏感"或"忘性太大"，那么，现在你可以后退一步，然后说："好吧，这就是我的脑结构方式。这就是我向世界展示自我的方式。"你的反应并不完全取决于你缺乏勇气或过于自怜自艾。

不过，这并不能免除你对自己的为人和行为方式应该承担的责任。这个观察虽复杂但真实有用：大脑构造真的很重要。[①]

从反馈的幕后来看自己

我们对大脑的理解正在不断发展中。这里的"我们"指的是人类通用的理解状态（而不是作者的理解）。神经系统科学的发现接踵而至，各种辩论如火如荼，解读也随之变化。提笔撰写神经系统科学有点像从飞驰的列车上一跃而下：无论你多么精心地挑选跳跃时间，你最后都很可能会摔得遍体鳞伤。即便如此，我们也认为它很有用处；深入最新的社会科学和神经系统科学研究能够帮助我们理解为什么我们每个人都会用自己的方式对反馈做出回应，以及为什么其他人的反应会有所不同。

我们大脑的基本生存功能之一就是趋利避害：我们往往会向着令人愉快的事情移动，远离让人痛苦的事情。快乐是健康和安全的简单形式，痛苦是不健康和危险的简单形式。

然而，我们的趋利避害功能实在是过于天然，因此，在这个由现代工作和爱构成的微妙而复杂的世界里，并不能完全胜任为我们保驾护航的职责。当我们的大脑遭遇能带给我们长期利益的阵痛时——例如，你放弃的锻炼——它就会陷入混乱。相反的情况也是如此：短暂的但会带来长期痛苦的快乐——譬如，为了消遣而服食药品或婚外情——也会产生令人混乱的趋利避害信号（在过去则是"美酒、女人和歌谣"；对婴儿潮时期出生的一代人而言则是"性、毒品和摇滚"）。这些大脑"生活"的错乱联结正是痴迷和无尽折磨的源头。

可这一切和反馈有何关系？和毒品、食物和锻炼一样，反馈也会让大脑犹豫不前，把趋利避害系统弄得一团糟。做那些现在让你感觉舒服的事情（找到一个截断消极反馈的方法）可能会让你在今后相当长的一段时间里付出巨大的代价（你被遗弃、开除或停滞不前）。而从长远角度来看能带来健康的事情（理解并对有用的反馈做出回应）也许会让你现在就感到痛苦。

当你经历令你情绪发生变化的反馈时，你的大脑和身体会同时发生一系列反应，其数量和速度都超出你所知，而且我们当然也无法在短短一章的篇幅中将它们逐一描述清楚。不过，简而言之，我们可以说你对反馈的"反应"包含三个关键变量：底线、摇摆、维持和复原。

"底线"指的是幸福或满足的初始状态。当你在生活中受到或好或坏的事件冲击的时候，就会不由自主地被该状态所吸引，向它靠近。"摇摆"则是当你收到反馈后，状态高涨或低落时你离开底线的距离。有些人会对反馈做出一些极端反应，他们的摇摆幅度很大。还有一些人在面对令人不安的消息时能够保持平稳状态。"维持和复原"是一段持续时间，指你的起伏会持续多久。理想的状态是，我们想保持来自积极反馈的勃发状态，并快速地从消极的情感深坑中复原。

1. 底线：情感的开始和结束

我们究竟是快乐还是悲伤，满足还是不满，这些并不仅仅由个体生活经历中的连续时刻决定——发生了一件好事，我很开心；一件坏事之后，我很悲伤。我们的大脑不是这样运作的。一方面，我们的经历会影响情绪；另一方面，我们也不会被任意一阵风就吹到一个全新的方向。当然，我们会在当时感受到自身情感，但是它们会在一个更广阔的背景下发生反应。

作为人类，我们适应——新信息和好与坏的事件——然后回复到自己的个体幸福初始水平。[2] 其间的过程有高有低，但是随着时间的推移，就像水流会回到水平面一样，我们也会受驱动回到底线——在听到坏消息后走出低谷，在经历好事情后平复心情。初恋带来的欢愉感会消退，离婚产生的绝望也会变淡。从小孩和玩具带给他们的快乐上最能体现这一倾向性：当他们得到了梦寐以求的玩具时，他们相信自己在接下来的生活中都会高兴、快乐。得到玩具后，起初的一段时间里，他们是很快乐。可是，孩子——和大人一样——最后都会渐渐适应。

关于底线，个体的变异多得不计其数。这就是为何默里叔叔似乎总是对生活不满，而即使没有任何显而易见的原因，艾琳婶婶也会为身边的一切都感到开心。幸福被认为是人类遗传性最高的方面之一。双胞胎研究已经得出评判：普通人的平均幸福程度中有 50% 的变异来源于其基因差异，而非生活经历。[3] 关于乐透大赢家的那项著名研究显示，在获得大奖一年后，大奖获得者的快乐（或不快乐）程度与得奖前大体相当。[4]

在接受反馈时，底线为何会如此重要呢？

首先，相对于幸福感较低的人而言，本身拥有较高幸福底线的人在面对积极反馈时做出积极回应的可能性更高。而一般满足感较低的人会对消极信息做出更强烈的回应。[5] 克里斯塔就拥有较高的底线，所以她觉得支持她婚姻的喇叭声令人兴奋，批评对她情感的"黏着性"很弱也就不足为奇了。阿丽塔的底线可能就很低，所以患者的积极评价带给她的鼓舞会少于他人，而批评给她带来的打击则会更加强烈。

对阿丽塔而言，这似乎特别不公平。毕竟，她才是那个需要积极反馈并从中获得情感提升的人。请别担心——在面对消极反馈时，阿丽塔完全可以做点什么来调高积极因素的比重，减弱消极因素的不利影响。现在，她只需要意识到积极的声音也许被遮盖住了，而消极的声音可能被放大了，这就已经能对她有很大帮助了。

2. 摇摆：你的起伏幅度有多大

无论我们的天然底线在哪儿，我们中的有些人都会在两个方向走得很远，哪怕大脑接收的信息微不足道；与此同时，另一些人的情感浮动区间却相对较小。这些倾向性从我们一出生就显现出来。有些婴儿比其他孩子更敏感，即使是少量外部信息——譬如说，大的噪音、新环境或可怕的图画——也会让他们经历强烈的生理震荡。

当然，新生儿不是我们评估的对象，对成年人的反馈也很少会通过可怕的图画来进行。不过，结果显示，那些被研究心理学家杰罗姆·卡根称之为"高活性"的婴儿长大成年后具有"高活性"反应的可能性更大。婴儿时期的高活性在成年后会演变为大摇摆。据此，我们有理由假定，这一类型的成年人很有可能会对消极反馈更为敏感。[6] 脑成像研究显示，敏感度的差异可能也与结构差异相关联。具有低活性婴儿气质的成年人的左眼窝前额皮质比高活性小组的成员更肥厚，而被归为高活性婴儿的成年人的腹正中前额皮质则相对更肥厚。[7]

无论我们大脑皮层里的情况如何，我们在会议室里就能很容易地观察到摇摆差异。当一名客户向伊莱扎和叶隆发出相同的批评性评论时，伊莱扎因为焦虑而变得手忙脚乱，而叶隆的反应仅仅是"好吧，这意味着我们还得再做一点工作"。由于伊莱扎和叶隆是一个团队的队友，所以双方的迥异反应在团队里营造出了一种紧张局面。叶隆认为伊莱扎的反应过于戏剧化，有寻求关注之嫌；伊莱扎认为叶隆在否认问题的严重性。现在，他们都对彼此提出了关于对方如何（错误地）处理反馈的意见。

坏的感觉比好的感觉更强烈

无论我们是一碰就倒，还是几乎滴水不漏，我们都需要面对一个来自大脑构造的挑战：坏的感觉比好的感觉更强烈。心理学家乔纳森·海特对此作出了详细阐述："相对于机会和愉快产生的反应，由威胁和不愉快带来的反应更快、更强烈，也更难以禁止。"[8] 这一观察阐明了关于反馈的一个永恒的谜：为何我们会执着于被掩埋在四百个恭维中的唯一一个批评？

成型的大脑构造其实是一个扫视威胁的安全团队。当它探查到危险时——真实的或感受到的——团队立刻绕开我们那更缓慢的反射系统，即刻做出反应。杏仁核是关键。这个小小的、杏仁形状的神经丛位于大脑边缘系统的中心——大脑情感处理中心的一部分。海特是这样解释的：

杏仁核直接连通脑干，后者负责产生战斗或逃跑反应，如果杏仁核发现一种模式与之前恐惧经历中的某部分吻合……它就会向身体发出指令，进入红色预警状况。

……大脑没有对等的"绿色警报"……威胁有直通痛苦按钮的捷径，可是大脑里没有对等的针对积极信息的警报系统。坏消息的情感警报声比好消息的更响亮，因此影响也更大。

所以，你为何会为了婆婆在度假期间的一句有偏见的评论而耿耿于怀，浪费了假期的美好光阴呢？因为她不经意间激活了你的红色预警系统——这个系统的进化史已经超过了一亿年[9]，之后还曾被用来探查来自蛇、剑齿虎和其他会威胁生命的潜伏生物。当你婆婆离开很久之后，你的情感大脑还保持着准备应对来自她的攻击的状态。

3. 维持和复原：摇摆会持续多久？

无论你情感摇摆的幅度很大，还是几乎不受影响，最后都要面对一个变量——持续时间——你需要多久才能回复到底线水平。即使碰到了最令人烦恼的反馈，你也能很快复原，还是你情绪低迷的状态会持续几个星期，甚至数月？好消息给你带来的振奋状态又能维持多久？当你收到一名客户发来的感恩邮件，夸奖你的专业技能时，你是不是一整天都会因为兴奋而忍不住用手指不停地轻叩桌面？研究者理查德·戴维森发现，我们保持积极的情绪状态，或从消极情绪中复原所需的时间，其个体差异可以高达3000%。[10]

令我们惊讶的是，消极反馈和积极反馈是由大脑的不同部位负责思考、调解；事实上，这项工作似乎是在不同的半脑内完成的。不同的半脑擅长处理的工作也各不相同。因此，这个问题很快就会变得相当复杂。不过，来自该研究前沿的发现也为我们提供了一些相对简单的视角。

从消极状态中复原：右撇子，还是左撇子？

拥有针对威胁的红色预警系统非常关键，不过，鉴于日常生活中假警报的高发性，找到方法关闭警报也就显得同样非常重要了。

杏仁核是预警系统中的关键成员，但它并非独力应战。额皮质负责管理整个过程，将面对实质的反馈内容产生的情感回应串联起来，使之成为一个整体。额皮质会保持或加剧由杏仁核发起的警报级别。

位于我们额头后的前额皮质是更高层的指挥官，它负责推理论证、评判辨别和做决定。和大脑的其他部位一样，它也分为两部分，左侧和右侧。当经历类似恐惧、焦虑、厌恶之类的消极情感时，你大脑右侧的活动会显著增加。当经历诸如欢快、希望和爱之类的积极情感时，你大脑左侧的活动就会明显增加。研究人员将这一现象称为"效价假说"，意指大脑右侧更活跃的人（"皮质右撇子"）通常更沮丧、更焦虑，而皮质左撇子则往往更快乐一些。[11]（我们不应该夸大当前的科学共识；科学界也仍然存在针对这一关于情感的"位置"理论的异议。）[12]

在成像设备的帮助下，譬如功能性核磁共振成像——它能够显现大脑如何对某个特别的刺激做出反应——神经系统科学家开始明白从消极情绪中复原时大脑可能的运作方式。令我们惊讶的是，承担此项工作的似乎是我们的左侧大脑——积极的一侧。当杏仁核制造出恐惧和焦虑的小火花时，左侧的大脑活动相应地启动镇定程序。左侧大脑的激烈活动与更快速地从伤心状态中复原有关。

那些恢复速度更快的人不仅仅左侧大脑活动更频繁；他们的前额皮质左侧与杏仁核之间还往往拥有更多连接（将大脑各部分连接起来的"白质"通道）。[13]这似乎能创造出更多"带宽"，而积极消息正是沿着这些传送带被传送至杏仁核。这种高效连接就好比大脑里的高速公路，数量庞大的高速公路能够保证宽心、鼓励的信息可以快速平稳地送达，而那些复原速度较慢的人的大脑里的往往是狭窄的乡村公路。

结果，那些大脑连接和构造偏右侧的人（或者说皮质右撇子）从消极反馈中恢复的速度就更慢了。无论反馈的是小事一桩（你忘了倒垃圾）还是重要的大事（所以我要离开你），这类人的恢复时间都更长。[14]

如果阿丽塔在阅读关于让患者等待时间过长的批评时接受功能性核磁共振成像，我们很可能会看到她的杏仁核和右侧前额皮质的活动增加。"危险出现！"杏仁核大叫，"这就是一场灾难！"右侧前额皮质紧接着确认。与之相反，阿丽塔的左侧前额皮质（更积极的一侧）中的活动相对较少："镇静一点。毕竟很多患者还是很赞赏你花在他们身上的时间。"但在因为慌乱引起的骚动中，这个声音实在过于微弱而无法被听到。

阿丽塔很可能是一个皮质右撇子。与不那么敏感的同事相比，她的情感更容易被调动起来，之后也会显得更焦虑，更灰心。对她而言，借助希望和幽默（这些更多地由左侧负责周旋），从而自我镇静下来的难度会更大。

同样的情况下，克里斯塔的功能性核磁共振成像可能会显示出不一样的模式。最初，她也许会感到焦虑、愤怒或受伤（克里斯塔的杏仁核也会被点燃），不过，她强大的左侧前额皮质很快就会被唤醒，使过激的情绪反应镇静下来："放松，不要反应过度。大多数患者都很**爱**你，而且，为人母本身就是一门学习变得有耐心的艺术，你不过是给她们上了一堂启蒙课。没什么大不了，我们去吃点墨西哥菜吧。"

在接受反馈这件事上，虽然快速复原有其优势（那些恢复力强的人往往能够以充沛的精力和果断的决心来面对挫折，其遭受忧愁伤害的可能性也更低）但是这一状态的极端情况也同样需要面对来自其自身的挑战。因为对克里斯塔而言，消极反馈引发的情感共鸣较少，所以这可能不足以引起她的注意，她甚至可能很快就会忘记这回事。因此，她也许会忽略一些建议，或是缺少进步的动力。她身边的人可能会认为她对他人的关心麻木不仁，其实这不是因为她不关心，而是因为她不是总能够意识到他们的关心有多重要。不管怎样，她都会向前看。

维持积极情感

"复原"衡量的是你从令你苦恼的反馈深渊中反弹回来的速度。"维持"衡量的是积极反馈让你如坐云端的时间长短。

大脑中的何种运作能够帮助我们维持积极情感？为此，我们需要收回目光，着眼于腹侧纹状体中一团被称为伏隔核的神经物质。这个部位就位于你太阳穴之前，是中脑缘（有时被称作"报偿路径"或"愉快中枢"）路径的一部分，其功能是负责释放多巴胺，一种能够激发快乐、欲望和动力的物质。伏隔核与乐观向上的左侧前额皮质相连，能够创造一种回路。在这里，积极的体验会刺激多巴胺回应，而多巴胺又会激发更多的积极情感，并进而产生更多的多巴胺。[15]

克里斯塔和阿丽塔在得到积极回应时都会感到因快乐带来的情感提升，无论它是支持其婚姻的喇叭声，还是新生儿的啼哭声。不过，克里斯塔的伏隔核会一直**保持**活跃，持续释放多巴胺，在喇叭声消退后让情感长久地维持兴奋状态。对阿丽塔而言，积极情感很快就会蒸发掉。

正如我们可以通过回想消极反馈的方式来再次调动消极情感，我们也同样可以通过回忆积极反馈——回想顾客对我们的赞赏评价，或提醒自己无论工作上发生什么事，家里都有 9 个爱我们的孩子在等我们；又或者，我们只要记住：无论家里发生什么，孩子们都不可能跟着我们上班——来延长我们的积极情感状态。

我们维持和复原的倾向会产生良性和恶性循环。如果你发现维持积极情感很容易，你就能驾着那些源自重大快乐时光（**我们终于还完所有欠款了**）和小幸福（**这杯咖啡的味道棒极了**）的积极感受乘风破浪。当你需要告诉自己你正在做正确的事情这一类的提醒时，你就可以重新想想你从孩子的老师或一位心存感激的委托人那儿得到的积极反馈。积极反馈有持续性，它能帮助你转危为安，恢复内心的平衡。这种掌控自己情绪状态的感觉意味着无论生活为你制造出怎样的惊涛骇浪，你都有信心凭自己的能力安然度过。你会更加乐观，未来是光明的，而且你信心十足，无论发生什么，你都能把事情掌控好。这的确是一种相当不错的平静心境。

然而，当积极延续减弱，要想记住自己做的是正确的事情就会随之变得更难，悲观主义似乎才是更现实的观点。如果你一直情绪低落，并在复原时遇到了麻烦，你可能就会怀疑下次陷入麻烦的泥潭时是否有能力将自己拉出沼泽。由此就会产生出相当具有挑战性的悲观主义和自我怀疑的结合体。这就是底线、摇摆和维持形成的一个完整循环，这三者合并构建出来的就是有时被我们称之为性情的东西。⑯

四种维持 / 复原组合

克里斯塔拥有快速复原和长期维持的能力。她的天性使她能够快速从逆境中反弹，并沉浸在生活带来的快乐中。阿丽塔与她恰恰相反，她从消极情感中复原的时间更长，在维持积极情感时遇到的麻烦也更多。

不过，维持 / 复原的组合并非只有这两种，因为你如何维持消极情感的运作完全独立于你如何维持积极情感。从纯生理学的角度来说，一共有四种维持 / 复原的倾向性组合。下图所指的并非你接受反馈时是否有技巧，也不是关于你是否觉得学习有帮助且很重要。它只是表明了在现有大脑构造的条件下，你接受反馈时可能会经历的各种不相同的体验。这是一种过分简单化的结果，不过列出的类型还是具有启发性的。

	积极的延续性长	积极的延续性短
从消极中快速复原	低风险，高回报 "我爱反馈。"	低风险，低回报 "无论是好是坏都没什么大不了。"
从消极中缓慢复原	高风险，高回报 "我还是有希望，但就是担心。"	高风险，低回报 "我讨厌反馈。"

大脑构造并非全部

谈论大脑构造和性情的时候，一大危险就在于我们认为它们是固定不变的，并认为这就是宿命。其实，它即非一成不变，也非宿命。

我们的性情有其遗传基础；了解它们可以帮助我们了解自己，而且同样重要的是，它们还能为我们提供一种视角，看到为何其他人不同于自己。不过，尽管性情的一些方面的确是天生的，但也有大量证据表明它们并非固定不变的。长期的冥想、帮助他人和锻炼都能够提升你的底线，生活中造成外伤或抑郁的事件也同样会对它产生巨大影响。我们对神经可塑性的理解日益加深，这令人感到兴奋的同时也在提醒我们，即使是大脑构造也会随着我们对环境和经历做出回应而发生改变。

神奇 40

也许，更重要的是，我们的大脑构造（无论固定与否）只讲述了一部分故事。研究表明，幸福有一个"50-40-10"的配方：我们的幸福中有50%是预先设定的，还有40%取决于我们如何解读和回应发生在我们身上的各种事件，剩下的10%则受环境影响——我们生活的地点、伴侣、在哪儿工作、和谁共事以及我们的健康状况等。[17]很显然，该比例的正确性尚未有定论，但是可以确定的是中间那40%的部分为我们提供了很大的改变空间。那也是我们能够掌控的一部分——我们如何解读发生的事情、自己的行为意义以及我们对自身的认识。

的确，宾夕法尼亚大学的研究者马丁·塞利格曼提出，对有些人而言，这些解读和回应能够帮助他们将创伤后压力转变成创伤后成长。[18] 我们对发生在自己身上的事情（以及对收到的意见或建议）的解读和回应能够帮助我们将令人苦恼的反馈，甚至是失败都转变成学习。

但是，这里有一个棘手的问题。

我们的情感会在很大程度上影响我们如何解读发生的事件以及我们如何讲述这一故事，因此，面对来自让人苦恼的反馈大浪，心烦意乱的那部分自我就会曲解我们对反馈的理解。我们的上司为我们提供了一些温和的建议，他本意就像小猫一样无害，但是在焦虑狂流的冲击下，在我们看来，这个建议似乎就像老虎一样可怕，随时会把我们撕成碎片。

情感会扭曲我们对反馈自身的理解

如果我们想提高处理棘手的反馈的能力，我们就必须了解情感和我们对反馈的理解之间的相互影响，以及前者如何曲解后者。这个反馈真的只是一只小猫，还是一只大老虎？又或者，它是别的动物？

我们的故事里都有情感原声道

正如我们在第三章中谈到的一样，我们并非生活在数据里，而是生活在故事中——重要的故事，譬如说我是谁，我关心什么以及我们为什么在这里；还有鸡毛蒜皮的小故事，例如上周末公司野餐，我们是否让对方感到难堪了。

构成这些故事的不仅有我们的思想，还有情感。我们不会将二者隔离，分别体验。我们不会这样想：**这是我的想法，这是我的情感**。在任何时刻，我们对生活的意识都是完整的，无缝衔接的。这和电影原声的工作原理相似。当我们赞赏一部好电影的时候，我们不会留意到声音的起伏。在影片出现悬念、紧张情节和高潮的时候，音乐都会被加入其中，但是我们只会留意到情节的变化并没有意识到其中的音乐。

大多数时候，这是一件好事。当我们沉浸在影片中的时候，我们能更好地享受电影，生活也是同理。当我们最投入、最有创造力、精力最充沛的时候，我们就达到了一种被称为"心流"的自然状态，这种状态的滋味相当美妙。[19] 然而，当事情出现差错，我们就得让事情慢下来，从而观察我们的情感如何影响我们讲述故事的方式了。

思想＋情感＝故事

前方的交通灯变了，这时你后面传来了喇叭声，你一定不会这样想：**后面那个人在按喇叭**。你马上就会将这一想法演变成一个故事：**伙计！就是因为有了像你这种讨厌的人我们这儿才会出现这么多问题**。

你在当时那一刻的感受对你向自己讲述的这个故事产生了重大影响。如果你本来就情绪阴郁，你就会讲一个更加灰暗的故事。如果你失意了，你就会讲一个失意的故事。如果你坐在交通灯前，觉得自己就像一个失败者，这时，你身后的人按响了喇叭，这就会变成另一个证明你是个失败者的例证。你的眼前一片黑暗。后面那个人却一眼看到了你悲伤、脆弱的灵魂。**谢谢，伙计，但我已经知道了**。如果你刚刚坠入爱河，你就会很有耐心，而且十分温柔：**哦，很抱歉，我刚刚等灯时小小幻想了一下。可是，生活这么可爱啊，不是吗**？

在这些例子里，首先出现的都是情感。情感为你的故事填上色彩，并影响我们对故事的了解。不过，思想和情感之间还有一种存在模式，令人困惑的是，这两种模式恰恰相反：有时候，首先出现的是思想，之后情感才现身。

例如，我的旅行刚刚开始，一切都感觉好极了，可是我看了一眼钟，发现我可能要赶不上飞机了。我的脑海里立刻闪现出一个故事，讲述的就是接下来会发生的事情——我差一点点就能赶上飞机了，但我没有，然后我无法出席下午的会议，我的客户因此不高兴，我的老板大发雷霆。现在——因为这些想法——我开始如坐针毡。在这种情况下，情感会在思想之后跳出来。

乔纳森·海特为我们简单描述了思想与情感之间这种相互交织的生理学原理：

（杏仁核）不仅仅会向下联通脑干，激发对危险的回应，它还会向上通知额皮质，改变你的想法。它会转换整个大脑状态，使其进入撤退状态。情感和有意识思维之间有一条双向道：思想能引发情感（例如，当你回想自己说过的傻话），但情感也同样能引发思想……[20]

伴随这一观察结果而来的是一个与反馈相关的关键视角：如果我们讲述的故事是我们的情感加思想作用的结果，我们就能通过改变情感或思想来改变我们的故事。改变方法有两种。

情感如何夸大反馈

让我们首先来看看可以被预测到的情感曲解我们故事的方式。了解这些模式对减少故事中的扭曲成分十分关键。

通常来说，强烈的情感会推动我们走向极端的解读。**一件事**变成**所有事**，**现在**变成**总是**，**部分**变成**全部**，**轻微**变成**极端**。情感会曲解我们对过去、现在和将来的感知。它们会扭曲我们对我是谁、他人如何看待我们以及反馈的后果的理解。以下就是三种曲解模式。

我们的过去：谷歌式的偏见

今天得到的令人沮丧的反馈会影响我们关于昨天的故事：突然之间，出现在脑海里的全都是关于过去失败、早前的愚蠢选择以及过去的坏行为的证据。

这有点像使用谷歌。如果你用谷歌搜索"独裁者"，你会得到 840 万条提到独裁者的网页。看起来就像是独裁者无处不在，你随便都能碰到一个。可这并不意味着大多数人都是独裁者，也不代表大多数国家都被独裁者统治。用独裁者来填充你的故事并不意味着世界上的独裁者会因此而增加，而忽略独裁者的故事也不代表独裁者就会变少。

当你觉得讨厌自己的时候，你会非常高效地用谷歌搜索"things that are wrong with me（我出错了）"。然后，你就会得到 840 万个网页，你就突然变得十分可悲。你看到的是来自前任、父亲和上司的"赞助广告"。你甚至说不出一件自己做对的事情。

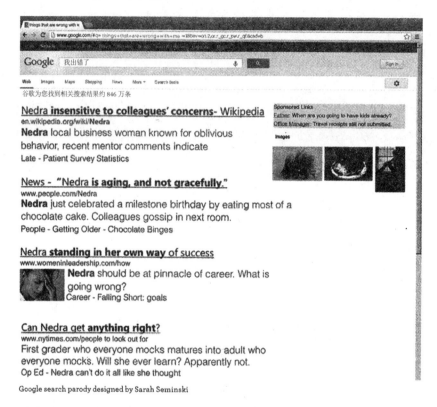

Google search parody designed by Sarah Seminski

我们每个人体验这些曲解的方式各不相同。马克讲述了"谷歌式偏见"如何体现在他自己身上的经历：

那个反馈也许微不足道，可是如果我感到自己容易受到伤害，那感觉就像是从地板上掉下去，直接落到地下室里。之前让我后悔的所有事情全都被收起来放在这儿，就在我眼前。那感觉就像是所有一切都同时发生，就在现在。我对过去我伤害过的人感到内疚，也为过去做过的一些事情感到羞耻。当我离开那个地下室后，我可以不去想它。但是只要我在那儿，这一切就又都变成了现实。我的失败围绕着我，我甚至都不相信自己曾经幸福快乐过。

当然，当你感觉良好的时候，谷歌式偏见就会带你走向另一个方向，它会把那些以不可阻挡之势出现在你精彩丰富的人生中的成功的、明智的和慷慨的选择一股脑都呈现在你面前。你快乐地摇摆起来，并总是这样快乐地摇摆着。无论是哪个方向，一旦涉及到和你自己有关的故事，你的谷歌式偏见就会自动跳出来。

我们的现在：不是一件事，是所有事

当我们感到健康快乐的时候，我们能够跟别人就事论事地谈论反馈，探索反馈特质。我们听到的就是反馈的本意。如果有人对你说你跑调了，你会想，**好吧，这个人认为我跑调了。**这个反馈和你唱歌有关。还有，它来自一个人。

可是，如果你当时受强烈的情感控制，消极反馈像洪水一样冲破边界，进入到你自我意象的其他区域：**我唱歌跑调？我就是做不好事情。**我们立刻就一口气从"我在达成某种交易时遇到了麻烦"转到了"我做不好工作"，从"我的同事有点担心"转到了"这个团队的每个人都讨厌我"。

情感的洪水会淹没任何能够让你恢复平衡的积极因素。你唱歌是否跑调这件事不会影响你长期以来致力于改善社区社会服务的承诺，也不会影响你为女儿奉献的决心，更不会影响你用慢火烤出来的小肋排那令人咋舌的美味。可是，当我们脑海里洪水泛滥，所有这一切都会被冲走。

我们的未来：永远的偏见和滚雪球

情感不仅会影响我们如何回忆过去，还会影响我们对未来的想象。当我们感觉不好的时候，我们就会假定我们会一直感觉不好。你为自己在公司合作发布会上的蹩脚陈述感到羞愧，并假定自己会背负着这种羞愧感直到死亡降临。

也许，情况会更糟，我们陷在灾难性的思维中无法自拔，我们的故事会像滚雪球一样，越来越偏离正轨，直至最终完全失控。[21]一个具体的可控的反馈就这样一步步地变成了一个有预兆性的未来的灾难："我脸上还沾着蛋黄酱就去约会了"变成了"我会孤独终老"。

这些曲解令人震惊的一点就是，此时此刻，它们看起来是那么真实！常识告诉我们，我们的思想与现实之间的鸿沟越大，我们注意到二者之间存在偏差的可能性就越大。不过，当我们身处鸿沟之中的时候，除非我们有意识地去寻找它，否则，我们不可能看到它。所以，鸿沟的大小其实与我们能否看到它并不相关。

由反馈引发的强烈情感会导致我们以扭曲的方式思考过去、现在和未来。学习重获平衡才能使我们可以准确地评估反馈，为此，首先要做的就是矫正思路，将它们逐一理清、理顺。一旦我们能从现实的视角来接受反馈，我们就能开始着手从反馈中学习了。

在下一章"去除扭曲思维"里，我们会着眼于理顺曲解思路的策略，这样我们就能更准确地评估别人的反馈了。

总结：一些关键点

大脑构造很重要。

· 底线、摇摆和维持／复原在个体间的差异性高达 3000%。
· 如果我们的底线较低，积极因素的作用就会降低，消极因素的作用就会提升。

情感会扭曲我们对反馈的理解。

· 谷歌式偏见会让过去和现在变得黑暗。
· 一件事会变成所有事和所有人。
· 永远的偏见让未来也变得灰暗无光。

第八章

去除扭曲思维

以"实际大小"看反馈

阻碍我们妥善接受反馈的最大障碍之一就是我们会夸大它。在情感的助力下，我们关于反馈如何评说我们的故事会变大，变可怕，从而把我们自己吓趴下。学习成了我们最不关心的事情；我们想尽一切办法只想让自己活下来。

为了理解和评估反馈，我们首先必须去除曲解。这并不是说要我们假装消极反馈是积极反馈，也不是说要我们接受不加约束的乐观主义。这意味着找到一些办法，将我们脑海里播放的预示不祥的声道调低音量，从而使我们能更清楚地听到双方对话。

赛思轻松地放了个假

赛思是一名心理辅导顾问，他辅导的对象是遭受过创伤和失败的孩子们。现在，他需要和一名下属一起谈谈一些考核性事务，他的上司也会出席会议。会议期间，赛思一直在看表；今晚他要赶飞机前往亚特兰大，为明天过生日的新近鳏居的父亲庆祝生日。赛思花了不少时间筹备庆典，他和父亲早在一个月前就已经开始期待明天的活动。

在辅导临近尾声的时候，赛思的上司突然站起来。他大笑，以一种安慰的口吻对赛思的下属说："看来我们在组织条理性上都遇到了麻烦，是不是？我想说的是……哦，看看赛思！"

这有如当头棒喝。一直以来，赛思都很努力地想让自己有条理。现在，他听到了这样的话，而且还是从他上司的嘴里说出来的；更糟的是，还当着他下属的面。他立刻就心生反感，再也无法平静地思考。在下属面前，他沉默不言，满脸通红。会议结束了，可赛思根本想不起来会议是如何结束的。羞愧和绝望让他的思想变得灰暗：**我简直就一团糟。在这个岗位上，我永远都无法成功。我的个人生活也一团糟**，这点毫无疑问。

带着迫不及待想弥补这一切的渴望，赛思决定取消今晚的航班，利用周末的时间尝试着让自己的生活变得有条理一些。他怎么能安排这样一趟旅行呢？做出如此荒唐的决定，坐飞机穿越整个国家去参加庆祝会，他是白痴吗？

最后，赛思还是走了。为什么？因为他的机票不能退，浪费钱（另一个证明他白痴的证据）会比浪费时间的感觉更糟。因为焦虑，飞行途中的他坐立不安。

筋疲力尽的赛思最终还是睡了个不错的觉。第二天，他忙于筹备和参加晚会几乎无暇思考。这一天，他过得充实而快乐。他和父亲带着思念聊起了刚刚去世的母亲，他们的对话一直持续到深夜。他和父亲在一起的这段时光也成了赛思有生以来最温馨、最惬意的回忆之一。对他而言，这是一份千金不换的珍贵回忆。

回顾当初，赛思发觉自己最初对上司评价的反应有些不可思议。现在，他很明显地能够看出他的上司不过是想用幽默——且不论这究竟是一个笑话，还是一种嘲笑——和他的下属建立联系。赛思也无法解释为何上司的一句评价就会在他的脑海里掀起如此大的骇浪。

但是，我们能解释。和阿丽塔一样，赛思处于敏感的大脑构造终端。他的情感很容易就会被触发，而一旦被触发，强烈的情感就会塑造和扭曲他对回馈含义的理解。结果，他失去平衡。当他最终找回平衡的时候，如果你问他从这件事中学到了什么，他又再度一脸茫然。他有些犹豫要不要去找上司谈一谈这件事，因为他担心不久的将来同样的情况会再次发生。

去除扭曲的五种方法

为了让人从苦恼的反馈中学习,我们需要策略来面对自己带入反馈的扭曲思维——无论是在反馈谈话当中,还是之前(准备谈话阶段)或之后(回顾阶段)。以下就是五种能帮助你的策略。

1. 做好准备,保持警觉

正如赛思的故事所展示的,我们并不是总有机会做好准备迎接反馈。有时候,它会事先提醒,有时候它就这么不请自来了。反馈也有它自己的规矩。

但是,当我们可以的时候,事先思考对话内容——想一想如果听到我们不认同的或令我们苦恼的话语时,我们会有何感受,如何回应——还是非常有帮助的。这能让我们有机会预览自己的反应,使我们能在平衡的状态下思考认知和幸福问题。

了解你的反馈轨迹

面对批评时,我们每个人都有各自的一套回应方式——我们的反馈轨迹:布莱恩指责他人;克莱尔左言他顾;安努大叫;阿尔菲道歉;米克唠叨个没完;海丝特沉默不言;菲姬会表示认同却从不改变。雷诺兹据理力争,带着情绪说话,而朱迪会变得友好得有些尴尬。至少在有些时候,赛思会很痛苦。

我们每个人接受和拒绝的步骤也不同。有些人会在当时拳打脚踢以示抗拒,但随着时间的流逝,他们接受改变的可能性也越来越大。还有一些人走向另一个方向:起初,他们会认为自己听到的一切都是有效的、真实的,可事后回顾起来,他们会忽略大部分内容。有些人会将事情延期,决定之后慢慢将一切弄明白——然后确保以后再也不会去想。还有一些人会一直执迷于反馈,直到一个新的执迷对象出现。

且不论你的反应究竟是高效的,还是会自我削弱,了解自己特有的回应模式都会让你受益匪浅。弄清楚自己在第一阶段的回应倾向性显得尤为重要——我是逃跑,还是对抗、否认,或是夸大——唯有如此,你才能识别你常有的反应,并在当下为其命名。只要你为其命名,你就有了一些掌控它的力量。

了解你的模式其实相当简单,你只需要问自己这个问题:"我最典型的反应是什么?"如果你和自己能想到的大多数人一样,你通常会忽略它,将其当成你实际反应的一个例外。可是,这些例外并非例外:它们就是你的反应。如果你识别自己的轨迹有困难,就询问身边的人。例如,当他们描述你的辩解行为时,你就能在自己开始辩解时注意到这一点。然后你就明白了。

给自己接种疫苗,对抗最糟

反馈越棘手,你的轨迹显现得就越明显。当你就要收到一些消息时——也许,你正在等大学或投资者的回复;也许,你等待的对象是诺贝尔奖评委会——一个能有效管控自身倾向性的办法就是想象即将到来的消息是个坏消息。事先预想可能发生的最坏的情况,全情面对,思考可能出现的结果。如果你觉得这个建议听起来有些悲观,那我们想告诉你,事实恰恰相反。它不过是一个提醒:无论结果如何,你都能控制。

这个练习有不少益处。首先,它就像疫苗。当你接种后,你会收到少许病毒的入侵,但你的免疫系统完全有能力应对。之后,当你真正受到病毒入侵的时候,你的身体就能立刻识别威胁,并且知道该如何应对。同样的道理,当真的坏消息传来时,你会这样想,**是的,这就是我害怕发生的事情。我之前已经预见到了。我会没事的**。你感受到的情感和脑海中的画面或多或少都有些熟悉,自然也就不那么震惊了。

其次,你可以在一种平衡且不仓促的状态下思考这个消息对你的意义以及你在收到它时可能会采取的行动。如果你在启动时没有获得资助,你可以重新组合,重新开始;或者,你可以选择缩小规模的 B 计划。你可以和遇到相同阻碍的人聊一聊。住在这条街上的那个人这么多年以来一直在为实现自己的生活梦想而奋斗,然而他遇到的每一位潜在的投资者最终都放弃了他的议案。联系那个男人,问他一些问题:他是如何活下来的?什么帮助了他?他从中学到了什么?拒绝是否带来了任何意想不到的好处?现在,他有何想法?

留意发生了什么

在沟通对话中，你需要定期自我检查，并让事情慢下来。自我观察会唤醒你的左侧前额皮质——与学习有关的快乐就由此产生。

赛思一直在努力改进自己对当下发生了什么的自我意识："现在，我会以自己最快的速度这样想，'好吧，这是我做的事，它触发了我现在的思维模式，以及让我难过的不良情感。'这个想法真的有用。我不会对抗或拒绝我的想法和反应；我只是留意到它们的存在。一旦我这样想，'是的，我就是对这一部分产生了过激反应。'我就真的开始冷静下来。"

2. 将不同的思路分开：感受／故事／反馈

当你在让事情慢下来和留意大脑和身体发生了什么这些方面做得越来越好之后，你就可以开始梳理自己的反应。你从自己讲述的关于反馈的故事中识别自身情感的能力，以及从反馈中分辨自己的情感和故事的能力也会随之加强。

无论你是在对话中还是事后回顾时进行这项梳理，对于扭转你对反馈的曲解而言，理清思路都十分关键。这就好比看电影时将配乐与画面分离开来。你要将不同的思路分离，从而才能把每个因素以及它们之间如何彼此影响看得更加清楚。

为此，你要问自己三个问题：

·我有何感受？
·我正在讲述的故事（以及故事中的威胁）是什么？
·反馈的实际内容是什么？

我有何感受？就在你观察自身感受（或记起你的感受）的同时，请尝试着为这些情感命名：焦虑、恐惧、愤怒、悲伤、惊讶。努力留意这些情感带来的**感受**——从生理的角度——就像你描述食物中毒或流感的身体症状一样。赛思详细地说出了自己的感受："我感觉到了来自肾上腺素的震荡。现在，我已经非常熟悉这种感觉。这和我想象的电击的感受十分相似。

接着，我常常会觉得胃里恶心，有一点点头晕。这是一种强烈的不高兴的感觉。"

我正在讲述的故事（以及故事中的威胁）是什么？ 当你留意到自己针对反馈的意义讲出的故事时，你无需担心它是否真实，是否正确，也不用担忧它究竟是敏感还是疯狂；现在，你需要做的就是聆听它。尤其要留意威胁。它可能是作为反馈的结果出现的一件不好的事情，或是关于其他人如何看待你或你如何看待自己。赛思检查了自己对上司的评价做出的反应："我一直担心老板对我不欣赏。所以当他说出'没条理'的评论时，我立刻想到：'我就知道！'然后我的想法就开始滚雪球：'这份工作是我得到的最好机会，现在却被我搞砸了。我把一切都搞砸了，我受不了了。'因此，这其中有好几种威胁：我老板不喜欢我；我会丢了这份工作；我无法面对自己。最终，我将会一直不快乐下去。"

反馈的实际内容是什么？ 我们的大脑接收了听到的内容，并立刻讲出了一个故事。将这个故事层层剥开，然后问自己：什么才是反馈的确切内容？说了什么话？对赛思而言，这就是他上司的一句关于"所有人"（包括赛思）都缺乏条理的评价。赛思脑海里之后产生的所有思绪都是他自己的故事——他认定他的上司一定是这个意思，他担心会失去这份工作，他自惭形秽。

需要注意的一点是，这并不是说我们添加到故事里的一切都是错的。但是，我们必须弄清楚自己添加了哪些内容，并且意识到随着时间推移，我们倾向于做哪些事情的行为模式。一旦我们清楚地看到不同的思路，我们就能开始评估工作了：我们讲的故事从合理性来说是否与反馈的实际内容一致，或者我们讲的故事是如何被扭曲的。①

"最后一根稻草"

有时候，故事中的威胁意味显而易见；另一些时候要想发现它们就不那么容易了。反馈看起来似乎显得微不足道或不合理，又或者这其中似乎压根就不存在任何威胁。然而，在面对反馈时，我们变得愤怒或灰心。

当今天的小故事与过去发生的重大故事联系在一起的时候，这种情况就会出现。

在这种情况中,常常都会存在"最后一根稻草"式的情形。多年来,你得到的反馈渐渐累积。每一个反馈本身看起来似乎没什么——不过是另一个无足轻重的评价——你把它们按比例都保留了下来。直到现在。最近的这则反馈很突然,不可理解,超出了你能承受的范围。

你的邻居向你抱怨,说你的草坪剪得不够好。你随口答道:"那就别看它。"说完,你就气冲冲地离开了,并在接下来的一天都耿耿于怀。

你邻居的反馈为何会让你发火?因为你周围的人一直在说你有点忽略社会规矩——礼节很重要,你应该把衬衫扎进裤子里,你应该把礼物包装好再送。面对这种评价,你通常都不予理会;在你心中,你对生活中什么才是真正重要的事有一套自己的优先级。可是,邻居的这句评价成了最后一根稻草。

这种情况通常都发生在对我们造成伤害的事件后。你同事建议你用更具权威性的姿态在会议上发言,而你却失控了。你像一个孩子一样遭人恐吓;你像骑马一样横跨在足球队的长凳上,因为你在球场上的闯劲不够;你的合伙人与你分开了,因为你似乎从来没有自己的主见。所有这些生活事件都各不相关,但是你有一个从未完全康复的伤口,而每一个事件都加重了这个伤口的伤势。单独面对时,你同事的评论其实很温和,他提出时还带着尊敬和关心。可是反馈虽小但伤口很深。

这么说来,你对眼前的这个反馈反应过激了吗?既是也不是。是,你的情感反应有些失衡,当你冷静下来后你就会看到这一点。不过,对于你大脑识别出来的模式而言,你的这一情感反应也在情理之中。这是一个长长的故事里的最后一个章节。尽管你眼下的争吵对象有误——你真正的对象是恐吓你的人,或是你的足球教练,或者你的前合伙人——但在你的脑海中,他们都是同一件令你灰心的事情中的一部分。

我们解开情感、故事和反馈之间的这些缠绕就是为了看看被缠绕在内的因素里到底哪些属于这里,哪些不属于。你看得越清楚,你就越能正确地对待反馈。

3. 控制故事

当我们尝试着去理解这个世界的时候,这个世界有许多运行规则是我们通常（下意识地）都会遵守的。它们就像是物理定律。譬如说，我们知道：

- 时间：现在不会改变过去。现在对将来有影响，但并不能决定将来。
- 特异性：在一件事情上惹人不悦并不会让我们在其他不相关的事情上也同样惹人不悦。现在，我们因为某件事而惹人讨厌并不意味着我们会一直惹人厌。
- 人：如果有一个人不喜欢我们，这并不代表所有人都不喜欢我们。即便是不喜欢我们的人通常也会喜欢与我们有关的一些事情。人们对我们的观点会随着时间而改变。

在强烈情感的冲击下，我们会忘记这些规则，反馈会向各个方向展开。正如我们在第七章里看到的，一件事变成了所有事，一切都失去了控制，我们彻底失去平衡。

不过，我们可以重建并强化那些重要的差异。一个方法就是留意自己的故事违背了上述规则中的哪一条或几条，然后修改你的故事，使之与它们保持一致。如果反馈与现在有关，我是不是由此推断过去总是这样，将来会一直这样？如果反馈是关于一项特定技巧或行为，我是不是把它转变成了我所有的技巧和行为？如果它来自于某一个人，我是不是把它想象成所有人都这样认为？

当你留意到反馈越过界限，四处留下印记的时候，你就必须赶紧将反馈收回来，带它回到它应该在的地方。以下就是我们为你准备的三种能帮你完成此项工作的利器：反馈控制表、平衡图和客观的眼光。

使用反馈控制表

填写反馈控制表会帮你看到反馈（这样你就不会否认它），与此同时，它还能帮助你控制它（这样你就不会夸大它）。问自己：什么与反馈无关？这能提供给你一个保持平衡的有效之法。

反馈控制表	
什么是与反馈相关的?	**什么是和反馈无关的?**
这个人是否仍然爱我?	我是否讨人喜欢? 我是否还能找到爱?
我是否和在公共场合一样优秀?	我是不是一个好医生,一个聪明的同事,一个有价值的团队成员?
我发布的第一条 YouTube 视频是否和我想要的一样好?	我还能做出一个能够获得积极响应的视频吗?
晚上和孩子们在一起时是否有耐心?	我的孩子们知道我爱他们吗? 我在大多数时候是否有耐心?

例如,你向自己的梦想职业发出了求职信却没得到这份工作。你首先想到的是:**我永远都找不到我喜欢的工作了**。现在,把它按上图所示分成两列。什么是与它无关的? 它不能预测你的未来。它不会告诉你,你是否能得到下一份工作。它不代表你永远都无法在自己选择的领域里工作。

随着你将这些与它不相关的事情挑出来,看到与它相关的事情并从中学习就变得容易多了。也许,你不具备雇主想要的一些特点。或者,你具备这些特点但是没有用正确的方法将它们展示出来。弄清楚反馈的实际所指,然后围绕它做点什么,这需要你的努力,但当你意识到自己需要在一件或两件彼此独立的事情上——而并非所有事情——努力的时候,一切都会变得更容易。

绘制平衡图

面对一连串较高的评分以及其中仅有的一个消极学生评价,你的逻辑知道你反应过激了,可是从情感层面来说,你发觉要坦然面对那条评论真的很困难。图片可以帮助你获得视觉上的认知:你可以把平衡用图的形式说出来,譬如一张统计表,或是你贴在浴室镜子上或面条机上的便利贴。

在下图中,我们可以看到阿丽塔和克里斯塔选择的绘图方式。当阿丽塔绘制患者反馈的内容时,她惊讶地发现当她按照这种方法来思考积极和消极感受间的平衡竟会如此不同。与之相反,克里斯塔的任务就是提醒自己她得到了反馈。

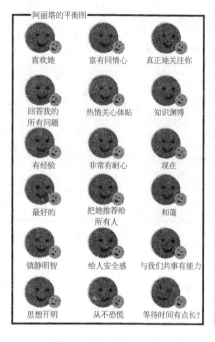

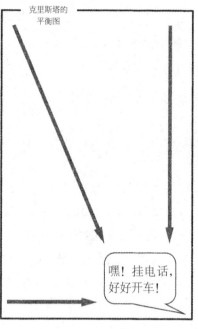

当你按照这些方法将反馈可视化之后，你就能真正**看到**它的比例，而不再是凭直觉感知了。你的绘图并非关于反馈的最终"事实"。不过，把它拿到面前，看着它，体会看到和感受到之间的不同，这将会帮助你为自己的故事松绑，解除那些夸大的结论或无根据的恐惧。

用客观的眼光看待未来结果

反馈并不仅仅和你如何看待自己有关，它通常还会涉及到现实世界中的结果。如果你没有通过飞行员执照考试，这不仅仅是对你自信的一次打击，它还会阻止你飞行。当你喜欢的那个人带着一个特别的新人出现在假期舞会上的时候，你可能会感觉自己相当糟糕——不过，你也不会立刻就去亲近那个人。工作上收到较低的绩效考核评分并不仅仅和你的业绩有关，它还与你的收入挂钩。如果你没有加薪，你的想法就不会被"扭曲"，因为你的工资支票就印着工资数额。看起来，一旦谈论到反馈的结果，事情就变得没什么太多好说的了。

不过，虽然结果是"客观的"，我们仍然对结果的**意义**有自己的理解，而这正是曲解和假想生发的地方。如果你认为得不到加薪就意味着你是个

"失败者，"那这就是一个从当下境遇中得出的泛泛而荒唐的结论。

此外，当面对令人心烦的反馈的时候，我们通常都无法区分**将**会发生的结果和**可能**发生的结果。你的上司清楚地表明你得不到加薪。可是，你的配偶因为你没得到加薪就离开你只是一件**可能**发生的事情（而且据推测，这种可能性很小）。然而，就在你收到坏消息的那一刻，你并不**觉得**这个可能性很小。所以，你担心它，就好像它**将**会发生一样。偶尔的，我们都会如此——就好像我们已经没有足够可担心的一样。

正如哈佛心理学家丹尼尔·吉尔伯特在《哈佛幸福课》里写到的："当人们被问及如果失去工作或爱人时，他们将会有何感受……他们全都高估了自己的难受程度以及他们感到难受的时间长短。"② 更加雪上加霜的是，我们往往还会低估自己面对实际损失时心理复原的能力。

让我们来看一则实例：退休后，你最近刚刚被诊断出患有严重的关节炎。你再也不能游泳了，这对你而言可不是一件小事。在被确诊之前，你每天都游泳，这是你的一大爱好，也是你获得快乐的一个重要来源。所以，这个诊断着实让你十分失望，而且很显然，你对此无能为力。结果就是这样：你不能再游泳了。

当你想象这一切对你意味着什么的时候，出现在你脑海中的未来生活和现在一样，区别是现在你能游泳，将来却只有一个巨大的深坑。你的娱乐方式是什么？锻炼还是社区活动？你假定的答案是：**你什么都不会做**。可是，这种可能性不太大。游泳会被一些事情替代，而无论那件事是什么，它都能发挥与游泳相同的功效。

事实上，十年前你的背部下方受伤了，你因此而放弃了打网球。当时，网球是你最热爱的运动，为此你曾感到绝望，以为自己再也找不到像网球一样既健康又能带来满足感的活动来打发时间。之后，你就开始游泳。

因此，当我们思考反馈的结果时，目标不是忽略它们，或假装它们并不重要。我们的目标是纠正曲解，针对可能发生的事情以及如何回应，培养一种现实而健康的观点。毕竟，我们对生活的预测仅仅只是预测，很多时候它们最终都被证明是错误的。

4．改变你的视角

任何能够帮助你从不同的角度来看待灰暗处境的都是有益的。以下就是一些能够让你跳出你的初始视角的方法。

想象自己是个旁观者

反馈之所以能够带来情感冲击就是因为它和**你**有关。如果收到一模一样的反馈的人是你妹妹，你也许就能够向她解释说这其实没什么大不了，还能给出如何应对的建议。这不仅仅是因为你想帮助她，还是因为从你的角度来看，她的确是反应过激："妈妈对你这样说的？这不代表什么。她这几天就这样。你为什么要这么在乎呢？你是一个成年人！"

说的没错。可是，如果妈妈的那句评论的对象是你，一切就会变得不同。你会开始思考，**妈妈为什么要这么说？我让她心烦了吗？也许，她对我的生活现状感到失望。她还爱我吗？她爱过我吗**？当你把这些恐惧说给妹妹听时，她难以置信地说："什么？你还在为那句愚蠢的话耿耿于怀？你有什么好担心的？它根本就没任何意义。她这几天就是这样，不管怎么说，你都成年了！"

我们可以用这种客体与旁观者间的差异来帮助自己。当我们收到反馈——当我们成为客体的时候——可以想象，如果替换一下，我们是自己的朋友、姊妹，是旁观者，我们会有何反应。你可以将它当成一次思维试验。视角差异的戏剧性之大一定会令你震惊——即使是在你知道这只是一个思维试验的情况下也依然如此。一旦你按照这种方法转变视角，你就能接受自己的建议。你为什么**还在**想妈妈说过的那句话？她现在就这样。

当然，你也可以真的向一位朋友征求建议。那封来自同事的让你心神不安的电子邮件？把它抄送给你的朋友，看看在他眼中，它是否像你所认为的那样可怕。你是不是过于重视它了？还是过于轻视了？有些朋友会比其他人更适合提供此类支持，不过不管是谁，只要那个人不是你就是一个好的开始。

从未来回头看

尝试站在更远的视角上，从十年、二十年或四十年后来看你现在的生活。问你自己，在一个更广阔的格局中，今天发生的事情看起来到底有多重大。你可能会觉得当前的反馈依旧充满挑战或令你遗憾，但在你最后的日子里，更让你遗憾的是你浪费了太多时间自寻烦恼。现在，你会觉得今天最大，可是从很多天以后的角度来看，它就显得小多了。

放一出喜剧

据说，喜剧就是悲剧加上时间。你越早接受这一观点就越好。幽默（即使是黑色幽默）也能缓解糟糕情景带来的情感紧张。邀请你看一出由你和你的生活出演的有趣的好剧，剧里有常见的倒霉角色，也有令人忍俊不禁的纠缠情节。只要你能看到情景里的幽默，这就意味着你已经成功地获得了这一视角。

能够自嘲也表明你做好了面对反馈的准备，能够接受它了。自嘲要求你打开狭隘的自我认知。你不得不让自己与世界一致，并放弃让世界与你步调相同的想法。你的朋友指出，你发给他的纠正他语法的电子邮件有拼写错误。你的第一直觉就是为自己辩护："是这样的，我给你发邮件的时候有些仓促。很显然，我知道那些词语该如何拼写。"不过，请留意如果你这样想会发生什么事：哈！你逮到我出错了。这就省了不少精力。

幽默强迫你的大脑转变到一种不一样的情感状态。它会敲击你前额皮质的左侧，而那里是快乐的故乡。当你认为某事很滑稽，你就会瓦解掌握控制权的痛苦和焦虑，让那些令人烦心的信号冷静下来。

为情而困的朱丽叶放下酒杯，微笑着："是啊……男孩见到女孩。男孩欺骗、背叛，最后甩了女孩。女孩再也不会和坏男孩约会，因为她终于得到了教训。等等，谁是那个超火辣的击鼓手？"

至少，这确定了问题所在。

5. 接受你无法操控他人如何看你的事实

他人如何看我们和我们如何看自己不可避免地会纠缠在一起。为了能够清楚地看自己，我们需要其他人——他们看我们的视角。他们的观点可能只是拼图里的一片，可那是重要的一片。它就像鸡尾汁里的辣根：你不会想空口吃辣根，可是没有它鸡尾汁的味道就不可能会好。

同理，我们在意其他人对我们的看法。可是，到了一天结束的时候，我们不得不接受一个事实，那就是别人如何看待我们并非我们所能控制。其他人对你的观点也许并不全面，或许还有些过时、不公平，是无中生有。或者，最让人心烦的是，他们说的关于你的事情可能是真的，但仅仅是从他们的角度出发。**我令人不悦，自私自利？真的吗？你才是那个令人不悦、自私自利的人！**转眼间，你就遭到了错误的指责，而他们也就这样得到了赦免。

我们会变得执迷于渴望让他人承认自己错了，并改变他们对我们的观点的欲求。我们如何能做到这一点的呢？我们做不到。无论他们对你的观点错得多离谱，多不公正，你都无法控制他人的想法。你喜欢看足球，因为你喜欢那如棋局般错综复杂的战略战术，可是你同事坚称这是你试图用这种幼稚的爱好掩饰你缺乏自信的男子气概。在你看来，如果有任何人知道你喜欢足球的原因，或是你是否对自己的男子气概有自信，那个人一定是你。可是，你的同事和你一样笃信在这个话题上她的发言权等同于你。

你可以讨论它；你会提出反证和支持证据，甚至来自临床医生或你父亲或教皇的有公信力的声明。可是，你无法让她改变她脑海中对你的想法。也许，她会改变；也许，她不会。

好消息是，其他人并不会如你所想的，花那么多时间来思考关于你的事情。大多数人都会因为执迷于自己而无暇思考你。所以，当你坐在家中思考在你前夫／前妻心中对你是何种人的想法究竟错得有多离谱的时候，你的前夫／前妻正坐在家中看《美国达人秀》。是的，她曾经说过你作为一个人是多么可悲，也许，她现在还这么认为。可是，她并不会在这件事上细想。[3] 你也不应该。

同情他们

当某人对你发出不公正攻击或一辈子都将认可深锁心中，对于他们，同情并非第一个闪入脑中的念头。同理心对我们如何看待他人和聆听他们的反馈有重大影响。然而，当你爸爸再一次对你的成就吝于赞赏，哪怕这对你意义重大,请提醒自己他的父亲可能就是如此。更好的做法是,把你爸爸当成一个受伤的小男孩——他过去一定受过伤害——然后给那个小男孩一个拥抱。

说到小男孩,当你孩子从大巴车上哭着跳下来,因为有个小孩说他很蠢,请不要告诉他其实他不蠢。你只需让他在你和那个坏小孩的故事里做选择。帮助他找到能够支持他自己的故事。帮助他理顺那些确实的证据,看清其他孩子可能对他的想法,以及哪些才是真正正确的。如果他能看到自己并不蠢,之后他就会明白即便其他人如此说事情也不会变成那样。

所以,不要忽略其他人对你的看法,但是也不要全盘接受。他们的观点是意见,不是印记。

当生活变得艰难

好了,书,我已经尝试过你说过的一些内容了,可是它们一点帮助也没有。我不仅仅是心烦、担忧,我还觉得沮丧、害怕——情况比你知道的还糟。

说得好。有时候,我们也是如此。

在痛苦中成长

如果我们草草设计一个人类学习系统,我们可能会倾向于减除那些最痛苦的情感。就让学走路的小孩蹒跚前进,让少年笨手笨脚地摸索,可是当他们这样做的时候请不要伤害他们。你的配偶走了?快快地做一个分手谈话,弄清楚如何才能让自己进步,然后买一双高跟鞋,当天晚上就穿着它们去寻找下一个让你心动的伴侣。

当然,我们生来并非如此,甚至连相似都说不上。我们常常纳闷:这些强烈的消极情感在我们生活中有何用?

有时候,它们的确有用。情感压力可以让我们在痛苦中生活数周,可是它也能让我们——强迫我们——以一种我们平日不会用的方式来重新评估自己和自己的生活。强烈的消极情感可以让我们固守陈规,可它们也能帮助我们打破一二。事实上，我们通常能从那些在最痛苦的时刻到来的反馈中学到最多。

但是，对我们一些人而言，那些痛苦转变成了长期的焦虑或绝望，我们会因此变得沮丧，或走向自杀。这些夸大失真的扭曲，并不会随着时间的推移而得到缓解。从表面看，我们看起来很好，于是我们收到了来自朋友的充满好意的建议，关于保持好心态，关于从好的一面看事情，以及如何保持活力。可是，当我们真的在挣扎的时候，这种建议就像对一个溺水的人喊"快浮起来"一样，毫无用处。

研究显示大多数遭遇创伤的人最终会毫发无损地从苦痛中出来，而且事实上，一定比例的人都在创伤后经历成长。这应该可以给经历了创伤的人一个清晰、经验主义式的理由：为何要乐观。这也告诉我们其他人，对于可能发生在我们身上的那些坏事，我们也不需要如此害怕。

可是，如果我们自己不够强大，那么事情就会变得不可收拾。一些情绪和经验联合起来可以攻破我们，无论我们多么努力地让反馈保持平衡、有控制，都于事无补。

当你跌至谷底的时候，安慰可能来自朋友、家人、社区或上帝。你可能会从冥想、特别疗法或住院治疗中获得安慰，从而解脱。锻炼和冥想通常都会有所帮助，一如你将时间和精力都投入到一件你自身以外的大事中能让你获得慰藉一样。

对于上述各种情况，我们都是支持者。

寻求支持

通常，第一步就是伸出手，寻求帮助。这需要一颗谦卑、勇敢的心。你可能会以为身边的人应该都知道你遇到了麻烦，可是他们真的可能不知道。也许，你不得不说出这些话：**我需要帮助。我现在就需要你的支持**。

请求你身边的人做你的支持镜子。他们能够看到你依然可爱，你现在正在经历的并非故事的全部。他们能够透过当前的痛苦看到不远处就是事情出现转机的地方。他们眼中关于你的图像清楚且无失真，也没有因为受到那些令你的观点灰暗的焦虑、羞愧或绝望的影响而被扭曲。

相信他们。当你的前任带着她为你绘制的并不好看的你的画像，出现在你家门口的时候，你身边的人会阻止你将它挂在客厅壁炉的上方。当你的老板对你说你的额头上就刻着"我不称职"这几个字的时候，他们会温柔地带你离开那间"文身室"。

如果一时之间你无法接受自己，不妨找一个替代品作桥梁。让你的支持镜子们为你投票，让他们帮助你找到方法，从痛苦中寻找意义，带着这份意义在你人生的下一个篇章中做点有用的事情。这也正是本书下一章要说的话题。

总结：一些关键点

在我们决定如何思考面对的反馈之前，我们需要去除扭曲思维：

- 做好准备，保持警觉——识别你的反馈轨迹。
- 分开思路——情感 / 故事 / 反馈。
- 控制故事——它和什么有关，和什么无关？
- 改变你的视角。
- 接受你无法控制他人如何看待你。

不要全盘接受他们关于你的故事。
他人对你的观点是意见，不是印记。
伸出手，寻求支持，他们能够帮助你以同情之心、平衡的姿态来看待自己。

第九章

培养成长的认知

寻求指导

在第七章中，我们探讨了我们的大脑构造如何影响我们对积极和消极反馈的反应，以及我们的情感反应如何影响我们清楚看到反馈的能力。无论我们是兴高采烈还是沮丧绝望，我们的情感都会像一面哈哈镜一样，歪曲我们看待反馈的视角。在第八章中，我们谈到了如何让反馈不被扭曲，从而使你能够以正确的视角来理解它。

然而，即便是"实际大小"的反馈也能动摇我们的自我认知。反馈可以否定或破坏我们讲述的关于自己的故事，又或者，它会肯定我们最惧怕的那一部分自我。从反馈中获益不仅仅和我们如何解读反馈有关，还与我们持有何种认知有关。在这一章里，我们将会探索如何构建一个强大、坚韧、能够笑对反馈而非厌恶的认知。

反馈能动摇我们对自我的认识

去看护机构探望妈妈总是让人心碎，每次探访结束，临走时在妈妈的目送下与她道别时，那种悲伤和茫然几乎超出你能承受的范围。

在妈妈被确诊为老年痴呆后，爸爸很关心她，你竭尽全力地帮助他。然而，随着大小便失禁和跌倒变得越来越频繁，你发觉自己每晚躺在床上都迟迟不能入睡,身心疲惫,心中担忧。爸爸心力交瘁,身心健康风险直线上升。最终,你说服爸爸把妈妈送进了一家全日制的看护机构,为了她的安全,也为了爸爸能正常地生活。这样做是正确的,不是吗?

然而,在你妈妈最好的朋友丽塔看来,答案是否定的,她告诉你爸爸她再也不会和你俩说一个字。当你听到这句话的时候,内心羞愧不已。

认知:我们的自我故事

认知是我们对自己讲述的关于我们自己的故事——我们像什么,我们的立场是什么,我们擅长什么,我们有何能力。**我是一名强大的领导者;我是一位全心奉献的祖母;我很理智;我热情洋溢;我总是很公正。**[①] 当反馈否定或挑战我们的认知时,我们关于自己是谁的故事就会分崩离析。

你认为自己聪明、努力,有政治悟性。可是,十年专注如一的追求过后,你的这一切都遭到了否定。现在,你是谁?现在该怎么办?

对你而言,没有任何事比做一个好儿子更重要。丽塔的谴责就像是一把烧得滚烫的利刃,刺破你的皮肉,深深扎进你的自我认识之中。

你丈夫已经下了最后通牒——二选一,要么选我,要么选狗。当你发觉自己更偏向于狗时,你感到很困惑。这是不是代表你是个坏人?

将我们推翻的并非那些重大的反馈。日常小事也能让认知小船翻船:你最好的兄弟把决赛门票给了别人;昨天,你刚刚帮客户解决了一个难题,今天他就打电话过来要求和另一名代表谈谈。即使是积极反馈也会让我们迷失方向:你安于"饥饿的艺术家"的状态,最近的作品却突然收获了一连串好评,这不禁让你开始琢磨你是不是已经变成了作品抢手的艺术家。

我们甚至会被那些与我们无关的信息触发。过去曾与你一起报名申请肯德基工作的女孩被任命为 NASA 的一位主管;你幼儿园里的劲敌刚刚宣布他的公司上市了。你为他们感到高兴,只不过不知为何你的自我感觉有些不太好。因为我们与身边人的状态对比会影响认知故事,我们会用他们当尺子来衡量自己。②

你的认知脆弱易碎，还是强大坚韧？

试想有两个人，天生能力相当，生活经历和大脑构造也相似。你可能会认为他们的认知，以及在面对反馈时保持自我平衡的能力应该也相当。

也许，情况是如此，但也不一定。我们消化挑战性反馈的能力受**我们讲述自我认知故事的方式**所左右。有些人讲述认知故事的方式导致了他们的认知十分易碎，而另一些人讲述认知故事的方式却使得它强大坚韧。可以预见到，后者并不会将反馈当成对自我的一种威胁，而是把它们当成自我的一个核心方面。

无论如何，好消息就是：虽然我们中的一些人行事乃天性所致，但我们所有人都能学会以一种使我们拥有更强复原力的方式把握自我认知。我们无法控制生活抛给我们的反馈，但是我们可以在设定上做出一些特定的转变，增强我们接受反馈的能力，使我们能够保持平衡且从中学习。两大转变十分关键。我们需要：

1. 放弃简单的认知标签，培养多样性；
2. 从固定的心态转移到成长心态。

我们逐一分析它们，然后提供三种能帮助你们在日常工作与忙碌生活中完成这些转变的练习。

放弃简单标签，培养多样性

一方面，我们的认知构建来自于生活经历所带有的无穷复杂性；另一方面，我们往往会抓住那些诸如"我能胜任"、"我是好人"、"我值得被爱"之类的简单标签不放手。这些标签有很重要的功能：生活是凌乱且令人困惑的，简单的认知标签可以提醒我们——我们的价值观、优先级，以及我们赖以生存的事物。如果我是一个信守诺言的男人，那就这样做。也许，我会受到诱惑，想打破承诺，而且我也能为此找到合理的理由……可是，我不是那种人。

然而，简单的标签也带来一个问题。它们之所以简单，是因为它们只有"有"和"无"两个选择。当我们是"有"的时候，一切都没问题。可是，当有反馈说我们"无"的时候，我们听到的反馈就会变成说我们"一无所有"。不存在"在一定程度上，一部分"，也没有"有时候"或"是的，除了……"的情况。如果我们不好，我们就是坏的；如果我们不聪明，我们就愚蠢；如果我们不是圣人，就是罪人。

难怪反馈会让我们有威胁感，难怪它击倒我们如此容易。我们对自我认知的操作方式就像是一个电灯开关，即使是最细微的反馈也能按下那个开关。如果我们不能得到光明，就只能在黑暗中迷失。

拒之门外，还是请君入门？

当"有或无"的认知撞上消极反馈时，它们通常都会被颠覆。反馈成了《我的日报》上的最新头条："努力的学者"变成了"浪费光阴追求任期的傻瓜"。"好儿子"被"让妈妈失望的无情孩子"所替代。反馈是我们认知故事中的头条，我们了解的其他关于自己的事情全都被一股脑塞进了副刊。就这样，反馈被夸大了。

在我们挣扎着想应对的时候，我们发现了其他选择：将反馈拒之门外。只要我们能想到反馈的缺陷或错误，只要我们**能有技巧地发现错误**，我们就能"否认"反馈，保留当前的自我。我们安全了。我们还是"有"的状态。我们的认知故事仍然完整无缺。

"有或无"式的认知为我们提供的是这样一种选择：要么我们夸大反馈，要么就否认它。通常，我们最终都会被困于二者之间。我们在接受和拒绝之间辗转，却找不到一个稳定的立足之处。（"如果我接受这个反馈，这就意味着我是一个坏人。也许，我是一个坏人。可是，那不可能是真的。我要拒绝这个反馈。可如果实情并非如此，他们为什么要这样说呢？也许他们说得对，但我比他们更了解自己，如果这真是对的，那就太让人沮丧了，所以这不能是对的。另一方面……"）就这样，我们就像一条被丢在甲板上的鱼，翻来覆去只求一条生路。

两种选择都让我们觉得不对,因为它们都不正确。我们努力在夸大和否认之间寻找获得平衡的方式,只是我们要找的答案却不在此。答案存在于一开始我们如何把握自己的认知当中。

接受认知的细微差别

没错,简单标签能帮助我们在这个世界上确定方向,但与此同时,它们却不能很好地把握住这个世界的复杂性。你是一个信守诺言的男人,可如果你面对的是在恪守你对上司的诺言和恪守你对继子的诺言之间二选一,你又该怎么办?也许,你认为自己"公正",公正就是公正,对吗?可是,在你和受你选择影响的人谈过之后,上周看起来明明显得很公正的事情突然就显得不那么公正了。

因此,简单的标签太过于黑白分明而无法代表和你有关的认知故事。你是一个很重视自己是否值得信赖,或是否公正或负责的人,也有 1000 个例证能够证明你具备这些品质;当然,还有一些例子会说明你不符合这些标准。这就是现实。

在全天看护中心生活了六个月后,你妈妈去世了,而你仍然在为当初这个决定是否正确而纠结。你有充足的理由说服爸爸这样做。有时候,你会觉得自己实在想不到其他可行的解决办法,但有时候你又会觉得这是一次重大的道德沦陷,也是你做过的最糟糕的一件事。在你的脑海里,妈妈的两张脸总是会一起跳出来:一张是生活中她陪伴在你身边时的样子,另一张则是你离开看护中心时她一脸茫然的样子。也许,搬家会有所帮助,或者你可以把妈妈接回家,请一名护士全天照顾她。人们都是这样做的。你为何不呢?

结论就是:只要你一直按照这种黑白分明的模式来讲述自己的故事,你就无法平静。你无法在自己是一个坏人还是一个好人中做出选择。无论你选哪一个,都会有证据证明你该选另一个。

这不是迪斯尼电影。没有仙女教母,也没有小蓝鸟,不是挥一挥魔杖,一片星光过后,问题就解决了。这件事很复杂,你关于它的情感也很复杂。你试图想为妈妈想一个两全其美的方法,你还想支持爸爸。你想要妈妈被爱包围,可是你也想她能安全,受到良好的照顾。你尝试着在面对 100 件未知事件的情况下，想清楚怎样做才是正确的——无论是对妈妈还是对爸爸而言，都是对的。

诚然，你也为自己在处理这一问题时做出的一些事情感到骄傲。你几乎每天都会去探望妈妈。你为她做了一本生活相册，里面都是一些过去的照片——现在的她还能记得的那些时光。还有一些事情就不那么令你感到骄傲了——错过的机会、不耐烦的瞬间。你爸爸可能没有得到足够的时间和关注。当然，在这最后几个月里，你自己的家庭也因此而经历了不小的挑战。

随着你关于自己和眼下情况的故事变得越来越微妙，你开始思考你是否能从丽塔的观点里学到点什么。你鼓起勇气给她打电话，她同意和你谈谈。她把自己的感受告诉了你，你表示理解。你也告诉了她你的感受，而对此她并不理解。对于这些事情，丽塔有一些未表露的规则——一些直到你经历了妈妈这件事后你才最终和自己分享的规则。

丽塔坚持认为你的行为是自私的，而这也是你获得收获最丰富的地方。你不知道"自私"这个词是否正确，但这一定和自我利益有关。把妈妈送进看护中心后，你就再也无需担心她会跌倒；你无须应对各种突发事故，也不必担忧她吃的不够多。你无需担心爸爸会因为照顾妈妈的巨大压力而崩溃。可以确定的是，这一决定涉及到你的自我利益，而这一观点不可避免地会与你自我认知中的核心部分发生冲撞。你一直认为自己愿意为你爱的人做任何事情。可是现在，你意识到事情没有那么简单。

伴随接受而来的是悲伤，不过，一种平衡也随之出现。

接受关于自己的三件事

悲伤和平衡。这没什么不寻常的。对我们而言，接受与自己有关的一些事情其实很难，可是一旦接受了，我们就能站得更稳。我们被棘手的反馈撞倒的可能性就更小；我们至少能够把它当成故事的一部分来接受它。

没有人完美无缺，众生皆是平等的，你最好也别相信自己是个完美的人——不仅仅是因为这会降低你在舞会上的受欢迎程度，还因为它会加大你从反馈中学习的难度。在《高难度谈话》中，我们给出了三件接受自我的事情，在此总结如下：你会犯错；你的意图很复杂；你对问题负有责任。接受它们是一项伴随我们一生的大工程，但是为之努力则可以让棘手的反馈变得更易于接受。

你会犯错

如果你对此心存疑虑，不妨问问你的伴侣。事实上，这名特定的伴侣也许拥有你需要的全部证据。

你也许不是第一次听到"人人都会犯错"这种说法——即使是睿智、宽宏大量或在其他方面很杰出的人也是如此。但是，当有人指出我们犯的某一个具体错误的时候，我们很容易就会忘记这个简单的事实。如果以为那正是最容易记起这一事实的时刻，你就错了。当有人指出我们的错误时，我们的第一直觉就是为自己辩护或解释。**错误？不是我的错，根本就不是。有人告诉了我错误的会议时间，而且事前我就已经决定我根本无需参加这次会议。**

接受你会犯错的事实可以减少一部分压力。任何已知的错误也仍然有让你震惊、沮丧的能力，而因为它导致的闭塞加深也是不幸的。不过，你可以自信地告诉自己，人们都会像这样犯错，而你就是其中一员。

你的意图很复杂

人们谈及这一点的频率远不及错误，但是相对而言，它可能更难以接受。和积极意图混杂在一起的是一些不那么光彩的意图——我们的目的可能是自我推销、复仇，也可能是肤浅的、自负的或贪婪的。我们累了，就抄了近路。我们本不想说谎，但我们也会原谅自己因为羞于说出全部事实的偶尔出界。

当我们面对关于我们意图的消极反馈时，毫无例外的，我们都会接受例外。我们的意图本是好的。我们知道我们意图良好因为好人皆如此。我们为自己保留那项任务是因为我们就是最佳人选。这和我们一直想去夏威夷的事实没有半点关系。

追求适量的自我利益是我们活着的需要。有时候，这些自我利益会与他人的自我利益发生矛盾，偶尔会有人向你指出这一点。无论是明白这一点,还是承认它都绝非易事。你不应该停止为了进步的抗争,但是接受它的本来面目会让你如释重负。

你对问题负有责任

通常,我们就是人际关系中被错怪的一方。既然我们并非过错方,我们也就无需费事地去聆听反馈了。你在邮件中错发了文件,现在,你还要向**我**提出反馈? 我可不这样认为。当你把错误的文件放进附件里的时候,你就已经成为了"我不能对这个问题反馈俱乐部"的终身会员。

正如我们在第六章中提到的,在大多数情况下,问题双方都对问题的产生负有责任。我们彼此都有所作为或无作为,并因此陷入问题之中。如果想从中汲取经验,解决问题,我们就不得不全面地看待问题。这意味着我们必须关闭"无反馈俱乐部"。我们并不能因为对他们提出了反馈("发送正确的文件")就认为他们对我们没有反馈("如果你连看都没看过,就别对我说'附件看起来没问题'")。

接受我们并不完美的同时也意味着放弃一种观念:完美化是一个逃避消极反馈的可行办法。[3] 这种想法充满诱惑,可是它解决不了问题;你不可能将消极反馈拒之门外,然后我行我素。你也无法越过它,这样只会带来失败。接受不完美不仅仅是个好主意,它也是唯一的选择。

你一直都是复杂的

因此,要想保持或重获平衡,并从反馈中学习,第一步就是认识到你的认知标签过于简单化。一旦你离开"有或无"的本能观点,消化接受棘手的反馈就会变得更加轻松容易。你这样做并非由好变坏,更不是从好变复杂。你一直都是复杂的。

转变心态

既然你已经跳出了简单标签的束缚,现在让我们来看看你把握认知的另一个方面:你是否认为自己的特质和能力是固定的,已不可改变? 或者,你是不是觉得它们始终在进化,还能继续成长?

斯坦福大学的卡罗尔·德威克教授说，这一存在于自我认知中的差别对我们从反馈中学习的能力和渴望有重要影响。她从哪儿了解到这一点的？从孩子们身上。

拼图的孩子们

德威克的研究始于一个简单的问题：孩子们如何应对失败？为了找到答案，她把孩子们带到她的实验室，让他们拼装难度逐级增加的拼图。随着拼图难度越来越大，孩子们渐渐表现出了灰心、心不在焉，最终放弃。

但有些孩子没有。事实上，让德威克惊讶的是，有些孩子的兴趣反而随着拼图难度的增加而变得越来越浓厚。一个男孩兴奋地舔着嘴唇尝试了第一种方法，之后又尝试了另一种。他说："我希望这能给我一点线索！"德威克本人有些困惑，甚至有些震惊。**这些孩子是怎么回事**？她很纳闷。**他们为什么不放弃？他们为什么不接受拼图反复出错的现实？为什么不会为自己的失败感到灰心**？[④]

德威克和这些孩子聊天，弄清楚他们的想法，她得出的结论是，那些很快放弃的孩子们的思维模式是：**第一个拼图显示了我的聪明。这些新的拼图会让我看起来（并感觉）很愚蠢**。与之相反的是，那些坚持下来的孩子们是这样想的：**这些新的拼图虽然更难，但是它们能帮助我提高拼图技能。这太有意思了**！

这些孩子坚持不断尝试的原因与他们的兴趣或拼图天赋无关。它来自于每个孩子的心态。那些放弃的孩子认定自己的拼图技能是一种固化的特质。他们拥有一定数量的这种特质，就像水分子里含有一定数量的氢原子一样。那些不断尝试的孩子则把自己的拼图能力当成是一种柔韧的可以改变和成长的特质。

固定型心态 VS 成长型心态

如果你有固定的心态，你遇到的每一件事都是一场公投，投票对象就是你是否具备你认为（或希望）有的才智或能力。"固定心态的"孩子在拼图很简单时都表现出色。可是，当他们开始挣扎不前的时候，他们听到拼图小声对他们说：**你拼图的才智有限。你不是这块料**。他们变得气馁、不耐烦、尴尬。与其直面他们的不足，最好早点放弃。

与之相反,拥有成长心态的孩子们认为,拼图才智并不是一件你有或没有的东西,他们认定这是一种能够进步的技能。不仅如此,他们还把战胜难度大的拼图看成是一种他们进步所需的挑战。正如德威克解释:"他们不仅没有因为失败而气馁,他们甚至根本没有认为自己失败的想法。他们认为他们正在学习。"⑤ 对他们而言,拼图不是评估者,而是导师。

这就好比拥有成长心态的孩子们在一个名为"学习房间"的房间里拼图,拥有固定心态的孩子们在一个名为"测试房间"的房间里拼图。你愿意在哪个房间里度过一生呢?

德威克观察到,我们许多人都相信自己的核心特质、优点和性格——我们的认知——都被"镌刻在石头上"。⑥ 他人像对待孩子一样和我们说话的方式(正如我们常常和自己的孩子说话时那样)加深了这一倾向性:"他生来就是领导者。""她非常聪明。""你总是那么善良。""你是一个天生的运动员。"我们的认知故事围绕着我们拥有的和没有的那些特质渐渐固化。我们随之接受了显而易见的暗示:接受现实,愚公不能移山。他人对我们的描述就是我们的形象,等级也是永恒的,一切都不会在洗礼中有一丝一毫的改变。

可是,难道有些特质不是固定吗?

难道固定的心态不就是对现实的一种承认吗?你会这样想也合乎情理。

比较而言,有些特质的确不那么容易受努力的影响,这是真的。鱼在水下的呼吸能力比你强,这并非源于它们乐观、苦干的态度。我们每个人都会发现自己在某些事情上的确更得心应手:数学和跑步让你感觉自然放松,绘画和打牌则不然。

研究者们一直对各种特质固定或灵活的精确程度争论不休,也提供了与成长特质有关的令人振奋的证据,以及关于特质局限性的令人沮丧的故事。不过,结论就是:当人们不断实践、应用的时候,人们的确会做得更好,而当人们相信自己能做得更好时,他们才会实践。无论我们是在某方面坏得不可救药,还是好得不可思议,这一点都永远成立。

对生活中那些重要的品质而言,努力显得尤为重要——譬如说智力、领导力、表现、信心、同情心、创造力、自我意识和协作。这些都会因为关注而成长，随着训练而进步。

我们如何回应反馈和挑战的意义

我们持有的固定和成长心态对我们如何看待自己、如何聆听收到的反馈以及如何回应都有重大而深远的意义。

自我感知的精确度

合适地掌控你现有的能力是学习和成长的一部分。它会告诉你，你有哪些优点可以利用和培养，以及哪些缺点你需要继续克服或改变。德威克指出，那些拥有成长心态的孩子对其当前能力的评估"精确得惊人"，而那些拥有固定心态的人在测评自己真正的擅长之处时表现得"糟糕"。[⑦]

为什么会这样？如果你的特质是固定的，精确了解你的能力应该更容易。毕竟，它们是不会移动的靶子。可事情比这复杂得多：尽管你的心态也许是固定的，但是你每天遇到的数据和资料的数量波动得却很厉害。**昨天，我还很聪明；今天，我就成了傻子。上个星期，我还很能干；这个星期我似乎就成了一个真正搞砸事情的人。**带着这种简单、固定的自我认识，你很难适应如此大范围的数据变动。你为此感到困惑也就不足为奇了。

如果你拥有的是成长认知，要理解这些混合数据就容易多了。这是信息，不是诅咒。你听到的不是**上个星期我还很能干，这个星期我就把事情搞砸了**，而是**上个星期一切尽在我掌握，这个星期我变成了一个下坠的球。**一切和你是谁无关，只和你做过的事情有关。拥有成长认知的人不但不会被矛盾和反驳困住，还会为了适应和学习去寻求精确的信息。

我们如何聆听反馈

我们的心态及其带来的认知对我们关注什么和不关注什么都有重大影响。研究者詹妮弗·曼格尔斯和凯瑟琳·古德让持固定心态和成长心态的研究生走进了位于加利福尼亚的大脑实验室，给他们连上脑电图监控，然后做测试，测试的内容取材于文学、历史、音乐和艺术常识。每名学生都会被告知两件事：他们每道题的回答是否正确，以及他们没有回答的问题的正确答案。固定心态的学生密切关注自己做的每道题是否正确，却在获悉正确答案是什么的时候失去了兴趣。成长心态的学生们和他们恰恰相反，他们会仔细聆听正确答案。他们没有忽略评分，但是他们也同样渴望能获得指导——如何才能在下次做得更好。的确，重新测试时，拥有成长心态的学生们的确表现得比固定心态的同伴更好。[8]

我们对努力的回应能实现自我预言

这也许能有助于解释在面对失败浪潮的时候，为什么拥有成长心态的人往往能够更快地复原。他们将短缺视为成长的机会，结果他们会加倍努力地拼搏。在学校遇到挫折后，具备成长认知的孩子说他们打算学得更多，或是下次尝试不一样的学习方式，而那些拥有固定心态的孩子们则更有可能会说，他们"觉得自己很笨，下次就不会学那么多了，并且会很认真地考虑作弊事宜"。也许是受到耻辱的驱使，具有固定心态的人在自我表现上撒谎欺骗他人，并在失败后退缩的可能性也更大。他们会早早就放弃，让挫折成为他们的沉陷点。[9]

方式很重要

尽管德威克说大约一半的人具备固定认知，但是我们讲述故事的方式也同样重要。

事实上，仅仅一句话就足以推动我们走向正确（错误的）方向。在另一项研究中，德威克和同事们让五年级的孩子完成一幅简单的拼图。成功完成后，一半的孩子被告知："哇哦，你真的很聪明！"另一半则被告知："哇，你很努力地完成了这幅拼图！"接着，研究人员问这两组孩子接下来想做什么：更难的拼图，还是更容易一点的。

猜猜哪组孩子会选择挑战？你猜对了。（你一定很聪明。）

从这项研究中我们可以学到的一件事就是，令人惊讶的是，夸奖孩子聪明会对他们的学习起到反作用。如果我们想鼓励他们接受新挑战，就最好不要对他们的努力吝惜赞美之词。

不过，请等等，为什么会这样？从数量上来说，在因为努力而被夸奖的孩子当中，大约一半拥有固定心态。不过，他们会和拥有成长心态的同组同学一样，选择接受下一个挑战。也许，其原因就在于称赞努力而非能力不会触发孩子们的固定认知焦虑。又或者，这也许是因为努力是一种让他们有信心能够复制的特质；无论拼下一个拼图的情况如何，他们的努力和付出都会发光。因此，这里的结论就是，通过专注于一个能强调学习过程的特质，这些孩子也会愿意承担风险，接受挑战。

走向成长认知

那么，如何才能刺激你，让你从固定认知转变为成长认知呢？第一步就是意识到自己的倾向性。你更愿意住在测试房间，还是学习房间呢？你把挑战看成是对自我认知的威胁，还是当作成长机会？失败究竟是游戏的结束，还是仅仅是另一场游戏的开始呢？

请看看下图的表格，想一想哪种假定更能引起你的共鸣。[10]

认知问题	固定认知	成长认知
我是谁？	我是固定的。我就是我。	我会改变、学习、成长。
我能改变吗？	我的特质是固定的——努力不会真的改变人的实质。	我的能力总是在进步。努力和辛苦终将获得回报。
目标是什么？	成功。重要的是结果。	学习的过程就是奖励。成功不过是副产品。
我何时会觉得自己聪明／能干／成功？	当我完美实现某事的时候，当我比别人做得好的时候。	当我为某事奋斗，然后开始把问题看明白的时候（其他人的能力与我自己的潜力并无太大关系。）
对挑战的回应	威胁！我可能会被暴露无法胜任挑战。	机遇！我可以学点什么，获得进步。
最自在的环境？	在我的能力之内，让我有安全和舒适感的区域。	我的能力范围之外，能够扩展我的才能的区域。

如果你对某一特质或能力是否能够成长存有疑惑，那也没关系。这些问题并不容易。不过，如果答案并非斩钉截铁的"是"，这也不代表就是斩

钉截铁的"不是"。你不妨尝试去体验：开始着手改变一个习惯，或是完善你的一项技能。找一名导师，自己亲力亲为。强迫自己尝试你并不擅长的事情，当你因为失败而跌倒、摔得鼻青脸肿的时候，列出一张包含三种能让你下次做得更好的方法清单。擦掉脸上的泥和灰，重新来过，看看会发生什么事。

例如，在经历了妈妈这件事并与丽塔聊过之后，你学到了什么？如果爸爸将来遇到类似情况，你今日学到的是否会改变你的处理方式？你的这次经历又将对你教育孩子的方式以及你对他们的期望带来何种影响？如果你能看到有哪些事情你可以继续努力，如果你能看到自己学到了什么，并在下一次可能会因此而做出改变，那你就已经走上了将自我认识看成是可成长、可改变的道路。经历是你的学习素材，而不是你的标签。

除此以外，请记住，消极反馈并非对成长心态的责难。成长的心态离不开挫折和失望。你会希望自己能沿着这一学习曲线走得更远。你付出努力后得到的回报可能比你期望的小。成长认知说的并非你是否会得到最棒的反馈，或惹麻烦的反馈。它讲述的是你如何对待你得到的——无论它是什么。

……

现在，让我们来看看三种能够帮助你培养成长认知的练习。

练习1：以指导为导向

某些反馈以评估为主（你的分数、你的博客等级），还有一些反馈则旨在指导。反馈者的唯一目的就是帮助你学习或是更好地做某事。不过，正如我们在第二章中提到的那对双胞胎击球手安妮和艾西，哪怕是纯粹作为指导提出的反馈都会被当成评价且看起来似乎也合情合理。"试试这样做"（指导）包含了隐含信息"**至今为止，你做的还不够好**"（评价）。

作为反馈接受者，我们总是会把反馈归为指导与评估一类。你有效接受反馈的能力会因为你的归类选择而出现巨大差异。其原因就在于：评估轻易就能触动你的认知，相比之下，由指导带来的认知威胁就小多了。指导就好像是拿到了免费入场券。你可以学习，且无需承受重新评估你是谁这样繁重的任务。

埃尔斯贝特正在休息,此前,她刚刚结束了为时 3 小时的展示陈述的上半部分。客户走到她身边,点评说一切都进展得不错,只不过他也建议她可以让会场再活跃一点。

这到底是指导还是评估?

如果埃尔斯贝特将它当成指导,她可能会这样想,**我应该再喝杯咖啡,想一想如何加强下半场的互动性**……如果她把这当成评估,她的认知就会被调动起来:**我是不是让你和其他所有人觉得无聊了? 通常,人们都很喜欢我主持的研讨会! 不过,也许我还没达到这个层次的听众的要求**……接下来,埃尔斯贝特就会为了自我形象而苦苦纠结,无法投入到可能会改善她下半场讲话的指导当中。认知被触动,学习被阻塞。

把指导当成指导

以指导为导向往往并不容易。不过,有一种反馈应该不会给我们带来任何麻烦:明确作为指导**提出**的反馈。在这种情况下,所有的一切都应该按其本意,被认真聆听。这就是他们想告诉你的,这就是会给你带来帮助的。

然而,我们却常常会错意,仍然将指导归入评估一类。

你朋友告诉了你一条更好的去机场的路,可是你却听成他在评判你居然不认识城里的路。

你的团队领导告诉了你一个新的时间管理手机软件,可是你却将这听成了他批评你做事拖延。

你的爱人告诉你一件她觉得很浪漫的事,可是在你听来,她这话说得毫无来由,自私自利。

我们硬生生地从学习的指缝间扯出了辩护之辞。

随着反馈对话中情感意味越来越浓,或利益牵扯越来越大,我们就越容易听到评估,越难听到指导。

为此,你不妨试试这个练习:想一想你在过去几个月中得到的反馈,无论大小。譬如说,你朋友问你为什么让孩子那么晚睡觉。

一开始,你认定这则反馈意在评估。它谈到了哪些和你有关的事情?你过分放纵孩子?你不是个好家长?

接着,试想这个反馈本意在于指导——你可以从中学到点什么。如此一来,你可能就会和朋友谈一谈他们看到了什么,以及他们关心什么。谈话的内容也许你早已考虑过,也许是你从未想到的。如果你从家长角度做出选择,这就是你需要考虑的别的生活经历了。

只要你做几次这种分类练习,你就会留意到三件事。第一,你会发现,稍加努力,大多数反馈都能从这两个方面加以考虑。第二,如果你成功地以指导方式聆听反馈,你会看到你的认知反应大幅减小,甚至完全消失。第三,你会开始留意到你自己的倾向性。常见的结果就是,人们获得了这样的视角:**哇,我自己都没意识到我会如此青睐评估这种方式**。无论你这样做的概率是十分之一,还是十分之八,每一次出现的这种青睐都会成为一场潜在的灾难,但这种情形其实完全可以避免,而反馈也完全可以成为你的学习素材。来自生活的真正挑战着实不少,你无需再通过自己的想象创造更多。

当指导和评估互为纠缠

诚然,有时候人们提出的反馈本身就是评估**和**指导的混合体,或者说,更常见的情况是,反馈者本人也没想清楚自己的反馈究竟是指导还是评估。在紧张的个人关系中,这尤为令人困惑,要想把事情弄清归类的确需要耗费一些精力和时间。

一名已经长大的女儿丽莎告诉她的妈妈玛格丽特:"我八岁时,爸爸离开了我们,重新结婚,当时,我觉得你也抛弃了我。你全身心地投入到新工作和新的社交生活中——想'给我找一个新爸爸'。我想你根本就不知道那段时间我生活得有多艰难。"

玛格丽特听到女儿说的是"你是一个坏妈妈",并感到极为震惊。她觉得这个反馈不公平,于是,她开始为自己辩护:"丽莎,我如此努力地工作就是为了让你生活得好。那段时光对我们俩而言都异常艰苦,无论是情感上,还是经济上,我都在百般挣扎。"

这段对话非常好地展示了认知和反馈是如何冲撞及其导致的结果。玛格丽特认为自己是一名好家长——这是她认知故事中的核心主题。她听到丽莎说她是一名失败的母亲，随即就被抛入一个两难的境地之中：要么接受女儿的说法（接受自己作为母亲的失败），要么就要为了将反馈拒之门外而与丽莎进行争辩。

在此，有一个重要的问题需要问：丽莎想要什么？她提起这个话题的目的是什么？她是想让妈妈承认她不是个好妈妈吗？不。丽莎有三个期望：她想要妈妈知道她的成长感受；她想要从妈妈那儿得到认可，即妈妈的某些选择导致了丽莎的痛苦；以及她想获得更好的母女关系。

很清楚，这其中既有评估也有评判，任何一个站在玛格丽特位置上的人都能听出来。可是，丽莎借沟通想表达的核心意愿是指导。她的目标不是想让妈妈觉得她在评价妈妈，而是想让妈妈了解自己的观点和感受。此外，丽莎还想改善和妈妈的关系。

我们可以通过着眼于玛格丽特可能做出的各种不同回应，以及试想到底哪一种回应最能让丽莎满意来检测丽莎的意图。如果她妈妈说："我觉得你在评价我。好吧，也许我不是个好妈妈。"这样的回答可能不会给丽莎带来任何好处。与之相反的是，玛格丽特说："啊，我从没意识到那段时间里我的行为会对你有何影响。你说我做的一些事情给你带来了伤害，这让我很难过。我非常抱歉。"当然，这将会是一段长长的对话，但是它更能让丽莎感到宽慰。她们可以从某一点开始讨论她们到底想要什么样的母女关系。

将对话放进指导的框架兴许能够帮助玛格丽特减轻情感伤痛，可是这并非此举重要性的原因。玛格丽特之所以应该把它当成指导是因为这就是她女儿意图的核心。听到的是指导可以帮助玛格丽特跳出内心的认知反应，认真聆听女儿真正想表达的内容。

练习 2：从评估行李箱中卸下评判

诚然，有些反馈是百分百的评估，最直接挑战我们认知的也正是这一类反馈。**我要和你分手；你没得到这份工作；邻居们不让他们的孩子来你家玩是因为他们不认同你的"家庭环境"。**

随着我们开始琢磨如何聆听反馈，将评估拆分成三个组成部分会有助于我们找到答案：评定、结果和判决。

评定为你定级。它会将你现在所处的位置告诉你。在跑道上，你的评定十分明确：你跑1英里的时间为5分19秒，在40至45岁选手组中名列第四。

结果是评定在现实世界中的产物：以评定为基础，如果有事发生，那究竟会发生什么事情？基于你的跑步成绩，你能够进入地区复赛，但仍没有资格参加全国复赛。结果可能是确定的，也可能是推测出来的；有的结果会立刻显现，有的则需要假以时日。

判决就是反馈者和接受者围绕评定及其结果讲述的故事。你为自己的表现感到高兴——这比你今天早上预计的要好。你的教练则对此有些失望，他认为你应该跑得更好。

通过这种方式来看待评估的成分，你就能搞明白评估中究竟是哪一部分触动了你的认知。在上文的跑步案例中，触动你的不是评定，也不是结果，是你教练的判决。你认为自己是个不会辜负他人的人。当你的指导教练感到失望后，这一事实向你对自己的看法发起了挑战。尽管挑战程度不大，但是你已经注意到了它。

拆分评估还能帮助你专注于你想与反馈者讨论的内容：你是不是认同评定却不赞同判决？[11] 结果是清晰而公正的吗？为何你的教练对你的最后成绩有不一样的判决？你能从中学到什么？

准确的评定很珍贵，理解结果也很重要。其他人的判决？你可能会发现有些判决能带来启发，有些你大可以忽略。那是别人的解读，而你也有自己的理解。

练习3：给自己"第二个分数"

试想你收到了一个消极评估。评定看起来很公正，可是结果却让你痛苦不堪。你被拒绝了——被潜在的雇主，被一个女孩，被某个研究生项目，或是被哪个团队或客户。

现在怎么办？

无论你如何应对，都请你想象还有一个看不见的第二次评估。在每次收到低分后，每次失败和犹豫过后，请基于你如何应对这第一个分数给自己"第二个分数"。在生活的每一个点，都存在着境况本身以及你如何应对。即使给你的分数是 F，你也同样能在如何对待 F 这个分数上得到 A＋的高分。

在这里，有两个好消息要和大家分享。首先，初始评估也许并不能完全受你控制，但你对它的反应通常都在你掌控之中。其次，从长期来说，第二个分数往往比第一个更重要。

梅尔和梅琳达是两名抱负颇高的表演者，眼下，他们正全力以赴地为 YouTube 首秀做准备，他们希望能够凭此开启他们在世俗世界里的工作大门。他们反复修改，训练，表演。他们自己谱曲，演奏。最后的成品超出了预期。节目棒极了。他们将它放到了社交网站上。

结果却很残酷。节目的评论几乎是清一色的差评，有几条还有个人攻击之嫌，用词异常残酷。他们用心制作的节目变成了众人抨击的对象。

梅尔崩溃了，他愤怒地指责这个世界太过愚蠢，根本无法理解他和梅琳达想表达的内容。梅琳达也很沮丧，可就在抚摸自己伤口的时候，她开始琢磨他们能从这次的经历中学到点什么。

几个星期后，梅琳达在观看视频的时候第一次发现，虽然他们的想法很聪明，但是表达出现了问题。抒情诗显得难以识别，剪辑太过于跳跃。她和梅尔分享了自己的发现，后者的反应是他坚持富有创造性的人应该可以透过有问题的表达看到本质。

梅琳达的反应和他不一样：她决心要变得精于——达到甚至超过专业级别——制作这种小电影。她认真阅读她能找到的所有与社交媒体有关的内容，还报名参加了电影编辑的晚间课程。一年之后，她制作并上传了一些新视频，并开始收到订阅她的频道的观看申请。最终，她重新制作了最初的那段视频，这一次，好评如潮。

梅尔和梅琳达的第一个分数都很糟糕，只有梅琳达在第二个分数中获得了高分。在这个事例中，优秀的第二个分数才是真正重要的——现实中，大多数情况皆如此。

我们需要清楚阐明的是,我们并不是说足智多谋、复原力强才是好的。我们想告诉大家的是,你想要获得好的第二个分数成为你认知的一部分:**我并非常胜将军,可是我会诚实地思考我能从失败中学到什么。在这一点上,我的确做得不错**。你甚至可以在心里竖一张第二个分数计分表。这会让保留认知中的这一特定部分变得更加容易。计分表会提醒你,初始评估并非故事的结束。它不过是第二个故事——生活经历对你的真实意义——的开端。

第一个分数	第二个分数
绩效考核:	
达到预期	超越预期 得体地提出问题而不是退缩。明确预期值。花时间完善你的产品知识——我能感知到的不足之处。
我的餐馆评论:	
2星	4星
(以及普遍的消极评论)	不责怪他人。不过度沉湎其中。为厨房和侍者树立好榜样。改变某些菜品。重新训练并招募一些侍应生。有信心地宣布我们已经改正了那些导致我们倒退的不足之处。

即使面对的是最富挑战性的生活事件,一个强大的第二分数认知也能够帮助你坦然应对。相处了很久的男朋友最终离开了她,希瑟回忆当时及之后的那几个月时光时说:"唯一在我掌控之内的就是我的反应。每天早晨,我起床,然后去上班。我以充满敬意的态度对待我身边的每个人。的确,为了'妥善处理它'而付出的努力让我有了关注的焦点,也让我有了自我感觉良好的素材。而我真的就感觉好了起来。"

正如我们在之前的章节中提到的,妥善处理某事并不意味着否认痛苦,也不代表你要以毫发无伤的状态出现。希瑟并没说:"虽然我的男朋友离开了,我从没这么快乐过!"这里我们谈论的是,无论你要应对的是什么,你都应该昂首挺胸地去面对。如果你发觉自己为此失眠,不得不与阵阵来袭的焦虑和孤独感抗争,那么,妥善处理它就意味着拥有承认你需要帮助并伸手寻求援助的勇气。像希瑟这样一个认为自己值得被爱的人在遭受沉重打击后,她发觉了自己的成长:"我了解到,即使面对令我痛心疾首的损失，我也依然可以做到不失优雅，我也依然有强大的复原力。"

这意义重大。

总结：一些关键点

我们接受和消化反馈的能力受我们讲述认知故事的方式影响。做出转变：

· 从简单的"有或无"到现实的多样性。
· 从固定到成长——从而使你能将挑战当成机会，将反馈看作学习的有用信息。

三个练习能有所帮助：

1. 以指导为导向，把指导当成指导，并在评估中找到指导。
2. 受到评估时，将判决与评定和结果分离开来。
3. 针对自己如何处理第一个分数的表现给出第二个分数。

谈话中的反馈

第十章

我到底得做到多好

当你真的受够了时，划清界限

从海军陆战队退役后，马丁直接进入石油领域。最初，他是钻井平台上的一名工人。现在，他是这一行里的最佳钻手之一。在轮过一个漫长的工班后，马丁钻进了自己的铺位，拿出了尚未完成的发展计划。计划上交已经超过既定期限。他必须今晚就完成，不然他的麻烦就会升级。

条款 23b：请列出你明年的个人目标。同时给出你如何衡量这些目标实现情况的检测标准。

马丁低声抱怨了一句："我工作了 31 年，现在，我还需要再来一轮新目标竞赛吗？"他笑了笑，然后写道："我的目标就是安全且高产地度过全年。让你们别再用目标来烦我。"

这根本就不需要检测标准。

🔘 找到界限，设立界限

本书的大部分篇章都围绕如何更好地接受反馈展开——在决定是否接受反馈之前全面地认识并理解它。不过，这也带来了一个问题：不仅仅是要拒绝反馈，我还想说"我根本就不想听到反馈"，这样行吗？

当然可以。

事实上，能够在面对反馈时设立界限对你的幸福和人际关系的健康状态至关重要。坦言拒绝不仅仅是一项与妥善接受反馈同等重要的技能，它还是后者的核心。如果你说不出"不"，你的"是"就并非自由选择的结果。你的决定也许会影响他人，与此同时，它通常也会作用于你自己，只不过选择权属于你。你需要自己犯错，自己反省和学习。有时候，这意味着你需要暂时屏蔽外界的一切批评，从而才能发现你是谁，以及你如何成长。作家安妮·拉莫特是这样说的：

……我们每个人在出生时都分得了一片属于自己的情感田地。你有，你可怕的菲尔叔叔有，我也有……只要你不伤害任何人，你就可以随心所欲地处置自己的那一片田地。你可以种植果树、鲜花，或是按字母顺序栽种蔬菜，又或者，什么都不做。如果你想让自己的田地看起来像一个巨大的车库旧货市场，或是汽车零件厂，这都是你的决定。在你的田地周围有一圈栅栏，栅栏上有一道门。如果人们不断地闯入你的土地，侵蚀它，或是做他们认为正确的事情，你就能要求他们离开。他们必须走，因为这是你的一方土地。①

这一章要谈论的就是这方土地、栅栏、门，以及你如何要求反馈者退出到栅栏之外，还有你为什么要这样做。

三大界限

拒绝反馈其实很简单，这就像你说"不，谢谢"或直接走开或什么都不说一样。他们提出，你回绝，一切结束。只是有些时候，事情远比这复杂得多。你说不，可是你不想要的反馈依旧扑面而来。这不仅仅让人厌烦，还足以使人崩溃。这时，清楚阐明界限就能帮助你。以下是三种值得考虑的界限：

1. 我可能不会接受你的建议

第一个最柔和：我愿意聆听。我会考虑你的意见，可是最后我可能不会接受它。

这也是一种防护吗？如果你一直都是那个做选择的人，你又何必要大声说出这第一种界限呢？因为向你提供反馈或建议的人也许并不认为这是可选择的。你就婚礼的供花商向未来的婆婆咨询意见。你选了另一个供花商，她为此发牢骚："如果你根本就不在乎我说的话，当初又何必来问我的意见？"当接受者与反馈者共舞时，如果你没有跟随反馈者的引领，你可能就得踮起脚跳舞了。

此处常常令人困惑。如果你拒绝了我的建议，你也是在拒绝我吗？有些建议提出者就是这样认为的，哪怕这并非你本意。当你在征询意见时，你就知道自己可能并不会采纳它们，但是为了避免造成伤害，你大可不必如此直言不讳。你不要对未来的婆婆说："我们应该用哪个供花商？"而是说得更详细准确些："我们列入考虑范围的有这些供花商。你有没有要推荐的可以加到这个清单里？"

另一大挑战就是建议与命令之间的边界。选择对某些反馈不予理会可能会带来一些后果。你会继续在医院换班时迟到……你的上司可能会因此开除你。如果你不确定指导究竟是可选择的还是强制性的，请清楚明了地与对方谈一谈。如果你决定不采纳指导，也不要想当然地认为其提出者会明白原因。请小心仔细地解释原因。

2. 我不想要关于那件事的反馈，现在不想

有了这第二道界限，你不仅能够确立是否采纳反馈的权利，你还能彻底摆脱这一话题："我根本就不想听这个。现在不想（也许，我永远都不会想）。"

多年来，你姐姐一直吵着要你戒烟。你尝试过一次又一次但都失败了。由于你们的叔叔死于一种与吸烟有关的疾病，所以戒烟变成了全家的大合唱。你明白他们的初衷，可是现在你需要他们统统退后。关于这个话题，该说的都已经说完了，此时此刻，你已经没有那个心思再去继续这个谈话了。

3. 停止, 否则我将结束这段关系

这第三道界限是最刻板生硬的：如果你不能保留你的评判, 如果你不能接受我现在的样子, 那么, 我将中断这段关系, 或改变它的条款（我会回家度假, 但不会和你待在一起）。留在这段关系中, 不断与你的评判作斗争, 这样做只会伤害我的自我认知。

我如何能知道自己需要界限？

这始于一种令你坐立不安的感受或想法：**我倍受打击；我是一个失败者；这一点用都没有；这太多了；我从没做过一件正确的事情；我不够好**。接着, 你会遇到一个问题：**我是不是应该在这儿画一条分界线？** 可是, 你如何才能分辨谁是真心想帮助你（或试图想告诉你, 她／他很关心你在一段关系中的表现）, 哪段关系从根本上就是不正常或不健康的呢？

没有一个简单的公式能够帮你区分合理的改变要求与预示更深层问题的要求之间的差异。反馈者也许本意并非伤害, 也不是试图想控制你, 他们也许是真的非常关心你。他们也许对事情的了解无法再深入, 或者他们也有自己的烦恼。不过, 这些都不会改变反馈对你的影响, 正如它无法改变反馈会一点点减弱你对自己的接受程度一样。

以下是一系列问题, 借助它们, 你就能理清自己的思绪, 想明白在某个特定情景中或关系中, 你是否需要设立界限。

他们攻击的是否不仅仅是你的行为, 还有你的性格？

他们说的不是"我觉得那令人沮丧"或"我有个可能有帮助的想法"。取而代之的, 他们说的是"你的问题就出在这里"甚至是"这就是为何你毫无价值的原因"。无论是明说还是暗示, 他们传递的信息就是你没有吸引力, 没有雄心壮志, 或压根就不够好, 所以你不值得获得你现在拥有的爱、尊重和善良。

反馈是否无休止？

你的行政导师想让你在和最高管理层交谈时表现得更轻松自然, 可是

他所做的一切丝毫没有减缓你的紧张，反而让你愈加焦虑、难为情。你已经和他谈过这一点，可他不仅没有调整方法，反而变本加厉。

没有帮助的反馈一无是处；无休止的毫无帮助的反馈只会摧毁一切。你已经让那个人停止、结束、闭嘴、走开，然而指导和建议依旧如潮水般涌来。

当你改变后，随之而来的是不是更多的要求？

一些反馈者总是会寻找接下来的修补对象，无论对象是房子，还是汽车或你。不过，更糟糕的是，他们告诉你需要改变什么的行为也许就是一切的完结。掌握控制权的是他们，而明确的角色定位能够让事情井然有序。

这种对控制权的需求起源于他们自身的恐惧：如果你的伴侣不是一直迫使你手忙脚乱地证明自己值得他／她的爱，你很快就会留意到你在这段感情中拥有的几乎所剩无几。如果你的上司不是一直吝惜他的敬意，你也会意识到他其实并不那么值得你尊重。又或者，他们之所以需要感觉一切尽在其掌握，原因也许是他们根本就不知道该如何扮演其他角色。无论原因是什么，其后果就是你始终处于不够好的状态中。

反馈者是否以双方关系相要挟？

在这里，反馈者的设想是：当然，是否接受我的反馈取决于你，可是如果你不接受它，那就意味着你不爱我或不尊重我。他们把小事拴在大事上，其目的就是让自己在每一件小事上都获得通行权。这样的策略剥夺了你的自治权，同时还假装你拥有随心所欲的自由。

你的婆婆传达了一个含蓄的信息：如果你不选择我推荐的供花商，你就是那个毁掉婆媳关系的人。这听起来极为荒唐，因为它就是荒唐的。不过，值得我们所有人注意的是，这一方式背后的意图并不总是带有操控性。有时候，人们会通过以双方关系将对方"绑架"成人质的方式来寻求关注，因为他们不具备以其他方式表达不安全、焦虑或受伤这些情感的技能。当你对反馈者的需求深表同情时，不知不觉中也就成了他们的人质。

他们是在提出警告还是制造威胁？

二者的差别在于：警告的初衷是好意，意在解释可能出现的合理后果

（"如果你吃饭吃晚了，意大利面就凉了。"）而威胁的目的是为了制造会引发恐惧的后果（"如果你吃饭吃晚了，我就把意大利面倒在你身上"）。以下是警告：

> "如果你不改进自己的人事管理技巧，我们就不能为你保留这一职位。"
> "如果你不在归档时揭发此事，我就不得不通知委员会了。"
> "如果你再喝得醉醺醺地回来，我就搬出去。"

正如你所见，变量不是受到警告的结果是否严重，而是它们是否合理。在某些情况下，警告是最后通牒。事情发展到这步田地并非大家乐意见到的结果。不过，有人正在为你提供关于真正后果的信息，从而使你能做出知情选择。

威胁也具有同样的"如果——就"结构，但它源于另一个完全不同的动机：引发恐惧或依赖，降低自尊或信心，控制或操纵。其制造出来的结果正是为此目的服务：

> "如果你不按照我说的去做，我就让你再也无法在这一行立足。"
> "如果我离开你，再也没有人会爱你。"

警告是有人告诉你，另一只鞋可能会掉；威胁是你被告知，掉下的鞋子一定会压死你。

那个必须改变的人是不是总是你？

一切似乎都很好，直到一个让你烦扰的模式吸引了你的注意。无论何时，只要你俩之间出现矛盾，只要你们想解决问题，那个扛下所有责任的人就是你，而且只会是你。你道歉，你熬夜，你承担预算超支的那部分。如果你总是那个不得不改变、不得不放弃、不得不额外再走 1 英里的人，那么，你的角色也许已经固定。商讨，而后从被指责与提意见转向双方共同承担，彼此问责。这是一段关系得以维系的基础——无论是工作关系、爱人还是朋友皆如此。

你的观点和感受是关系中的合理部分吗？

这既是最简单的标准，也是最重要的标准。抛开其他条件，反馈者会聆听你说话，并努力理解你看待事物的方式和你的感受吗？而且一旦他们知道了这些，他们会在乎吗？他们是否愿意以其对你的影响为基础来修正自己分享意见、要求和建议的方式方法呢？他们是否尊重你自主决定并拒绝他们建议的自治权呢？如果你的感受和观点不是双方关系的组成部分，这就是问题。

界限在哪儿发挥作用：一些常见的关系模式

你无需等到确定双方关系已功能失调时，才能断定关系内的反馈对你毫无用处。接下来的三个事例将会向我们展示，上文谈到的那些挑战是如何形成常见的关系模式的。

常驻批评家

常驻批评家会像实况转播评论员一样，源源不断地给出评估，让它们汇成溪流——对你进行评估，并告知你分数。他们是你的父亲、姐姐、最好的朋友、投入的教练以及要求严苛的老板。他们只是想提供帮助，而他们做这一切的时候又精明得像个拍卖商。

尚宜和妈妈之间的对话就常常让人忧心忡忡。当尚宜还是个孩子的时候，就受到过丝毫不留情面的指责、教导和责罚。成年后，她知道只要妈妈一到，就会开始评估她的壁橱、烹饪、体重和衣柜。尚宜知道妈妈很爱她，她甚至知道妈妈那源源不断的批评正是她表达母爱的方式。事实上，这是她妈妈表达所有事情的方式。没有批评，剩下的就只有沉默。

然而，尚宜仍然会被刺痛，会受伤。即使妈妈不在身边，尚宜的脑海里都回响着她的声音，不停地刺激她，谴责她。这并非她妈妈的本意，可是如果妈妈保持不变，她不可避免地会选择离开。

工作中也不乏常驻批评家。杰克是一名成功的投资顾问，他一直都对自己与布罗迪之间的师徒关系引以为傲。布罗迪是一名年轻的分析师。杰克在标准上从不妥协，在这家公司里，他的指导和建议堪称是稀缺商品。不幸的是，布罗迪对此并不这么看。他觉得自己就从没做对过。他的每一个行为都会受到批评，每一份报告都会被改得面目全非，每一分努力都没尽全力。其实，布罗迪也是一个性格坚强的人，可现在他甚至都害怕去上班。

恨－爱－恨的关系

心理学家告诉我们，最易令人上瘾的奖励模式就是"间歇性强化"。视频游戏和赌博使用的正是这一方法。我们胜出的频率刚刚好足以吸引我们继续玩下去。当我们胜出时，我们会不顾一切地想再赢；当我们失败时，我们会更加不顾一切地想再玩，直到我们胜出。赢得爱和认同也许就是我们最孜孜以求的奖励。

贾丝明被困在一段关系中，关系中的认同得到了承诺，却总是悬而未决，有所保留。当一切处于不确定状态时，认同就会匆匆现身，但每次都如昙花一现——之后便再度销声匿迹，新的一轮循环重新开始。有些人之所以会一直留在带有破坏性的爱人、教练、老板甚至家人身边，这就是一个重要原因。他们痛恨、讨厌这种状况，可这也让他们对爱的需求变得更为迫切。反馈的提出者和接受者都被困在一个强大的局势中，这对双方都不健康，而且尤其会给接受者带来伤害。

关系的本质

伊莎贝拉对亨利投入的所有关注都曾让他兴奋不已。即使一个小"建议"也会令亨利陶醉其中。毕竟，这就是证明她有多么在乎他的最好证据。他找到了爱，而所有这些自我进步则是额外的奖励。

现在，一切都不一样了。起初，她要求他改变的建议听起来是很合理。她提出如何能让他看起来"焕然一新"，他想穿着打扮得更鲜亮不会伤害任何人。可是，建议很快就蔓延到他生活的其他方方面面：多锻炼；别再读这些漫画；不要在我的朋友面前表现得像个书呆子；不要凡事都亲力亲为；多一点进取心；把我的爱好变成你的爱好。

亨利尝试过。他真的非常渴望能成为伊莎贝拉想要他成为的那种人。可是，随着时间推移，他越来越焦虑，越来越不开心，并把这一切都告诉了伊莎贝拉。她解释自己只是想帮助他成长,同时也注意到了这对亨利而言并不容易,因为他对建议是如此敏感。

亨利决定采用一些旁观者的视角,和朋友罗洛谈一谈他的这段感情:

亨利:我的意思是,也许她是对的,也许我过于敏感。如果我想开展一段认真的感情,也许我是得表现得更成熟一点。也许,我是真的需要改变。又或许,我一直都很自私,或者我有点较真。

罗洛:这都有可能。不过,我能够看到的是你现在非常不开心。你有没有告诉伊莎贝拉,她的这些建议和批评对你有很大影响?

亨利:是的,我和她说过了。说过好几次。

罗洛:她怎么说的?

亨利:她说真正的问题就是我对建议过于敏感。

罗洛:你也诚实地告诉了她你有多不开心吗?

亨利:我说了。现在,这件事真的让我很烦,我把这个也告诉了她。

罗洛:在我看来,这就是个大问题了。从你刚才说的来看,她似乎是想把你变成另外一个人。不过,就算是抛开这一点,在我听来,你们双方的情感也并不对等,你的需求并非这段感情的一部分。

亨利:嗯。那你是说先抛开究竟是她太挑剔,还是我太敏感这个问题,我俩的问题在于她似乎不关心我的感受。

罗洛:这可是个大问题。

一直以来,亨利满脑子想的都是怎样取悦伊莎贝拉,以至于压根就没留意到伊莎贝拉几乎从不在乎他的需求和感受。

请始终牢记:无论你哪方面需要成长,也无论这个建议是多么正确(或错误),如果向你提出反馈的这个人不聆听你说话,也不在乎它对你的影响,那就意味着出现了问题。罗洛说得非常正确。试图弄清楚究竟是反馈者太挑剔还是你过于敏感,这样做很好,可是如果对方压根就不听你说,也不顾及你的感受,那么,这个问题的答案也许就不那么重要了。你值得被爱、接受和同情——因为你该当如此。身处一段失衡的感情当中,要想看到这一点可能的确有些困难。但是,这归根结底就是事实。

可是，请等等，这是不是意味着……

希望你重视的那个人养成一些更好的习惯，例如减轻体重或读完大学，这难道有错吗？不，这种对他们的期望并没错，指导他们，支持他们，从而使他们能够实现这些目标也没错。这里的关键问题就在于：这是他们想要的吗？或者，这只是你一厢情愿的想法？如果他们真心想做这些改变，你大可以奋勇向前，真诚地与对方讨论你的意图，而且最重要的是，一定要聆听。

不失优雅与坦诚地拒绝反馈

当我们想设立界限时，我们犯的最大的错误是，会自以为是地认为其他人明白与我们之间发生的这一切。他们当然知道我们已经超负荷、不开心或处于挣扎之中，而他们的建议正在让事情变得更糟糕。可通常情况下他们其实并不知道。我们也许并没对他们说起过；或者我们说过，但说得很委婉或不明确；甚至，他们并没有听。他们没有不辞辛劳地为我们想办法，这是事实，可是这也并不在我们的控制范围。坦率地说，这应当是意料之中的事。他们永远不会像我们一样，兴致勃勃地想弄清楚我们的界限到底在哪里。

透明化：实事求是地告诉他们

戴夫是一名 40 多岁的警察，最近，他常常在会议上让人们重复自己的话，而他自己又总是漏掉听到的内容。这种事情发生的频率越来越高，已经开始引起同事们的注意。"我的搭档不断催促我去检查听力，最后我照做了。"戴夫说，"结果显示我的听力真的出了问题，我需要一个助听器。"

然而，半年过去了，戴夫却迟迟没有去医院配一个助听器。"我有点忧郁。"他承认，"只要一想到自己需要那种装置，我就会觉得不自在。无论公平与否，我就是会把它和老年人联系在一起。我知道我的抗拒心理不合情理。我会去配一个。我只是需要一点时间来更新自我形象。"

戴夫从没把他去检查听力及其结果告诉任何人。他觉得没必要告诉他人：重要的是事情还在他的掌控之中，他完全能够应付。

可是，他的同事们对此并不知情。所以，此事留给他们的印象就是戴夫忽略了他们。当他们再次提出这一话题时，戴夫做出了回应——在他自己的心里。**我已经处理好了**，他心想，**你们为何还要继续为这事来烦我呢**？

他需要做的就是大声地将事情解释清楚："我已经检查过了。我需要一个助听器。我会去配一个。接受这种转变对我来说还有点困难。如果你们不再为此事纠缠我，我会感觉更舒服。"这并不能解决他的听力问题，但是从长远来说能修正他的反馈问题。

坚定——并感激

戴夫的故事就是某些人**接纳**反馈的缩影。当我们拒绝接受反馈时，我们至少应该清楚无误地阐明本意，这很重要。坚定及感激这两大原则能够帮助我们做到最好。

PJ 有非常严重的舞台恐惧症，每当她要上台演讲时，她的系主任都会跑过来，小声对她说："别紧张！"而这只会让 PJ 更恐慌。不过，她在倾听建议时却做得非常好：

PJ：焦虑真的是我的一个大问题。我知道你也明白这一点，当你对我说"别紧张"的时候，我知道你是想帮助我。然而，这样说对我的影响并不是让我放松，只会让我更紧张。

系主任：是的，我当然是想帮助你。我这样做是为了增加你的信心！所以当你站在讲台上时，你真的不用紧张！

PJ：好的，可是这最后真的只会让我更加紧张。

系主任：哦，事情不该是这个样子。你做得很好！

PJ：这就是它对我的影响。它会让我想起自己的这个焦虑问题。如果你能和我谈谈你是如何缓解公开发言时的焦虑心理，那也许能对我有所帮助。不过，我希望我们能在我不需要上台演讲的时候开展这样的谈话。

PJ 不失优雅地承认了自己的问题,并对系主任的一片好意表达了感谢,但与此同时她也坚定地阐述了自己不愿在演讲前得到指导的请求。坚定和感激并非一个集合的两个对立端。你完全能够清楚地同时表明二者。

为无用的指导重新定位

有时候,我们认为自己需要的是最刻板严实的界限,因为我们身处痛苦之中。我们的本能是将一切都拒之门外:不要评判。不要指导。什么都不要——或者,再见!

不过,你也许也注意到了,PJ 做了一些努力,之后划清界限似乎就变得容易多了:她改变了导师的能量和兴趣的方向,将它们引向了确实能有所帮助的地方。

你可以将自己那块田地的一角借给反馈者来进行实验。你告诉他们,你乐于见到他们在那儿忙碌。尚宜对她妈妈说:"我从你那儿学到了很多。你包的饺子很好吃,下次你来的时候能教我包饺子吗?"这个建议对尚宜当然是有益的,也许也能满足她妈妈的兴趣。她妈妈渴望能在女儿的生活中扮演角色,她的批评可能就是她在创建这一角色时做出的误入歧途的努力。她想帮助已经成年且非常能干的女儿,并希望能得到女儿的珍视。

让反馈者知道他们**能**为你提供何种帮助,同时了解他们需要减少哪些你不想听到的建议。这可以为建立其他界限——如果你需要它们——奠定有益的基础。

使用"而"

在设立界限时,你想清楚且坚定地拒绝反馈;与此同时,你也想巩固双方关系并表达你对其好意的感谢。

在此,你受到的诱惑就是用"但是"这个词语将两个想法连接起来。尚宜对妈妈说:"我喜欢能见到你,**但是**如果你想来我这儿,就不能对见到的每一件事都批评不休。""但是"表达的是两种想法之间的转折。第一部分是事实,可是第二部分就不一定了。**你喜欢见到我,但是……**"但是你批评得太多了。"这么说来你并不是真的喜欢见到我。

人类的情感不会自动互相抵消。我可以喜欢与你在一起的时光,与此同时，我仍然会为你的到来感到焦虑。我可以由衷地感激你的指导，然后决定并不采纳你的建议。我为伤害了你而悲伤，与此同时，我也为自己做了正确的事而骄傲。矛盾的情感并存在于我们心中、脑海中，它们相互撞击，就像我们口袋里的硬币。

使用"而"来描述我们的情感并非只是措辞选择。它还包含了与我们的想法和情感有关的更深层次的真相：它们往往都很复杂，有时候甚至带着困惑。我们认为，我们可以用一个简单的关键信息——是的，不是，现在不行——就轻而易举地划出明确的界限，所以我们会在冲动之中隐藏这一复杂性或困惑。然而，在传递信息时分享复杂的情感通常都会让设立界限变得更容易。

劳尔的父母相信，一个工程学学位就能确保儿子一生无虞，不必遭受他们曾经历的艰辛。至于他对音乐的热爱？那不过是个"轻浮的爱好"。

劳尔尊敬父母，并非常努力地去理解他们的看法和担忧。他自己也在很大程度上认可他们的这些担忧。尽管如此，他还是决定追求自己的音乐事业。可是，如何向父母说明一切呢？"当我试着想象这场对话时，"他说，"我立刻觉得全身冰凉。拒绝他们的建议意味着背弃他们；遵循他们的建议又意味着背叛自己。我不想做一个不知感恩、刚愎自用的儿子。我也真的不想当一名工程师。"

没有任何事能让这次对话变得轻松容易，而劳尔也无法控制父母的反应。能够帮他跳出这一两难境地的就是他需要意识到，他可以和父母分享"而"所指代的内容——相互抵触、令人困惑且同时存在的多重想法和情感。劳尔悬着一颗心，用了一系列的"而"，开始了与父母的对话："我一直都很害怕和你们进行这次谈话，**而**诚实面对你们又是我很重视的一件事。""我已经决定选择音乐作为自己的专业，**而**我也知道这会让你们为我的将来担忧。""我其实也对自己可能会面对的挣扎感到恐惧，**而**我需要去试一试。""我知道让你们接受这件事有难度，**而**我仍然希望你们能够支持我的选择。"

他做好了迎接他们的责难的准备。如果这是好莱坞电影里的一幕，他的父母一定会微笑着，高兴地给他一个拥抱。然而，此时此刻，没有任何音效背景。他父亲的脸上写满了失望，他母亲则是一脸担忧。劳尔自己也很焦虑——不过，他此刻很平静。他做出了一个让他感觉正确但艰难的决定，并且以充满敬意的方式清楚地向父母解释了自己的初衷。

当你与他人分享复杂情感或困惑时，你可以采用我们所说的"而"句式。这是一个强大的立足点，当你聆听了某人的意见并决定反其道而行之的时候，你就可以使用它："我想你说的这些话都很有意义，而我已经做出了自己的决定，你说的那些技能并不是我现在最需要的。"运用你的推理和论证，并表达你愿意将问题和对话变成"双行道"的意愿。这是你的界限，可是对话属于你们双方。

具体说明你的请求

最终，尚宜对妈妈说："妈妈，我爱你，我也知道你做的一切都是为了我好。而你关于我的体重、家务和穿着的评论也真的让我很沮丧。如果你想和我住在一起，我需要你保留你的这些评论。你能答应我的这个请求并遵守吗？"

尚宜向妈妈提出了一个具体而清晰的请求。她没有说"别再那么挑剔"或"我需要你给我一点空间"。这些请求能够反映她的感受，但是它们能够发挥作用的可能性很小。原因有二。首先，它们建立了争辩的基础。她正在向妈妈提出反馈，却也同时触发了事实、关系及认知这三大原因。她的妈妈也许会就她很挑剔是否是"事实"展开争辩，或因为自己的付出不受赞赏而辩解。她会为了自己是否是个"好妈妈"、是否是个"好人"而斗争，并因此转移注意力。

其次，这个请求太宽泛。"给我一点空间"和"别那么挑剔"表意太模糊，尤其是在尚宜的妈妈可能压根就没意识到自己的这些行为的时候。请记住，这种习惯性的行为很有可能就位于盲点，而这些需求听起来不过就是一个标签。

因此，在设立界限时，必须在三件事情上表现得具体且明确：

• **请求**。你究竟想要他们做什么？你是不是将一个特定的话题（我的新配偶、我增加的体重）或某个行为（我的多动症、我看足球赛）列入了禁止范畴？如果他们需要你用事例解释你想说的内容，你可以回忆他们做过的事情并同时讲述这些事情对你的影响。

·**时间框架**。这个界限可能会持续多长时间？你是否需要时间让自己理顺所有的事情，调整你的自我形象？你是否需要时间先料理其他更紧要的事情或适应你作为继父母或新领导这一全新环境？如果界限有时间期限，那就告诉他们；如果没有，你也可以让他们知道如何检查自己的言行是否侵犯了你的界限。（"对于那些不用我指导的事情，我是否能询问一切进展得如何？"）

·**他们的认同**。不要自以为是地认为他们理解或认同你。取而代之的，你可以询问他们。当他们说"是的，我会答应你的请求"，这就不再仅仅与你有关。他们做出了承诺，他们的认知和声誉都会敦促他们信守承诺。

这些谈话的难度逐层增加，不过只需稍加思考，你通常都能找到一个可接受的方法走进它们。在投资公司里，布罗迪也许不太可能对他的老板这样说："伙计，现在，你给我听好了。我再也不要听你那无休无止的批评了！"不过，如果他说能拥有这样一位关心他成长的导师，他非常感激，这可能就会让他感觉更加自在。与此同时，他也会为他们对话的结果感到自豪。或者，他可以请求杰克只关注一两项技能，而不是所有事情。

阐述结果

在谈话的最后，让对方知晓后果是非常公平的。你告诉他们保留自己的评判，不然就……

不然就怎样？

之前，我们曾探讨过威胁和警告间的差异。在这里，你的目的不是发出威胁，而是给出一个清楚明确的警告。你需要让对方知晓，如果他们不能或不愿注意到你的界限将会发生什么事情。他们可以自由决定是否接受你的请求——你无法控制他们的选择，也不应该试图去控制。不过，你完全可以自由地在你这一方根据所需调整关系。以下这个例子也许可以给你一些关于如何阐述结果的启示：

"你知道我一直在和抽烟作斗争，我也非常清楚马夫叔叔的病因是什么。现在，新工作让我应接不暇，当我想出去抽口烟透透气的时候，我实在受不了任何旁敲侧击的评论、意味深长的眼神以及反对。我知道你们全都是出于对我的关心,可是感觉却不是这样。如果你们现在不能暂时放下这件事,我一定会在你们不在的时候去探望马夫。"

当你设立界限之后,如果你发现其他人在你的边界出现过错,请千万不要感到吃惊。也不要守在那儿只为逮到他们犯的一个错误。他们在评判你时技术娴熟——事实上,他们真该为此而获得一项终身成就奖——要想打破这些习惯着实不易。可以预见到的是,设立界限后,你还不得不给出一连串坚定的提醒,对他们偶尔的错误保持幽默的态度,并且对他们通过努力获得的进步及时表达赞赏之意。当然,如果他们做不到和你一起遵守你的边界守则,那你就只能捍卫自己的界限了。②

🍃 减轻给对方带来的影响

你已经决定不改变。你仔细地倾听了孩子的述说,不过,你还没准备好从这个你已经住了 60 年的家中搬出去。你已经聆听了来自团队的忧虑,却仍然决定大刀阔斧地执行你重组部门的计划。你丈夫的前妻想要你别再养那只"有细菌"的猫,从而使她能够毫无后顾之忧地探望孩子,可是你已经决定把猫和细菌都留下来。

故事就此结束了吗?

还没这么快。我们不能只顾自己开心,完全不顾那些不喜欢我们的决定的人们。身处关系之中——无论是在工作中还是在家中——就意味着我们需要认识到自身行为和决定对身边那些人带来的损失。如果你不打算改变,你仍然有"减轻"的义务。这意味着你需要做情理之内你能够做的,从而减轻你的行为(或不作为)给他人造成的影响。

询问并承认对他们的影响

询问你的选择对与你一起生活和工作的人有何影响。经过深思熟虑以及与医生的多次讨论后,拉里决定现在暂时对自己的注意缺陷多动障碍不采取任何药物治疗。当然,在他努力组织自己的生活,完成工作的过程中,这会给他带来各种后果。这也会给他的家人和建筑工地上的同事们带来一些影响。和他们谈谈可能出现的结果将会在一定程度上决定他此番努力以及这些关系的成败。当他的家人需要激励、提示和改正时,他的决定将会在哪些方面令他们感到沮丧?他的同僚们有哪些关于效率和安全的忧虑?他们能够一起做些什么来确保工作环境呢?是否接受药物治疗是拉里的决定,这一决定的后果却是大家共同承担。

指导他们与不改变的你相处

杰姬知道在任何讨论中她都占有支配权,也知道她应该留更多空间给其他人。去年,在她为之努力过后——徒劳无功——她决定暂时放弃。"我知道我会有些霸道,"她告诉自己的团队成员,"我也试过去改变。我为此付出了很多努力却几乎无功而返。所以现在,我将在谈话中打断我的许可赋予所有人。你们可以向我出示红牌,或直接把我扔下场。我并不想支配讨论,可是我能想象到我会在无意识中继续这样做。我向你们保证,我不会认为你们这样做很鲁莽;我需要你们的帮助,而我也会对此感激不已。"

尽自己所能去解决问题

这个想法并非叫你中止讨论,而是让你展开它,解决问题:如何将你打算不改变而造成的损失最小化。

你的孩子们不想再为你独居而担心。对房子做一些改变,将一个卧室搬到楼下,聘请一些护工或小时工,又或者安装一个生活警报系统也许能减少他们的焦虑,增加你的安全感;你推行的重组计划正在进行当中,你的员工担心这会对客户造成影响,既然如此,你们不妨坐下来,一起讨论如何才能确保服务的连续性。

现在,让我们来看看马克和他弟弟斯蒂夫之间的故事。过去的 30 年中,史蒂夫的言而无信一直让马克颇为头疼。兄弟间的最近一次冲突始于马克购买的钢人队赛季票:"每当我给你票的时候,你都会说,'好的,伙计,我会到的!'可是你有一半的时间都迟到了,有时候你甚至都没出现。"

史蒂夫无法就自己的出勤率与哥哥争辩,可是他很了解自己,深知自己真正做出改变的几率微乎其微。马克可以继续拿他的头撞墙,或者,他也可以不再邀请兄弟一起去看球赛。

不过，还有第三个选择：马克和史蒂夫决定假设史蒂夫**不会**改变，他们要解决的问题是如何将马克的愤怒降到最小。这些天，每当马克提出邀请，他们就会商讨一些关于史蒂夫确保他能按时出现的具体细节（"你真的反复核实过你到时真的能到吗？你那天还有没有别的事情？你需要我去接你吗？"）以及如果史蒂夫食言会给马克带来怎样的损失。有时候，史蒂夫会谢谢哥哥的邀请，并建议他邀请别人。还有一些时候，当他意识到马克只想邀请自己，好让兄弟俩能在一起待上一会儿的时候，史蒂夫会提议不如去打高尔夫或是一起去喝杯啤酒。

就这样，史蒂夫设立了他的界限——我真的认为我无法改变——为减轻此事对马克的影响而努力。这使得他们的心态发生了转变，从对史蒂夫将来能够改变的不切实际的幻想中，转移到了享受他们自己的生活方式的现实中。有趣的是，史蒂夫明确的界限反而让兄弟俩的共处变得更加容易。

总结：一些关键点

界限：拒绝或躲避反馈的能力对健康的关系和陪伴我们一生的学习至关重要。

三种界限：

· 谢谢，不——我很高兴能听到你的指导……而我可能不会接受它。
· 不是现在，不是这个话题——我需要时间或空间，或者，这个话题太敏感。
· 不要反馈——我们的关系取决于你是否能保留自己的评判。

拒绝反馈时，使用"而"来表达感激之情，并表现坚定。

具体谈论：

· 请求
· 时间框架
· 后果
· 他们的认同

如果你不打算改变，请努力减少对他人的影响。

· 询问影响
· 指导他们如何与不改变的你相处
· 尽自己所能去解决问题

第十一章

为对话导航

1995 年,《玩具总动员》的上映永久性地改变了动画电影。尽管自从 20 世纪 70 年代开始,技术就一直在进步,但《玩具总动员》是第一部使用电脑制作电影人物,且时长达到正规影片长度的电影。[①] 和以往重新绘制每一帧画面不同的是,电脑动画制作者创作出情节中所谓的"关键帧"——或者说"关键动作"。之后,各个关键帧之间的动作由电脑完成。最后,电脑动画制作者的助理(他们被称作中间动画师)对中间部分进行润色、完善,进而创作出流畅、自然的动画情节。

对话的关键帧

关键帧的概念对反馈对话的帮助很大。无论我们是提出者还是接受者,我们都无法"编导"对话。如果我们试图这样做,对方很有可能会被激怒,不遵循我们写给他们的台词。不过,我们可以识别出一些关键帧——对话中那些能够作为标识的情景或动向。如果你能识别出对话中的关键帧,你就能绘制自己的中间动画。

……

本书的许多内容都是围绕我们接受反馈时的反应而展开。写到这儿,我们也总结了一些沟通建议,不过在这一章里,我们会近距离观察对话,着眼于如何处理对话本身这一话题。你应该说什么,以及你应该做什么,才能使你的学习机会最大化,学到一些有价值的事情?

对话的弧度:开场—主体—结束

概括地说来,反馈对话由三部分组成:

开场:关键的一环。奇怪的是,当我们在未与对话者达成共识就进行对话的时候,这一环常常会被跳过:此次对话的目的是什么?我喜欢哪种反馈?哪种反馈是我想给你的?反馈是可商议的还是最终定论?是一个友好的建议,还是命令?

主体:双向的信息交换,这要求你掌握四种主要技能:倾听、主张、管理对话进程和解决问题。

结束:这就是反馈获得明确回应后的双方承诺、行动计划、标准、程序的约定以及新策略。

接下来,我们将会细致地逐一审视每个部分。

达成共识后的开场

日历显示,几个月后就是你绩效考核的日子,可是今天早上你受到的训斥——如你所知——却并不在日历日程之内。无论反馈是计划内的还是即兴的,在对话开始前明晰一些事情都是至关重要的。

阐明目的,检查状态
以下是三个能帮助你和反馈者达成共识的问题。

1. 这是反馈?如果是,是哪一种?
妈妈给你生日买的运动衫尺码太小也许是一个错误——或是一个信息。没能加入项目团队可能是一个资源分配决定——或者,这也是一个反馈。
最理想的情况是,你这样想:哦,这可不是一次寻常对话。我可能会

得到反馈。我最好快快进入反馈接受状态。尽管这听起来的确有些反常，但是这样做将有助于将可能会伤害你们关系、减少学习机会的反驳和草率放弃的决定拦截下来。如果你意识到了这一点，你就能有意识地对如何回应做出选择。

如果这是反馈，它是评估、指导，还是赞赏呢？你不是总能知道，而反馈者也不知道。所以，问自己这个问题：现在，哪一种反馈对**我**最有用？当你在 83 岁高龄时终于让自己的第一篇短篇小说有了第一位读者，如果你真正想要的是能够激励你继续努力的鼓励，那就不要只说："你能给我一些意见吗？"而是应该问对方："你能告诉我这个故事有哪几点最能打动你吗？"

你还要问自己：反馈者的目的是什么？**他们**认为你需要什么？为了了解潜在的问题和真正的事实而倾听。对你而言，他们的反馈听起来像是前瞻性的指导（"如果你不做那么多工作，你就会好多了……"）然而，他们真正想让你听到的是一种他们对自身情感的更深层次的忧虑（"你这种近乎残酷的步伐给整个团队带来了一种消极影响"）。你要警惕充满挑战的"混合体"（带有评估的指导）以及错误传递（我想要的是指导，可你给我的是赞赏）。你们的目的也许不同，但是只要你们双方都能意识到这一点并谈论它，就万事大吉。

2. 由谁决定？

你们可以在两个决定间反复，也可以不同意对方的决定，然后解决问题——哪怕你们中的一个人是最终的决定者。不过，你们俩需要明确究竟谁是最终决策者。你为小鸡农夫大会做的设计是你的最佳作品，可是主办方——你的客户——想要小鸡看上去更真实一些。你认为这将会削弱小鸡作为大会形象的影响力。你与对方争辩不休，最终谈话陷入僵局。谁来决定呢？是你接受客户的意见，从而完成最终设计稿，还是他们采纳你的建议，让一切尘埃落定？

很多时候，"反馈"究竟只是一个建议还是一个命令并不明确。当你的上司说你应该打领带出席会议时，他这样说究竟是想给你一些有用的职业建议（"你可以随时摘下领带"），还是在下指令（"戴上领带，不然就解雇你")？你可能会照做，也可能不会，可是无论你的选择如何，你都会想知道这个反馈到底该归入哪一类。

有一些与此相关的常见错误：两人展开对话，好像他们需要达成一个共识，然而事实上他们并非一定要达成共识。譬如说，结束一段感情。如果你和某人分手了，他们给你的反馈是你是个糟糕的人，你们俩并不需要就这个问题达成一致。他们认为你行为恶劣，而你相信自己表现得体贴细致，事情完全可以到此为止，保持这一状态。你是决定结束这段感情的决策者；对于这段感情为何会结束，你们双方大可以保留自己那个版本的故事。

3. 这是最终决定，还是可商议的？

如果反馈是评估，请判断它的状态：它是决定性的，还是暂时的？如果你的绩效考核定级是决定性的，事先明白这一点就显得很重要。如果它只是暂时的，也许你还可以影响最终结果。很多时候，评论者们往往试图浪费时间去影响一个已经确定且不可能再变更的决定。如果这是一个已经成交的交易，请把时间花在理解它，并讨论如何有效地处理由此产生的结果上。

你能影响对话框架和议程

我们常常认为，因为我们处于反馈的接受终端，所以我们的角色不过是对反馈者的公开示意做出回应，就像是网球中的回击一样。不过，无论对方如何开始，你都可以借助自己的一击来为对话建立有建设性的框架，并提出议程。

如果反馈者直接跳到对话进程中，你可以这样说："我们能暂时停一下，稍稍后退一步，让我先弄清楚我们此次谈话的目的吗？我想确定咱们谈话进度相同。"如果他们直接丢出一个令你失衡的指控，并且固执地坚守"我是对的"框架，你可以以双方间的差异为切入点重新架构："我想听听你在这件事上的观点，之后我也会谈谈我的想法，然后我们可以一起弄明白我们观点的差异在哪里，以及产生这一差异的原因。"

开场之所以重要是因为它奠定了对话的基调和轨道。麻省理工学院的研究者们发现，谈判最初的五分钟里，有技巧的互动与最后的好结果之间存在一种关联。[②] 约翰·戈特曼指导的关于夫妻的研究显示，在时长15分钟的对话里，如果最初的3分钟对话是严酷且带有批判性，而接受者又不加以纠正，那么，谈话以消极结果告终的概率为96%。戈特曼说，幸福婚姻的一个关键要素就是，夫妻双方能够改变进程并对"修复意图"做出回应的能力，而后者能够打破扩大双方差距的恶性循环。[③]

请记住，纠正进程的对象是过程，并非实质。不是要你告诉反馈提出者能说什么或不能说什么；你的工作是明确双方的谈话目的，并提出一个双向探索的建议。这会帮助你们对谈话的剩余部分达成一致。

主体：四个管理对话的技能

要想为对话的主体导航，你需要四种技能：倾听、主张、管控对话进程和解决问题。

倾听包括提出澄清性问题，解读反馈者观点和承认他们的情感。**主张**是一个包含了分享、倡导和表达的混合体——从本质上来说，就是谈话。不要将主张与"主张事实"或确定主张混淆。你可以主张自己的观点，哪怕你已经意识到这是**你的**观点，而不一定就是故事的全部；你可以说出你的矛盾情绪；你可以肯定地说自己感到怀疑。我们之所以使用"主张"这个词语，是因为它捕捉到了一种挺身而出的感觉，有支持自己、为自己辩护的意义却不带有任何好战色彩。

第三个技能与对话进程有关——能够让谈话转向一个产出更高的方向的转折点。你担当自己的调解人，跳出对话，观察你和反馈者被卡在哪儿，提议一个更好的方向、话题或方法。善于处理被忽视的进程将会在很大程度上决定你们双方的互动是否能取得成功。

最后的一个技能**解决问题**就变成了提问：现在怎么办？这个反馈为何会如此重要，我们中的某一方或双方应该对此做点什么？你声称想规避风险。也许，我只不过不认同你的建议。我们展开讨论，这很重要，可是仅仅谈论这一话题并不能为这件事画上句号。我们需要一起决定是否投资这个新项目，而这就需要解决问题的技能。

我们以逐层递进的方式列出这四种技能，由倾听开始直至最终成功地解决问题。可是，现实中的谈话鲜少会整齐地按照这一顺序进展。他们往往会恣意跳跃，而这也没关系。相比于你使用这些技能的顺序，更重要的是你使用这些技能。如果你没有成功地对一件你重视的事情发表主张，即使是这世上最棒的聆听也于事无补；而如果你没能倾听他们真正重视什么，那么，你的任何主张最终都将功亏一篑。如果有问题亟待解决，而你却将其搁置，理解的热潮便会很快散去，你也会开始疑惑，所有这些谈话到底有什么作用？

聆听什么是正确的（以及为何他们有不同看法）

关于聆听的建议就像是白噪音。它是如此寻常，又是如此无聊，以至于我们甚至再也不想听到它。可是如果你离目标渐行渐远，这会是一个极好的清醒时机。在接受反馈所涉及的各项技能中，最具挑战性的非倾听莫属。当然，它带来的回报也最丰厚。

你内心的声音很关键

如果你认为你和反馈者要进行一次一对一的谈话，请你再想一想。你们俩都会带着自己"内心的声音"——谈话中，你回应谈话进展时产生的思想和情感流——出席谈话。（即使是现在，你内心的声音也在发声。看看你能否听到它。它可能正在说："什么？我没有内心的声音？"）

我们内心的声音通常都很安静，尤其是当我们被他人的话语吸引的时候。然而，当我们不赞成他人所说，或是有情绪的时候，我们内心的声音就会提高音量，要求获得我们更多的关注。当我们进行自我倾听时候，我们也无法聆听他人说话。

你也许会觉得这对你而言还算不上是个障碍——你甚至都没特别留意到你的内心声音，既然如此，它又怎么能够阻碍你的谈话呢？

它的阻碍力度非常大。一名董事会成员说你与年轻雇员缺乏联系和沟通，你心想**事情根本就不是这样**！现在，你的同事已经转入其他话题，可是你的内心声音仍然在历数各项证据，证明他的第一个观点错得有多离谱。你没听清楚他的新话题，可是很有可能它也是错的。

引发连锁反应

你内心的声音就像是你的私人助理,它的职责就是确保你不受到他人的烦扰;"对不起,哥德斯坦夫人现在很忙。她还在思考你平时对她的那些不公正言行。你可能需要稍后再来。"

当你被一些事情触动后,你内心的声音就会从私人助理立刻变身为全副武装的保镖。当你的上司——主厨——向你咆哮:"如果你跟不上我们的节奏,就从我的厨房滚出去!"你内心的声音就会立刻跳出来设立防护,并嚷回去(在你心里):"如果你能给这个陈旧的厨房添置一点像样的装置,也许我还能有机会!"你的私人助理也许会给主厨放行,可是你的保镖绝不会让任何人通过。

当共鸣关闭时

最近关于共鸣的大脑研究显示,这种"保镖"并不仅仅是我们的想法,它的的确确地存在于我们的脑海之中。

伦敦认知神经科学研究所的塔妮娅·辛格利用功能磁共振成像检测与共鸣相关的神经过程。辛格和同事们的测试对象是一对夫妻,他们检测了在两种情况下其中一人(女性)的大脑活动。第一种情况下,辛格让实验者躺在核磁共振机器上,通过贴在她手背上的电极给出电击,然后在她被电击时记录下她的大脑活动(我们不确定辛格是否有大量重复实验的志愿者)。接下来,辛格让实验者的伴侣坐在其能看得到的地方,对伴侣进行了同样的手部电击。有趣的是,当女性实验者看到**丈夫**遭受电击时,她的大脑活动模式与自己接受电击时的一样。

不过,这两种模式并非完全一致。当女实验者看到爱人被电击时,她大脑里管理生理疼痛的部分并没有活跃迹象(她自己没有感受到生理疼痛),但大脑中负责被袭击后的情感经历的那一部分有明显活跃迹象。这一现象就被称为"镜像神经元反应",而这表明人脑的确生来就有共鸣功能。[④]

辛格将她的实验进一步延伸，想弄清楚我们是不是**总是**能够对他人的痛苦或观点感同身受。答案是否定的。辛格让人们观看一场比赛，其间，有些参与者是公平竞争，但有些不是。当公平竞争的参与者遭受打击时，旁观者就会产生镜像神经元反应，可是如果受打击的是不当竞争的参与者时，这种反应就不会出现。事实上，某些实验者在看到不当竞争的参与者受到打击时，其大脑中与愉悦和复仇相关的部分就会活跃起来。⑤结果是什么？我们的大脑生来就设有共鸣功能，不过该功能只会对那些我们认为行为良好的人开放。

这与反馈有何关系？当我们面对让我们感觉不公平或大错特错的反馈时，当我们感到不受赞赏或没有受到良好对待的时候，我们与共鸣功能和好奇心相关的神经就会进入休眠。所以，在棘手的反馈对话中，聆听并非我们的自然反应。即使我们在其他环境下能够做到大度地倾听，一旦原因被触发，我们也会发现，要找到聆听的好奇心绝非易事。

什么能有帮助？带有目的的倾听

如果我们想做到更有效的倾听，就得**有目的**地并**带着目的**去倾听。我们必须找到或创造出一些好奇心———些小小的推动力，它们会告诉我们讨论中的反馈也许还有一点公平之处。也许反馈者看到了一些我们没看到的事情，又或者，我们至少能够明白一点，他们的观点是他们的观点，我们稍加了解也许也是有益的。简而言之，与其专注于发现错误，倒不如倾听哪些是正确的，然后对我们双方为何会有不同看法充满好奇。

准备聆听

"准备聆听"的确切含义是什么？它是不是就像表演前的吊嗓子，或者说锻炼前的肌肉伸展？

准备聆听的含义是：在获得反馈之前（如果你有时间准备的话），和自己的内心声音谈一谈。有些事情是你们俩都需要知晓的。你的任务不是责备你的内心声音（"不要防御"）或打压它（"你想怎么想都可以，但务必保持安静"）。这样做的结果可能会适得其反。你内心的声音会提高音量,因为它想吸引你的注意。一旦你注意到它,它反而会安静下来。所以,收听谈话的内容,努力去理解它。

发现原因模式

当你聆听你内心的声音,你就会留意到它是有模式可循的;当原因被触发,我们不是无法思

原因	内心声音
事实	"说错了!" "这根本没有帮助!" "那不是我!"
关系	"毕竟,我是为了你!" "你以为你是谁,可以这样说?" "有问题的是你,不是我。"
认知	"我把一切都搞砸了。" "我完蛋了。" "我不是一个坏人——我是吗?"

考,而是只会思考那些具体且可以预测的事情。了解这一点后,当我们在处理原因而遇到挑战时,就能获得一些相应的指引。其间,我们会遇到无穷无尽的变量,但是每种反馈原因——事实、关系和认知——都有其特有的内心声音模式。

而后商讨

一旦你识别了自己的模式,就可以和自己对话。你的目标是聆听你内心的声音,学习识别由它触发的反应,然后帮助自己获得好奇心。你和自己的谈话可能是这样的:

你:在反馈对话中,你会告诉我反馈者说的都错了。

内心声音:没错。因为它就是错的。

你:它错在哪里呢?

内心声音:所有平常的事。他们和错误的人说话,用错误的方法去理解一切。他们看到我们犯的一个错误,却不懂得赞赏我们夜以继日做的所有正确的事情。我还可以继续说下去。

你:知道你为我们着想,我真的很高兴。让我问问你,他们说的哪些可能是正确的呢?

内心声音:你难道没听我说吗?我不是刚刚解释过,他们说的都是

错的吗？

你：我听着呢。我们会留心你说的这些。即便如此，我还是想知道他们的反馈里有哪些内容可能会是正确的。

内心声音：我想，他们能够看到我们看不到的事情。我们都知道这有可能发生。还有，他们的理解可能和我们不同，但是合理。此外，他们之前来过几次我们的街区。就是这些了。

你：这么说来还是有些可以听一听的了。

内心声音：我觉得有点奇怪，但，是的……

对话架构及台词虽不及莎士比亚，但是你已经掌握了要点。和你的内心声音谈一谈。承认并赞赏它（毕竟，它们是你自己的思想）。提醒它理解不代表认同。在商讨中将它引向好奇。最后，为它指派任务：**我需要你对他们说的话保持旺盛的好奇心。帮我发掘信息并理解它们。他们说的哪些是对的？他们看待事情的观点为什么和我们不一样？**

下图列出了内心声音的常见模式，并给出了你听到的与之相对应的要点以及你可以提出的问题。

内心声音	聆听	提问
事实		
那不对！ 那没有帮助！ 那不是我！	他们有我没有的**数据**，而且他们的理解也和我不一样。 我可能因为自身的盲点而没意识到自己造成的**影响**。	你能给我举个例子吗？ 那对你意味着什么？ 你担心什么？ 你看到我在做哪些事情时只按自己的方式？ 那对你有什么影响？
关系		
毕竟，我都是为了你！ 你以为你是谁，可以这样说？ 有问题的是你，不是我。	**变道**会带来第二个关于我们关系的话题。 我们之间的**体系**——我们双方对这件事各有何责任，以及我在这个体系中扮演的角色。	帮助我理解你的反馈。然后我想谈谈你提出反馈的方式／时间／原因，以及我的一些和关系有关的担忧。 我对我们之间的问题该承担哪些责任？ 最让你感到沮丧的是什么？为什么？

续表

内心声音	聆听	提问
认知		
我把一切都搞砸了。 我完蛋了。 我不是一个坏人——我是吗？	我独特的**大脑构造**是什么——我摇摆的幅度有多大？复原的速度有多快？ 我如何通过我特有的模式和自己谈话？ 我能把一切分类，从而获得**指导**吗？ 我能专注于成长机会，放下评估或指导中暗含的评判吗？	你能帮助我获得你反馈的视角吗？ 我怎样做能够有助于我进步？ 我做出什么样的改变最重要？

聆听的第二个目的：让他们知道你正在聆听他们

你不是为了礼貌而聆听。你聆听不是因为反馈者是正确的，或因为聆听意味着你要接受或采纳反馈。你聆听不是因为你的观点不重要。

你聆听是为了**理解**。此时此地，你的第一要务是当一名考古学家：你在标签下挖掘，看清楚轮廓，将你起初没看到的碎片填充进去。你把所有相关证据和背景信息拼接起来，从反馈者的角度理解反馈的"规模"与"形状"。之后，你和你内心的声音可以一道决定如何处理你出土的这一切——它们与你的观点的吻合度，你究竟是否打算采纳他们的建议。

如果理解是目标一，让反馈者知道你理解了（或你想要理解——二者同样重要）就是目标二。聆听是对反馈者花费时间向你提出反馈的回报和奖赏，它能让对方感到他们已经说明白了一切。之后，你可能需要进行另一次对话来阐述为何你决定不接受它，而这也许会让他们不高兴。但是，他们无法就你没有认真对待他们的建议，或你不理解它而与你争辩。结果，当你解释你最终的决定及其原因时，他们认真倾听的可能性也会更大。

让人惊讶的是，定期打断谈话（从而确保你理解了反馈者的意思，而并非主张与之相反的个人观点）会是你认真倾听的标识。[⑥] 你可以这样插话："在谈话进一步深入前，你能和我更详细地谈谈你说的'非专业'是什么意思吗？我想确定我的理解是否正确……"谈话过程中的澄清对你们双方都有益。

提防升温式询问

需要注意的是：当我们感到灰心、沮丧的时候，在努力聆听的过程中，我们的问题可能会不断"升温"——受到我们拼命压制的轻蔑和沮丧的"升温"，且以带有反问语气的询问出现。我们的情感浸入我们的"问题"，结果我们最终说出这样的话："你怎么会这么愚蠢？""你真的相信这个？"这两句话的结尾都带有问号，但它们却并非真正的质疑。责问取决于说话者的意图，而这些"问题"的意图是为了主张和劝说（或是为了发泄和攻击），而不是为了理解。

正如盘问（"可是……难道不是真的吗？""如果是这样，你又如何解释……"）一样，讽刺挖苦通常都和真正的询问相矛盾（"不，不，不，我最喜欢听你这种没内涵的反馈了。你还有吗？"）。这些都是你和你内心的声音搏斗时外化的标志。你内心的声音说："你相信这个人？让我来对付他"！而你回答说："等一等！我们应该要提问题！"结果就有了这种添加了沮丧和主张的"询问"。

那么，当你感受到这些强烈的情感时，该怎么办？如果你觉得你已经被情感淹没，不要试图挣扎着穿越它并提出问题。你可以用主张代替责问，不要说："你真的认为你说的前后一致或很公正？"而应该代之以深思熟虑后的主张："你刚才说的似乎与你用在他人身上的标准不一致。在我看来，这似乎并不公平。"随后，你可以再回到倾听："你刚才说的内容中，我是不是漏掉了什么？"

主张你必须主张的。它会让聆听变得更容易，效率也更高。

主张遗漏的内容

在接受反馈这一谈话背景下，谈论你的主张似乎显得有些格格不入。然而，反馈不是一件简单的事情，并非有人提出来递给你你便接受这么简单。你们俩正在拼拼图——你们俩一起。他们手里有一些碎片，你这儿也有一些。当你不提出主张的时候，你就把手中的碎片扣留下来。没有你的观点和感受，反馈者就无法意识到他们说的究竟是否有帮助，是否正中靶心，又或者是否与你的经历相吻合。如此一来，问题无法解决，个人无法做出调节，也找不到你是否理解了反馈以及你将如何利用它的任何迹象，更无法得知为何尝试它会比他们所认为的更具挑战性或风险更大。

你的主张通常都是对反馈的回应，但并非全部。在开始绩效考核之前，你可能会被要求先做一番自我评价。不过，从定义上来说，你将会得到反馈，而你也将说点什么作为回应。

从"我是对的"到"这就是遗漏的内容"的转变

高效的主张来自于关键心态的转变：你的目标不是说服反馈者，让对方认为你是对的。你也不是想用你的事实去取代他们的事实。你要做的是补充"遗漏的"内容，而最常被遗漏的就是你的数据、你的解读和你的情感。只要你完成了这一转变，你就能对任何重要的事情提出主张。当拼图的两方碎片都被放到桌面上后，你们就能看到双方观点一致与不同之处及其原因。

常见的主张错误

接下来，我们会逐一审视由三大原因——事实、关系和认知——引发的常见的主张错误。

事实错误

最常见的陷阱就是不小心滑入"事实"心态。

陷阱："那个建议是错的。"
更好的处理方式："我不同意那个建议。"

这看似微不足道的区别为何会如此重要？因为它能让谈话紧扣主题，不偏题。如果你说"那个建议是错的"，反馈者就会再次解释它为何是正确的。如果你说"我不同意那个建议"，你刚好在这件事上也有自己的观点，反馈者就无法再据理力争。是的,你有自己的看法。唯一遗漏的就是为何你们的观点会不同。你可能会这样说:"在我之前的公司,我们有一种不一样的工作方法,在那里,我们遇到的问题更少。"反馈者并不知道你上一份工作中的成功之处,你也不知道现在的同事之前做过哪些尝试。这正是你们需要谈一谈的地方。

围绕差异展开对话并不意味着不涉及事实。事实通常都是谈话的核心。在判定他们话语的意思前,你得先知道销售数据。不过,判定对方的话语意思可能是更艰难也更重要的任务。

关系错误

关系式主张中的一大陷阱就是"变道"。要想避免变道,你只需留意到对话中有两个主题,并给它们分配各自的轨道即可。

陷阱:"你是个自私自利的家伙。"

更好的处理方式:"我觉得自己不受赞赏,所以我很难专注于你的反馈。我想我们得谈谈我的感受,以及反馈本身。"

如果你说的是第一句,你引来的可能是一场争辩。如果你说的是第二句,你引来的则可能是反馈者的好奇心:你到底是怎么想的。不过,相对于争辩,好奇心通常都比争辩更可取。

第二个常见的陷阱与体系、责任和行为有关:

陷阱:"这不是我的错。这里真正有问题的不是我。"

更好的处理方式:"我承认我的一些言行是导致问题的部分原因。我也愿意后退一步,从更大的范畴来看待整件事情,因为我想如果我们想改变这一切,还有很多其他信息需要我们去理解,这很重要。"

同样的,第一个回答很有可能会让谈话双方为了谁才是那个有问题的人争辩不休。第二个回答则传递出了一种愿意承担自己责任的意愿信号，并告知对方你在这件事上并非孤身一人。

认知错误

当我们失去平衡或不知所措时，我们夸大主张的可能性就会增加。

陷阱："这是真的。我很绝望。"

更好的处理方式："这一切让我惊讶，要接受它们也并不容易。我需要一点时间来思考和消化你说的这些话。我们明天再谈吧。"

当你感到不知所措的时候，你几乎不可能以明确或平稳的方式来阐述自己的观点。在你拼尽全力想重获平衡的过程中，你可能会接受远大于你在问题职责中的责任，或是简单直接地表达出被你放大后的绝望感和缺乏安全感。这时，更好的处理方式就是坦诚反馈令你惊讶的事实，并表达你需要时间来想明白这一切的意愿。

当你内心的声音竭尽全力想将反馈拒之门外的时候，第二个常见的陷阱就会出现：

陷阱："这太荒唐了。我才不是这种人。"

更好的处理方式："你这样说让我很沮丧，因为这不同于我对自己的看法，也和我对自己的要求有出入。"

你可以明确表示，信息并不符合你的自我认知，而无需指出信息有误。你也可以发誓说一定会弄明白，却不必说信息是正确的。

做你自己的调解人

很多年来，我们在各种沟通课堂上听到的都是让我们专注于如何聆听和主张。如果这个方法不能百分百满足人们的需求，那也非常接近了。

不过，我们开始注意到一些有趣的事情。当我们观察那拥有高超沟通技巧的人们时,他们似乎用到了第三个我们从未用过的技能。

这让我们有所领悟。他们不仅仅身处对话**之中**,他们还积极且明确地**管控**对话。毫无例外,所有超级沟通者都能够通过观察讨论,诊断谈话的出错之处,明确介入谈话并纠正错误。这就好像他们一人分饰二角:他们不仅仅是游戏的参与者,也是调解人。

管控对话进程:判断、描述、提议

这些人能精确地感知自己在谈话中的处境,包括他们所处的舞台以及舞台上常见的挑战。他们能在对话中判断出谈话在哪儿受到阻碍以及如何推动谈话继续向前——他们不会从自己的利益出发操纵事情,清晰的沟通才是他们的目的。为了让事情回归正轨,他们愿意清楚无误,即使有时候这样做令人尴尬。

无论你天生技能等级高低,只要有意识地加以练习,你就能逐步提高这种谈话进程中所需的技能。我们已经通过专注地聆听对话进程提高了自己的技巧,同样的,你也可以:

"我们都提出了自己的论据,试图说服对方,可是我认为我们俩谁都没有聆听,也没有透彻地理解对方。我知道自己在尝试理解你的担忧这件事上做得不够好。所以,请你多和我谈谈为何这件事对你和工人代表会如此重要。"

"在此,我看到了两件事,而我们不断地在这两件事之间往复。让我们一次只关注一个话题。第一件事就是,你很烦恼,因为你认为我没事先告诉你我要去华盛顿;而我很难过,是因为我认为我已经告诉你了。另一件事是,你为了我不在的时候如何安排孩子们的日程表而担心。你同意我说的这两点吗?如果你同意,你想先谈哪一个?"

"你一直说我对妈妈不公平,而且任何一个正常人都能看出来。我不同意你说的这两点:我认为我并没有对妈妈不公,而且我也认为'任何正常人'都不会这样认为。我并不是说我的观点就是正确的,你的观点是错的。

我只是说我们的观点不一样。所以，我想是不是有哪些方面我理解的还不够充分，因此才会有和你不一样的想法？你还有什么想补充的吗？"

"这让我震惊。我内心的声音在说：'天啊，这可不是理解的问题。事情根本就不是这样的！'你似乎也很难过，和我有一样的想法。我想，不如我们先暂时中断这次谈话，等几个小时后，我们双方都冷静下来，再来讨论这件事。"

"是的，我们陷入了僵局。我们都需要就这件事达成共识，而现在我们没有。你的解决方案就是我应该放弃。这个解决方法在我看来对我很不公平。另一方面，我不知道如何才能打破僵局，所以我们必须一起想办法。当我们**意见不一致**的时候，如何做才是公平且有效的呢？"

以上所有这些事例都有两个共同点。第一，上述所有评论并没有谈到讨论的实质性内容。每个评论里都提到了事件**进程**中陷入僵局或跑题的部分。同时，每个评论也都给出了如何让对话继续的建议或诚邀对方一同解决问题的邀请。

其次，所有的评论听起来都有些尴尬——不同于人们平时的对话。有意思的是，这正是这种干预拥有如此强大能量的原因之一。裁判中断比赛进程并做出调整，而这恰恰就是对话进程的终极目标。你中断对话，后退一步，考虑当前的进展以及你如何才能纠正对话路线。这些动作能够让不断上升、加强的挫败感或失望陷入短路，还能给对话双方一个机会，让他们有意识地做出选择，使双方一起推动对话进程。

解决问题，创造可能性

我们正在谈论的是理解反馈，以及如何以"为我所用"的方式来消化它，而不是破坏它或忽略它。然而，妥善接受反馈的核心部分通常都会存在这样一个问题：现在怎么办？为了理解反馈所付出的所有努力到底有何意义？你打算如何处理它？

这个问题极具挑战性，尤其是当你和反馈者无法就反馈的意义或其应有的结果达成共识的时候。走到这一步,当矛盾出现时,你就需要非常强大的问题解决技巧。让大多数人惊讶的是,善于解决问题并不仅仅与"聪明"甚至"创造性"有关。有一些特定的技巧——提出的问题,接近事物的方式——能够让一切都变得不一样。

创造可能性

有时候,即使我们相信反馈是对的,也会有种无能为力的感觉。这的确让人气馁。这些反馈可能是关于根深蒂固的个人品性或外貌(如果你被告知太高了而无法担任男主角,你为了调整身高而做出的努力不免会进一步体现你的短处)。又或者,接受反馈需要你的生活方式/习惯/工作量发生巨变,以至于你会不确定这一切付出是否值得,或对你尝试后是否能获得成功产生疑虑。

不过,我们总是能够创造新的可能性,哪怕当时看起来似乎没有任何可能。在第七章中,我们曾以阿丽塔为例,讲述过发生在她的助产室里的故事。阿丽塔的病人抱怨她总是拖延就诊时间。对此,阿丽塔不仅沮丧,而且感觉无计可施。如果不对阿丽塔的职业习惯做出重大结构性修整,拖延就诊时间就会成为她的病人的一种长期就诊体验。

对此,病人们有她们所偏好的解决方案:按时间就诊。不过,她们也对另一件事表现出了兴趣。她们想知道**为何**预约时间会被推后,与此同时,她们仍然希望能在自己就诊时感受到医生的耐心和关注。正因为如此,候诊室里一个解释为何预约时间会被推后的告示牌就能化解部分病人的担忧。她们理解进程。她们感到自己的需求得到了认可。她们明白了时间被推后并非是因为医生不关心她们,而是太关心她们了。

找到可能性有两个要求:感知反馈背后的利益,以及能够给出满足这些利益的选择的能力。有了它们,你就能将你的对话从一场围绕反馈者的观点是否"是正确方法"的争辩转变成一场大讨论:他们试图实现的目标是什么,以及如何才能实现目标。

发掘潜藏的利益

在《谈判力》一书中,罗杰·费舍尔、威廉·尤里和布鲁斯·佩顿指出了一个对解决问题很关键的区别：利益和立场之间的差异。立场是人们口中说的他们想要的或要求的东西。利益是立场意图下潜藏的"需求、欲望、恐惧和担心"。⑦通常来说，利益可以通过各种选择来获得满足，而有些选择还不同于人们一开始的想法。

建议往往都会作为立场陈述出现：这是反馈者对不同行为的最佳意见。你常常推后就诊时间？那就准时一点。你的微观管理？立刻停止。

倾听潜藏的利益能给你带来更大的琢磨计策的空间。让我们来看看厄尔的故事。厄尔是一名社会工作者，致力于帮助残疾儿童及其家庭。厄尔梳一个马尾，胡子很长且参差不齐，他还少了两颗门牙。尽管他工作得尽职尽责，但是他非传统的外形让许多家庭花了相当长的时间，才最终能和他愉快相处。

厄尔的上司建议他剪短头发，修剪胡子。厄尔拒绝了，并反驳说那些因为他非传统外形而对他有偏见的人，与那些对残疾儿童有偏见的人无异，都是以貌取人。这是一个完全能站得住脚的论点，可是这并不能改变事实：厄尔的外形对本身已具有挑战性的情况注入了新的紧张感。

厄尔的上司的立场是："修修你的边幅。"不过，厄尔听到了隐藏的担忧："我们想让那些家庭更快地与你和谐相处。"厄尔接受了他的利益要求，并提出了另一个解决方法。他让上司在他和新家庭见面前，用稍稍不同于之前的方式来介绍他。在陈述他的职业素养和职业生涯的基础上，告诉对方他还是一名半职业的兰草班卓琴演奏者。

这个关于厄尔的补充事实将他的外形放到了受助家庭可理解的范围内。他们不像以前那样惊讶或退却，相反，他们会很好奇。许多家庭还因为音乐话题与他建立联系，并为他敢于用这样的外形来向世界证明自己而表示赞赏——他以自己为例，给这些家庭和他们的孩子上了充满感情的一课。

当你陷入一个僵局——当反馈者的建议让你难以接受或根本无法接受的时候——想一想潜藏在建议之下的利益。

反馈背后的三大利益来源

指导或评估背后的利益通常都分为三类，每一个种类都指向不同方向
的选择：

帮助你。反馈者看到了能够让你进步的方法和加速你成长或学习的机
会。又或者，他们想保护你，让你远离他们看到而你没看到的潜在问题或
危险。他们的目标就是帮助**你**。

帮助他们自己。反馈者向你提出反馈，因为他们感到难过、悲伤、愤
怒、失望或被你伤害。他们没有说"我觉得自己被忽视了"，而是说"你旅
行得太多了"。当然，反馈是关于你和你的行为，可是所涉及的利益却不那
么明显：你经过协调后减少了旅行的次数和周期，与此同时却增加了狩猎
的次数。你认为你"采纳"了他们的指导；他们知道你根本不得要领。

帮助组织／团队／家庭／其他人。有时候，提出反馈的动机是为了帮
助或保护你们以外的其他人或事。你的老板无法给你更高的评分，因为这
对其他人不公平。你最好的朋友对你常常忘记还她钱并不介意，可是她知
道你们有一个共同的朋友会为此而非常沮丧。所以，她走出来向你提出了
这件事。

要想真正解决问题，你就不得不理解真正的利益所在。而要想理解真
正的利益所在，你就不得不挖掘背后的立场并识别这些利益最终落入了哪
个篮子。

给出选择

一旦你着手应对潜藏的利益（以及与之相关的利益所有者），你就能
转入下一步：给出选择。当你找到能够同时满足你和反馈者的利益的选择
时，生活就会变得轻松许多。

清楚地表达你想实现的目标会对你有所帮助。你能为不同的利益命
名，并邀请他人和你一起思考满足这些利益的方法。我们之所以想不到好
的选择，首要原因就在于我们压根就没尝试过去思考。所以，试试无妨。

正如厄尔的故事所展示的，有些选择能够一劳永逸地解决全部问题
并完全满足反馈提出者的利益——无论它是什么。另一些选择是"进程"

选择。我们可以在前进道路上尝试它们，然后随时评估。我们可以权衡，我可以把蓝图画得更现实一些，然后我们可以将两个选择同时摆到组织委员会面前，看看他们的想法如何。你无需对反馈做出最后抉择。反馈是否公平尚未确定。现在，你认同的是向前拓展的进程对双方都是公平的。

以承诺结束对话

我们如何得知反馈对话已经结束？通常来说，当有人放弃、离开，结束对话或谈话时间到的时候，对话就结束了。即使对话进展良好，我们也通常会跳过关键的最后一步：弄清楚我们就什么达成了共识以及下一步该怎么做。如果我们对此表意不明，我们往往就会因为谈话未取得进步而失望，或是对对方高深的期望感到困惑。反馈的提出者和接受者都会纳闷：既然一切最终还是保持不变，那一开始我们为什么要花费时间围绕这件事展开谈话呢？

对话结束时的承诺可以简短如一句话："我要好好想一想你说的话，我们明天再聊。"这并不意味着你必须认可反馈或不得不做出改变。当然，你可以这样做，但是你也可以投身于收集更多信息或将他人引入对话，或看看事情两周后会如何进展，或准确地说出你决定不接受反馈的哪些内容。总之，目标要明晰。对话双方都应该知道事情进展到了哪一步。

鉴于语境的多样性，以下是你结束对话时可以强调的一些不同种类的事情：

行动计划：明天做什么？如果有所改变，双方需要改变或努力的是什么？为了促成改变的发生，你们双方各自该如何做？

标准和结果：如何衡量进程，以及何时衡量？讨论这些衡量将会产生何种影响，消极或积极？如果有结果，且没有达到标准时，就结果展开讨论。

程序的约定：在对改变实质做出承诺的基础上，你也许可以就实现改变的过程与对方达成共识。我们何时再讨论？讨论的话题是什么？你可以同意从客户、董事会、邻居和市场收集更多信息。我们可以发誓再也不当着孩子或顾客的面讨论这件事，或同意不在无把握时对对方做出不利判定。

新策略：无论是在家还是在工作中，引起反馈的摩擦通常都会反映出我们之间不会消失的差异。在这些情况下，与其寻找**解决方案**，倒不如寻找**策略**——针对对方的小缺点和失误、健忘或火爆脾气的可行性变通方法。在对话即将结束时，清楚地说出你想到的如何更好地适应彼此的小点子，并再一次确保双方都准确地知道你们就何事达成了共识。

请记住：几乎没有哪种反馈对话是一次性的谈话。通常来说，它们是一系列随着时间推移而展开的谈话，因此请向对方指明你现在的处境，你们已经实现的目标，以及你接下来的尝试将会帮助你们在这条路上共同前进。

总结：一场在运转中的对话

如前所述，反馈对话是不可预知的，而你需要能够熟练地在我们之前描述的技巧中灵活转换。让我们来看看一段评估对话，从而进一步深入了解如何在对话中使用这些技巧。

一段关于定级和奖金的评估对话

年终，你和部门领导开展了一次对话。对话中更正式的部分包括奖金、加薪和升职。这次对话也是一个机会，借此你可以谈论任何你认为重要的事情：你对过去一年有何想法以及对未来一年的担忧。

你在最高分是5分的评定中得到了4分，这已经是你第三年获得这一分数了。评分为5分的奖金几乎是4分的两倍。对这一结果，你并不愤慨，但是你很沮丧。去年，你被告知4分与5分的差异取决于你是否能够引入自己的客户，而不是仅仅管理好本部门的运营，服务他人的客户。今年，你将此列为首要目标，并成功引入了23名新客户，你签订的合同使团队收入增加了近20%。

现在,让我们看看可能出现的四种不同的处理对话方式。前三种都是处理方式欠妥的版本,第四种则是更有效的对话方式。对话的背景是你没有任何准备,直接就自己对评分和奖金的反应展开了讨论。

版本一

你:"这太不公平了。去年,我被告知只要我能引入新客户就能得到 5 分。我照做了,可现在我还是 4 分。这里到底还有没有人关心公平?"

分析:我们看到了 4 个问题:(1)你认为结果不公平,可是在你没有就此展开深入讨论前你并不知道它是否公平。你得到这个分数可能是因为你引入的客户数量不够,或他们只是小客户,或者评分标准改变了,或你没有清楚地向任何人表明自己是这些新立账户的发起者,或者你误解了去年被告知的话,又或者尽管你在引入客户方面成绩斐然,但是有其他因素干扰使你没有得到 5 分。在深入讨论后,你可能会仍然坚持这一评估不公平,但是你现在并没有开展任何讨论。(2)"不公平"被陈述成了一种事实,而并非你的个人观点。(3)关于有没有人关心公平的评论是一种人身攻击,而你对其中个人的责任知之甚少。情况有可能是许多人都很关心公平问题,或者有不少人对你最后的评分结果表示了强烈抗议。(4)你的评论并不精准。没有人告诉你只要能引入新客户就一定能得到 5 分。你被告知的内容是,4 分与 5 分之间的巨大差别之一就是引入新客户。

结果:你的上司可能会被上述任意一个问题所扰。在你尚未意识到之前,她就会就她是一个公平的人这一认知展开自我辩护,而任何关于"你的老板如何"的争辩都无助于解决你真正关心的问题。

版本二

你:"好吧,就这样吧。我认为 4 分有点低,可是我想这也很好。"

分析:这句评论表意不明,而且带有消极对抗的意味。你实际想表达的是:"我对此表示出一定的关注,从而避免使你开始琢磨我到底在想什么,但是我又不会直截了当地说出来,从而避免不得不承担提出这一话题的责任或让对方清楚无误地了解我的观点。"谈一谈或不谈都行——可是不谈"在某种程度上就是"谈。

结果：你的上司要么完全没有注意到你给出了一个合理的关注，要么就会为你这种消极对抗而烦恼。无论是哪种情况，你都无法了解到为何你得到的是 4 分，也不知道该如何做出改变，而且这还有可能会对上司对你的看法产生消极影响。

版本三

你："哦，我还以为自己能得 5 分。这个结果还有更改的余地吗？"

分析：你说以为自己会得 5 分没有任何问题，因为你就是这样想的。可是，和之前一样，你仍然不明白为何自己只得到了 4 分，因此你想改变这一结果的要求并不成熟。讨论之后，你可能会同意 4 分是一个更合适的分数，或者你仍然认为 5 分是自己应得的。如果是这样，带着在讨论中了解的信息，你就能清楚地陈述你的推理和论据。

结果：你的上司说"没有"，一切就此画上句号。学习终止。发挥影响的机会终结。或者，你的上司说她会考虑，可是，关于这件事，没有任何新信息或方法能够让她做出任何不同的决定。

版本四：一次更有技巧的对话

你的目标是表明你感到惊讶和失望，并解释原因。在对话中，就这一点而言，你并没有表明评分不公或要求改变评分，更没有对整个系统或做出这一决定的人做出任何评判。

你想询问几件事：你想了解更多关于评分标准的事情，以及这些标准是如何应用在你的评分中。你想了解去年你被告知的那些关于客户的事情与当前的标准之间的关系。你想知道是否有任何事情发生了改变以及可能与之关联的其他数据——同僚、市场、来自上层的压力。

一旦你对这些信息有了更深入的了解，你可能就会认为评分和奖金都是公平的（或不公平的）；你可能会想（不会想）向上司提及此事。如果你的结论是评分不公平，你在陈述时应该将它作为自己的观点来表达，而并非一个客观事实。此外，你还要清楚表明你的目的：你探讨此事究竟是否想重新评分，还是只是想帮助自己了解评分系统，从而有助于你设立明年的目标。

我们假设你的上司从未读过本书，而且在理解你的行为上还略显迟钝。所以，你不得不表现得执着且坚持。

你：我很惊讶自己的分数是 4 分，而不是 5 分。不过，我并不是很了解决策过程或评分标准。

上司：你认为自己应该得 5 分？

你：是的，我是这么认为的，不过当我再回想的时候，我意识到我得出这一结论的信息并不全面。去年考核的时候，有人告诉我 4 分和 5 分的一大差别就在于是否引入新客户，所以今年我很努力，一共引入了 23 名新客户，我们组的业绩也因此提高了近 20%。我认为这足以让我得到一个 5 分，不过我还是不清楚评分标准。当然，这其中可能还会涉及一些我不了解的其他因素。

上司：我认为 4 分是个很合适的分数。

你：嗯，我对这一分数表示赞赏。不过，我仍然觉得了解这一结果如何形成很重要。

上司：你认为这个分数不公平？

你：我没有足够的信息来评判。你能告诉我在决定分数时哪些因素会被纳入考量范围吗？还有，你能说说新设账户和利润值在评分系统中会起到哪些作用吗？

（上司相当详细地解释了评分体系，直到你清楚地了解整个体系。）

你：根据你刚刚对评分标准做出的解释，假设没有其他因素，我的确认为我应该得 5 分。对此，你有何不同看法吗？

上司：就利润和客户而言，我同意你。然而，这并非精确的科学计算。报酬委员会的不同成员可能会在考虑时采纳不同的因素。

你：我只能想象要将这一切理顺需要耗费的巨大工作量。这其中是否有和我有关的额外因素呢？

上司：委员会的一些成员对你所承担的整体义务提出了一些质疑。他们和我分享了这些想法，但是我并没有和你提及，因为我不同意他们的观点。我认为这完全就是不成问题的问题，而且强调这些问题只会对你造成伤害，或者说，哪怕只是仅仅提到它们都会伤害你。

你：当然，听你这么说的确让人难过，但是了解它们还是对我有所帮助。它让我知道无论你或我是否认为我很敬业，至少在某些人看来，我还是存在一些问题。

上司：这个嘛，我认为我可以回到委员会，看看在你的评分问题上是否还有扭转空间。我怀疑这个可能性不大，但是我会核实。

你：这会让委员会怎么想？

上司：正如你能猜到的，总会有一些人抱怨自己的报酬，无论报酬的多少。不过偶尔的，我们也真的需要重新考量。

你：好的，眼下，我想暂时把评分的事情放下。如果我和委员会里对我的敬业程度有质疑的人谈一谈，你觉得可以吗？我想在决定是否争取改变评分前了解更多信息。

随着你们双方不断探索可能性，并对如何推动进程许下承诺，对话将会继续下去。在理解反馈及展示你愿意从中学习的意愿这一方面，你做得非常不错。

从反馈中学习的能力将最能影响你对未来的塑造。

第十二章

重新上路

采取行动的五种方式

在此,我们给出了几个采取行动的小窍门——有关征求反馈、检测效果、加快学习速度及评估进度的一些快捷方式。

确定一件事

这是新系统上线后的第一次绩效考核,罗德里格的上司为了各种表格、图片和评分忙得焦头烂额。罗德里格自己也有点不知所措,他很困惑,不清楚有哪些事情与从前不同。

不过至少,他还不需要和巧克力饼干作斗争。

最近一项实验中的参与者就没这么幸运了。研究者要求参与者在前往实验室前不能就餐。参与者一个接一个地走进实验室。实验室里有一个小烤箱,里面装满了烘焙中的巧克力饼干,整个屋子都弥漫着一股浓郁的巧克力香气和饼干的甜香味。一半的参与者按照要求可以吃 2~3 块饼干,而另一半参与者则必须克制自己,只能吃 2~3 块小胡萝卜。

之后,所有的参与者都要解答一系列几何问题,都被要求在不提笔的情况下完成对图形的追溯。他们有无限多次的尝试机会及足够的纸。那些之前被要求自我克制，不吃饼干（吃胡萝卜）的参与者很快就放弃了，而另一组参与者放弃时其尝试的次数约为前者的两倍。研究者罗伊·鲍迈斯特和他的同事们表示，为了抵抗诱惑（或完成强制性的、不那么有吸引力的新行为），参与者所需的关注和努力会耗费大量的能量，所以当他们完成下一个任务时，其精力、关注力和坚持度就会明显不足。①

面对反馈，我们会努力做出回应，从而改变自身行为和习惯，这时，该项研究结果的含义就显得十分重要了。反馈可能是精确的、及时的、有感知力的且表达得充分而优雅，但是如果其中包括了太多需要记忆的信息点、太多需要做出的决定以及改变时，这个反馈就会显得过当。我们致力于改变的能力是一种有限的资源。因此，更少就是更多（大致如此）。

所以，保持简单，以下就是方法：**确定一件事**。当一天结束时，有没有一件事是你和反馈者（或反馈者们）认为最重要，需要即刻着手处理的？它应该是一件有意义且有用的事情，但也不要因此而受到打击。因为这件事不必非常**完美**，只要能让你立刻放下其他任何事情即可。只一件有用的事情。一个开始的点。

提问："你认为我做的哪一件事阻碍了我？"

如何引出那仅有的一件事？请不要说"我想要一些反馈"，这太含糊。你应该这样说："哪一件事是我可以做的？"或者，正如我们在第四章中谈到的，你可以提出更尖锐的问题："你认为我做的哪一件事，或者有哪一件事我没能做到，从而阻碍了我自己？"这种提问会让你的反馈者能够比平时（嘿，是你自己问我的）更进一步，而且会帮助他们排好事情的优先级，直奔主题。

当然，紧急事件还需要另当别论。如果你的头发和裤子都着了火，这个"一件事准则"就不适用了。而且，请不要用"确定一件事"的方法直接忽视他人的担忧。也许，你的确无法同时处理10件让人担忧的事情，但是如果你的反馈者有10件让他担忧的事情，那他就有10个担忧。尽力去理解并证实它们，然后再回过头，整理事情的优先级："你提出了许多不同的事情，我们已经讨论过为何它们都很重要。我想进步，对此，我是认真的。根据我的经验，对我而言，最好的办法就是一次只专注于一件事。让我们一起来看看我应该从哪儿开始。"

要想做到这一点并非总是那么容易。当你的小女儿向你提出反馈时，如果你告诉她这个月你已经从她姐姐那儿听到了"一件事"，她的反应肯定不会太好。因此，根据事情的大小或挑战性，你可以一次处理好几件事，尤其是当它们属于不同方面的时候。你可以和大女儿一起培养自己的耐心，同时和小女儿一起培养自己的恒心。以"一个"为目标，你设立了期许：让我们专注一些。

聆听主题

罗德里格的绩效反馈报告包含几十个评论和建议，还有三个显著"有待进步的地方"。大多数反馈都很含糊（例如，"同情心"处于平均水平，"参与度"低于平均水平）。结果，正是这数量庞大反馈，让他一片茫然，不知从哪儿开始。

于是，罗德里格放下报告，着手自己的任务。他选择了五名工作中与自己关系紧密且位于不同职位的同事，将最能刺激他的问题抛向了他们。他向每一个人都提出了这个问题："你认为我做的哪一件事妨碍了我自己的效率？"他还问了许多后续问题从而阐明本意。最长的一段对话为时 10 分钟。

最后，罗德里格得知他需要考虑的不止"一件事"，但是他继续寻找主题。以下就是根据他的对话列出的标题：

让我们更快知道你的立场。

你犹豫不前，让他人掌控对话。鉴于你的特殊背景，我们需要早点掌握对话主动权。

在总部吸引更多的目光。

我无法分辨你何时做决定。如果你已经决定，请告诉我们，让我们能够继续前进。

我认为你的杂乱无序是你自己最大的障碍。

在他与之交谈的五个人当中，有三个人指出他作为团队负责人却犹豫不决从而导致对话容易跑题。在得到这一反馈前，他压根就没发现自己竟然还有这样的缺点。（通过回忆，他意识到他的反馈报告中也曾提到这一点。可是如果你没有积极努力地去寻找，你就永远都无法看到被深埋在各种数据之中的这个反馈意见。）事实上，直到现在他都认为自己的挑战来自于与反馈相反的另一面：他担心在做决定时他没有给团队成员足够的发表个人意见的机会，并一直都在努力提高自己的包容性。在与同事谈过之后，他发现有些时候他需要给出更多方向性的指示，同时在已经做出决定时明确告知团队成员，从而使他们能够进一步讨论实施细节。

于是，罗德里格决定他下个月要做的一件事就是努力大声地发声并给出方向性指示。一位同事给出了一个尤为有帮助的指导："她建议我应该自愿将眼光稍稍外扩。如果我少担心一点自己是否走得太远，我会提高得更快。"

询问他们重视什么

想要寻求能够带来巨大影响的改变，最直接可行的方法就是提问："我能够做出改变且对你关系重大的那一件事是什么？"晚餐时，萨伦向三个儿子提出了这一问题："我在工作中承受了很大的压力，我一直都在寻求你们的帮助和理解。但是现在，让我们角色对换一下。有没有哪件事是我能做出改变且对你们有所帮助的？"

萨伦完全想不到自己能通过这个问题得到什么有用的答案。她认为如果有任何简单可行的修复方法，她肯定早就试过了。8岁的艾丹立刻大叫"我要玩更多的九柱游戏"，而他的这个提议马上遭到了12岁的欧文的反对。这个大男孩非常理智地认为"玩更多的九柱游戏"是一个愚蠢的答案。这次谈话的开头似乎并不那么尽如人意。

这时，10岁的科林开口了："我们再也没玩过保龄球了。"

在萨伦听来，这个答案比"玩更多的九柱游戏"好不到哪儿去，但是她能够看得出来科林说这话的时候是认真的。"你很想玩保龄球吗？"她问道。

"也不是那么想啦。"科林说。

萨伦感到有些迷惑，她问道："那你说说你为什么要提到保龄球呢？"

科林给出了他的答案："那是唯一一件我们可以四个人一起做的事情，就**我们四个**，我们已经一年没玩过保龄球了。"他说得对。对于社交生活更丰富的另外两兄弟而言，四人时光似乎并不那么重要，可是这对科林来说意义重大，而萨伦之前从没留意到这一点。萨伦给球馆打了电话，预定了一条球道。

一个问题，一件事。

尝试小实验

有时候，你很清楚自己到底想不想接受反馈：我已经理解了你的建议，我认为那是一个棒极了的想法，我迫不及待地想开始行动。或者：我已经理解了你的建议，但我打算继续保持原样，对你说不（把我的客厅粉刷成黑色——这可不是我喜欢的风格）。有时候，我们会陷在那里，无法确定它究竟是个好主意，还是个坏点子。我想暂时先放下这个问题，也许，等我稍后有时间的时候再考虑它。

无论是哪种情况，我们都会尝试着去分析得到的反馈，考虑正反两方面的意见，权衡不同的选择，最终做出在我们看来有意义的决定。然而，这其中存在一个挑战：在任何一次改变和现状的竞争当中，现状都拥有主场优势。不出意外的话，我们不会做出任何改变。

艾米丽就是一个最好的例证。她的非营利性事业旨在帮助年轻的父母，传授育儿技巧，虽然才刚刚起步，但是她非常努力，目标也很远大。她传递的信息非常鼓舞人心，她的想法也很受重视。

她主持的为时 2 小时的公开课程好评如潮。然而，她也再一次从同事、嘉宾以及父母那儿得到了同样的反馈：课程开始时，她对该组织及其工作内容的为时 20 分钟的介绍实在太长。她应该直接切入课程活动。

五年来，艾米丽一直都对这些建议表示抗拒。毕竟，她是一个很棒的演讲者，她知道如何带动听众，她的课程收到了好评，她按照自己的方式取得了成功。没有任何理由要她做出改变，直到现在。

当事情进展良好的时候，反馈会给人以威胁感，这不仅仅是因为它表明我们的学习或我们自己还不够完美。这时候，反馈之所以会让人觉得受到威胁是因为它要我们放开一些让我们感觉舒适且能够预测的东西。我们已经做得不错了，而即便我们做得不够好，至少我们知道结果如何。我知道我做任何事都迟到，但是至今为止这尚未对我的生活造成任何灾难性影响。宾客们是不必等**那么**久，而最终，我们还是结婚了，不是吗？

不要只下决心

我们的窍门就是：实验。将反馈付诸实践，尤其是在预见风险低、潜在回报高的时候。这样做不是因为你确切地**知道**它是对的，或它对你有所帮助，而是因为它有可能会有所帮助；与此同时，也是因为此类行动通常都会产生不可预见的结果，尝试新事物通常会引起全局震动，而你（我们）尝试新事物的频率也并不高。

试试看

有时候，你可以在脑海里做实验。

哈珀利特是一名执教多年的教师，当收到学生反馈的测评报告时，他大吃一惊："教授很傲慢，面对学生时总是摆出一副居高临下的姿态。他完全无视学生的想法和担忧。"

哈珀利特感觉很难过。测评中的性格描述与他的价值观和自我形象完全不符。多年来，他一直致力于培养学生，帮助他们成长，他为自己诲人不倦的承诺引以为傲。他决定和系主任谈一谈评估结果。"看看这些评论。"他对她说，"我实在不明白学生们怎么会说出这样的话。"

她看了一眼评论，过了一会，她抬起头，对他说："那好，试试看。"哈珀利特惊呆了。他有些气急败坏地说："我不太确定你这话是什么意思。""试试看。"她重复了一遍刚才的话，"假设学生们所言非虚。"

"可是，学生所言不实啊。"哈珀利特抗议道，这听起来就像是玩笑话却又不是玩笑。

"在接下来的几天里，试着接受这可能就是事实。"她建议，"你这样做不是因为你知道它是事实，而是因为这是一个弄清楚事实的好办法。如果它不是事实，你无需再担心。可如果它是，哪怕只是从某种很细微的角度而言，它也能给你指出努力的方向。"

检验它

多年来，你的配偶一直敦促你早点起床，在上班前做瑜伽。这个建议有两点是你不喜欢的：早起和瑜伽。你看不到尝试这么做会对你的生活带来什么积极影响。你有自己的规则："如果看不到做某件事的好处，那就不要尝试。"你的配偶认为你很懒，可是你知道你这样做是因为你聪明。

就在这时，一个念头跳进了你的脑袋：**我今年 50 岁。如果我能活到 80 岁，我大概还能在早晨醒来 11000 次。如果我试着做一次瑜伽，然后发现我不喜欢，那么，我还剩下 10999 次可以按照我喜欢的时间起床。**

于是，一天早晨，你早早起来做瑜伽。你惊讶地发现，这个瑜伽不同于你年轻时做过的瑜伽。下课后，教练对你说："我希望你没有伤到自己。"尽管你得到了这个"反馈"，但是你不得不承认你真有点喜欢上了它。你当然也很喜欢它在一天中余下的时间里的持续效力。你决定再去做几次，目的就是为了彻底检验一下这个结果。

这个情况带来的一个缺点就是你的配偶是对的，你不得不承认自己错了。不过，你会反驳说："我没错，因为这是不一样的瑜伽，所以我根本无从得知会有这样的效果。"说得没错。这正是这种低成本实验的绝妙之处。尽管你心存疑虑，但是你可以去做，因为你知道自己偶尔也会犯错。也许，你出错的频率并不像你配偶想的那么高，但是偶尔你的确会出错。

你可能会惊讶

阿图·葛文德医生是一名技术高超的外科医生，同时，他也是《纽约时报》的签约作者，哈佛医学院的教授。你会觉得如果说有谁能在自己从事的领域傲视群雄，这个人一定就是葛文德医生。

可是，葛文德想的是他是否还能进步。所以，他聘请了一名手术指导观察他工作，寻找可能的方法，帮助他完善手术技巧和已经极佳的手术效果。他认为指导也许能够看到一些他之前没注意到的事情。

指导的建议令葛文德大吃一惊。他收到了大量的技术意见（"当你试图抬起手肘的时候，这就意味着你需要移动双脚或选择一件不同的器械"）。[2]指导也指出了葛文德的一些盲点：他在手术时拉扯病人的方式为他执行手术操作提供了绝佳的视线，却在一定程度上遮挡了手术台对面的助手的视野。葛文德完全看不到这一点，可在指导看来却是显而易见的。而且指导"还指出我的一些做法使我错失了能让整个团队将手术做得更好的机会"，葛文德发现。[3]建议带来的影响很大。当他采纳了指导的意见后——在此之后的几个月里，他尝试了几次这些建议——葛文德看到他手术后并发症的比率开始下降。

葛文德聘请指导不是因为他知道自己需要指导，或他预见到指导能为他带来这些特定的进步。他之所以会聘请指导是因为这样做似乎并不会造成太多负面影响，至于正面影响，虽然暂时尚不明确，但似乎值得探寻。结果也证明了无论是对他的病人而言，还是对他的团队都的确物有所值——他为他的团队树立了一种典范：始终对学习和进步保持兴趣和开放的心态。

并非永远和全部

面对反馈，降低风险常常意味着你在向自己发问时重新组织语言。如果你的问题是："我是不是应该余生都坚持做瑜伽呢？"你的回答永远都是否定的。如果问题变成："我是不是应该尝试在早晨做一次瑜伽，看看感觉如何呢？"尝试的可能就会增加。

艾米丽听到了别人的建议——删去20分钟的题外话——并把它当成了一个永久性的建议：之后，以完全不同的方式开始你的课程。还有，如果你能承认自己一直以来都做错了的话，也没什么大不了的。

当她跳出这一永久性的框架后，艾米丽最终还是做出了改变。她的观点和从前一样：花20分钟来全面展示美好的远景是正确的选择，只不过，她决定尝试一次，看看情况如何。在对新来的父母表示欢迎后，她直接切入主题。

她实验的结果如何呢？没有了常规性的手稿，在整个过程中，艾米丽经历了几次略显尴尬的时刻。结果，她感到之前的标准化介绍中有一部分还是需要保留，但是她也发现 20 分钟的介绍的确有些不必要："下一次，我会用 5 分钟介绍他们需要了解的内容，并在介绍结束后为想加深了解的听众分发书面材料。"

这不是永久性的，也不要求全部改变，只不过是有时候和一部分。

当然，有些实验结果会显示出这是浪费时间，这样的情况不可避免——这也是为何我们将它们称之为实验的原因。不过，总体而言，只要你愿意将反馈付诸实践，回报大体都还是丰厚的，哪怕你并不确定它是否正确，或非常肯定它就是错误的。至少，你可以借此向反馈者表明你愿意去尝试他们的建议，而这对你们的关系或多或少都能产生一些积极影响。

安全走完 J 曲线

这是一个贝尔纳多和新客户之间的追踪系统的故事。如果你之前听过，你可以叫停。

几个月来，销售主管一直在督促贝尔纳多使用新的客户追踪软件，它可以让使用者随时随地进入数据库，读取资料并和所有人分享信息。如果贝尔纳多休假了，他不用花几个小时的时间去找一个能够迅速跟进某个特定账户的接手人；他只需要把文件名告诉他们即可。而且，他再也无需用那些写满数字、邮箱和神秘符号的小纸片来标记客户的优先级和偏好，并为此而担忧。

这是一个奇妙的系统。它的用途令贝尔纳多折服，可是他就是无法让自己完成这一转变。他开始使用系统，但很快就会感到很泄气，然后被客户的一通电话又拖回之前的工作方式。或者，他使用这一系统几天后就忘了，直到一个星期之后才意识到他需要进入系统，花几个小时的时间去更新资料和跟进数据。这么多年以来，他记笔记的习惯使他一直都很依赖铅笔并信任纸面信息，哪怕纸笺卷角、折皱得厉害。贝尔纳多的行为很不理智，这只是他对改变的一种抗拒。

有时候，我们做的事情不正确、不明智，甚至不健康且效率不高，这是因为我们不知道什么才是正确的、明智的、健康的且高效的。然而，有的时候，我们明明知道什么是正确的、明智的、健康的且高效的，可是我们仍然不会去做。

两个决策者

这并非新问题。还记得奥德赛的故事吗？他为了海妖塞壬的诱惑而忧心忡忡。之前，塞壬姐妹已经用歌声令众多水手船覆人亡。奥德赛知道一旦他驶入海峡，听到她们那魅惑的歌声就再也无法做出正确的选择。在这一危急时刻，他没有依赖自己的意志力，而是事先就让水手们将他捆在桅杆上。奥德赛用"提前托付"的方式来尊重自己当下的欲望，同时也斩断了面对未来诱惑时他会动摇的可能性。

荷马认识到了做正确选择的重要性及其挑战性，而这一道理不仅适用于奥德赛，也适用于贝尔纳多。经济学家托马斯·谢林认为，我们所有人或多或少都有一种分裂的人格，正是因为如此，当我们需要对自己信守承诺（食言）时，我们常常会做出一些莫名其妙的行为。④ 星期天晚上，我们决定从下周一早晨开始执行低卡路里饮食。至今为止，一切正常。然而，到了星期一早晨，我们面临选择：我是应该像以往一样享受松饼早餐，还是严格控制饮食，只吃鸡蛋和火腿呢？这其实也并不绿色，没有了那些卡路里，它们看起来一点都不诱人。想一想，就这件事而言，从今天开始和从明天（哪怕是下周一）开始其实区别都不大。

于是，星期一早晨的"我们"违背了前一天晚上的"我们"制定的计划。"周日晚上先生"要求终止拖延，即刻执行健康饮食。"星期一早晨的那家伙"的违约行为令他感到恶心，可是他又能做什么呢？到了星期一早晨，做主的就成了"星期一早晨的那家伙"。

所以，"周日晚上先生"问自己：**有没有办法让我不仅能够做出改变的选择，还能让"星期一早晨的那家伙"必须执行我的选择呢**？有！"周日晚上先生"可以更改选择的条款，从而使得"星期一早晨的那家伙"得到"正确的"结论：我们也得开始那种饮食。

"周日晚上先生"执行这一计划的方式有两种：他可以提升改变的正

面吸引力,或是加大不执行改变的负面效果。

提升改变的正面吸引力

首先,让我们来看看如何让变化变得对"星期一早晨的那家伙"更有吸引力。

使其社交化

当你有了同伴之后,那些讨厌的事情就会变得不那么讨厌了。找一位朋友、同事、教练或有毅力有抱负的节食者,发出和对方一起节食的邀请。你们互相监督,以电子邮件的方式向对方汇报自己的进步和受到的磨练,一起吃(低卡)午餐,商讨节食进展。互相宽慰、指导、支持,老老实实,尽心尽力。

使其社交化之所以会有帮助,一个显而易见的原因就是它能让一个没意思的任务变得有趣,或者说有那么一点点意思。此外,将改变和人际联系相结合能够彻底改变你对所付出努力的情感感知。它不再是"我在煎熬",而是"我们会一起挺过去"。朋友们设立共同的壁橱清理日;学生们一起学习;孤独的作家分享写作空间。

第二个原因就在于它能让你有一种对他人的责任感。你放任自我没关系,可是现在你还得考虑你的朋友。最终,和另一个人一起走完这段旅程将会为你赢得感激和赞赏。共同节食的朋友或新聘任的私人教练都能够真切体会你所做出的牺牲。他们见证你的进步,看到你流汗,为你的努力而欢呼。他们的赞赏能够鼓舞你坚持走下去,哪怕你对此并没有多大的兴趣。

生性外向者可能会认为这很有意义——他们总是能从与他人的相处中获得能量。生性内向者也许会把这个建议当成另一个负担——我不仅仅要节食或锻炼,现在我还得和人们打交道?

你无需拉帮结队或加入喧闹的城市骑行俱乐部也同样能收获益处。在网络社区,你可以自我检测、获得共鸣、收集小窍门并承担责任,而无需脱掉睡衣,或忍受尴尬的聊天。无论你需要处理什么问题,你都可以在网络上找到对应的社区——无论你是想控制开销,还是想应付为照顾自闭症孩子而产生的压力,或是减肥。也许,贝尔纳多也能找到他需要的社区——

或发起一个——使他最终能够接受那个客户追踪软件。毕竟,它很奇妙。

坚持记分

另一个让承诺增加回报的方法就是坚持记分。记录分数是视频游戏如此令人上瘾的一个主要原因——分数能够对你的进步连续量化,而且还是一个鼓励你重新开始的有效邀请。

《超级马里奥》和《塞尔达传说》是任天堂最受欢迎的游戏,而宫本茂就是它们背后的创造性力量。宫本 40 岁时,他决定要保持体形。他选择了慢跑和游泳,并精心制作了一张表格记录自己的锻炼时间和体重变化。他把表格订在了浴室的墙上。通过"坚持记分"这个办法,他将锻炼计划从一个自我完善的苦差事变成了一场游戏。⑤

他为自己设计了锻炼表格,也为我们设计了一份:宫本的 Wii 健身游戏。这个游戏创下了游戏史上第三高的销量记录。平衡板测量你的体重,当你在奇妙的岛上慢跑或转呼啦圈的时候,你的锻炼时间和成就都将被记录下来。宫本解释说,引入游戏因素能够"让人们做一些他们通常不会做的事情"。这个办法可以拉拢你身体中那个爱玩的自己,使其和你一起面对挑战,解决问题。坚持记分这个办法能够设立积极的反馈刺激点,刺激你分泌多巴胺,从而激励你坚持尝试。

游戏化⑥的动力效果如此巨大,以至于它(带着由此引发的争议)已经被用于各行各业。在马萨诸塞州,许多中学的科学老师都鼓励学生玩一个名为《JogNog》的网络游戏。在游戏中,学生们可以通过回答科学问题"塔"累积分数,而他们的分数将会被列入一个实时的全国排行榜。八年级的安东尼过去一直宣称科学课"无聊"、"太容易",现在,他会把周末原本并不宽裕的可以看电视的时间用于回答成千上万个科学问题,而不再像以前那样玩别的游戏。当他浏览排行榜,看到自己与前一名选手之间的差距时,他会喃喃道:"现在,我必须超越他——为了保持我的排名。"这已经不仅仅与科学有关。

最好的游戏能够"在面对新问题的兴奋度和解决旧问题的炫耀感之间达成一种神奇的平衡",尼克·鲍姆加登在描述宫本茂的游戏时如是写道。如果你必须一直都全力以赴,你的动力很快就会枯竭。你需要体会刚刚掌握的技巧所带来的那种满足感，其间还得穿插有你正在努力完善以求掌握的新技巧。这不能是一条一成不变的学习曲线。你需要一个下坡助力轻松滑行并养精蓄锐，重新开始。

当你面对反馈，为了改变而踌躇不前的时候，你又该如何利用这些独特的视点呢？无论你的任务是什么，有没有可以让你记分的方法？有没有什么办法能提升过程的竞争性，让它变得更好玩，能带来更大的满足？如果你正在对抗拖延症，你能不能创造一个针对日常完成项目的激励机制？如果你达成了妻子的要求而没说出任何不堪的话语，你可以向存钱罐里丢一个硬币。这不仅是为了增加你的自我意识，还能邀请孩子们来"帮忙"，让这变得好玩起来。下载一个能够追溯食物选择和卡路里数量的手机软件，戴上计步器，看看你能不能超过昨天行走的步数。这种方法也许能够说服星期一早晨的那家伙放下手里的松饼。

增加不执行改变的成本

至今为止，我们一直都在谈论如何通过提高尝试变化的吸引力来帮助实现改变。现在，让我们转向天平的另一侧：如何增加不执行改变的成本。

把自己捆在桅杆上

你需要思考的是：如果选择题变成"选择低卡食物，或选择松饼并给美国纳粹党捐 500 美金"，你会怎么做？这是不是立刻就让松饼发出的塞壬的歌声变了调？

可是，为什么你的选择之一会变成"吃了松饼，并给美国纳粹党捐款"呢？

它不会变，除非你故意要让这样的结果出现——所以要把自己捆在桅杆上。如何做到呢？你事先给朋友 500 美金。当你说你要开始节食却没有遵守诺言的时候，他就会真的把这些钱捐给美国纳粹党。这和你节食没有任何关系，但是它能实实在在地改变选择的筹码。

托马斯·谢林最终就是通过威胁自己要给美国纳粹党捐款的方法成功戒烟。他还用相似的方法帮助许多医生成功戒掉了毒瘾。他让他们给医疗委员会写信坦诚自己的毒瘾，然后将信封口，交给一位值得信赖的朋友。

一旦他们毒瘾复发,这位朋友就会寄出这封信。一小撮可卡因已经不再只是一小撮可卡因,它是他们的行医执照,他们的事业,还有他们的声誉。

识别 J 曲线

当你致力于改变时,有一个模式值得你注意并了解,因为它实在太常见了,而且对我们的行为和选择会产生巨大的影响。这个模式之所以如此重要,是因为你一不留神就会被它狡猾的外形欺骗。

当我们尝试接受要求我们改变的反馈,或开始任何具有挑战性的新活动时,其结果就是陷入一种被我们称之为 J 曲线的常见模式。试想这样一个图表,纵轴代表幸福(快乐、满足等),横轴代表时间。高就是快乐,低是不快乐。左侧是现在,右侧是以后。

我们将中间某处设为"快乐"起点。我们像以往一样生活,所以我们的快乐程度是中等。也许,我们常用的方法是有理智地工作,哪怕它会令他人产生抱怨(反馈);或者,我们的现状让我们不开心,但是至今为止我们还没有能力改变。

可现在我们要认真对待了。我们最终要学会游泳,要走出去认识他人,要减少闲谈,给自己留更多的时间去机场,为我们的团队成员提供更多指导。当我们开始实施改变,我们发现自己的幸福程度立刻下滑。这让我们感到很不舒服,还有点尴尬。因为自己的改变,我们的状态没有变得更好,反而变差了。我们隐约觉得有些沮丧。我们开始走下坡路,而且我们的状态似乎每况愈下。我们理智地接受这一切:之前,我过得不好不坏,可是现在,随着我的改变,事情反而变得更差。我感觉很糟。我不喜欢这个变化。

这是现在我们对事情的感受。我们也开始思考未来。这一切最后的结果会如何?我们正在做的这件全新的事情呢?我们什么也没做,除了一直在走下坡路,就好像被重力坠得往下沉一样。我们就要一直这样下沉,直到摔得粉身碎骨?

当然不会。我们应该停止。为了这个改变做出的所有努力都是一个错误。我们停止改变。对不起,"周日晚上先生",我们试过了。这样行不通。

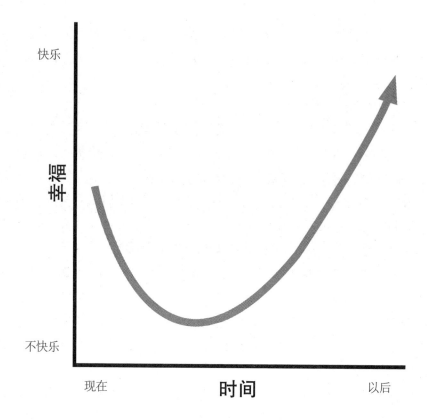

这是一个悲伤的故事,可是只有这样才讲得通……前提是,关于我们会一直下沉的假设是正确的。可是,如果我们已经沉到最底,马上就要触底反弹,重回幸福曲线的波峰了呢?如果我们正在不知不觉中超越了之前的满足感,掌握了新的技巧呢?

换言之,假如这条曲线是 J 形的呢?事实就是,无论何时,当你开始改变自己的习惯或方法,或努力地想掌握一门新技巧的时候,在获得进步前,你很可能都会有一段变差的经历。更重要的是,在你感觉更好之前,你很有可能会感觉更糟。这时,如果你知道你的曲线轨道不会一直下滑,而是——最终——将会反弹,这将会对你有很大帮助。

这个事实表明,事先做出承诺,在某件事上坚持一定的时间——你完成最具挑战性的第一步所需要的时间——会对你有所帮助。拿出两周的时间,或三十天,哪怕一年——总之,在你看来,检测这个新行为是否真的有益所需要的合理时间。无论你是在学习戴着能够治疗你呼吸暂停的呼吸机睡觉，还是停止实验，开始学习如何管理整个实验室，你都需要防备下沉的曲线侵蚀你的决心。[7]

对 J 曲线的运行轨道的理解最终帮助了贝尔纳多。刚开始使用新的客户追踪软件的那几个星期的确有点难捱。他丢失了数据，花费比手写记录更长的时间在电脑上输入信息。不过，他已经开始能够记录之前成功录入的顾客数量，而犯错的频率也开始下降。六个月后，他可以一边给顾客打电话，一边在数据库里查询信息，而他也开始享受这种随时随地了解客户信息的方式所带来的便利；他可以在手机上查询，而再也不用一周 7 天、每天 24 小时都带着自己的手提电脑四处奔波了。此刻，位于幸福曲线上升轨道上的贝尔纳多非常享受现在的工作状态。

所有这些小点子都能帮助你做好你的实践反馈，做出改变的承诺。通过从一个新的角度来看你的选择，或是切切实实地改变选择，你就能改变你的行为，而这通常都会引发一个有效的行动循环，而行动——采取行动和保持行动状态——就是目标。

🖋 指导你的教练

当本书的一名作者（我们没有说是哪位作者）读高中的时候，他是校足球队的防守后卫。最初几年，他上场的机会并不多，所以一个周六的下午，当他被换上场的时候，他十分兴奋。随着防守区开始挤成一团，防守队长大声喊着让队员列队："内外区防守！"所有人都跑向了各自的位置。

就在开球前，道格面有难色地冲着队长大叫："'内外区防守'是什么意思？"与此同时，道格心中也是思绪万千：**我当着这么多人的面为学校踢球，而我对防守队形是什么一无所知。我不知道该去哪儿，也不知道该做什么。我到底是怎么回事？**

队长冲他喊回来："我们不知道！找一个人防守就行！"

赛后，道格期待队长（或某个队员）去问教练到底什么是"内外区防守"队形，可是没有人问。很显然，如果你不明白队形，你就应该"找个人防守"。在这个赛季接下来的比赛中，道格就是这样做的。赛季结束时，他的球队得到了一个完美的分数：0-8.

道格完全可以对教练说："我们能再慢慢地讲一遍队形，直到我把它们全都弄明白为止吗？"可是，他不敢承认自己不知道，而且这也不符合球队的运作方式：教练指导球员打球。球员不会"指导"教练，告诉他要想取得更好的成绩，球员必须了解什么。

在此，我们使用"指导"一词时取其广义，即任何人向你提出的反馈。这当然也包括正式的指导。不过更多时候，我们的"教练"会是同事、客户、合著者、合作者、队友、室友、朋友或家人。我们彼此合作从而获得最佳结果，我们让同事帮助我们加快速度，我们从财务顾问或菲尔叔叔那儿获得建议——有的是我们要求的，有的不是。然而，很多时候，面对这些反馈，我们的反应和球队里的球员一样：当我们不理解建议的意思，或者建议的提出方式对我们无益的时候，我们并不会退后一步，然后去讨论它。我们的同事和家人甚至都没有意识到我们并不明白他们的建议是什么意思。或者，也许他们很清楚建议并没有发挥作用，但是他们并不知道自己处理建议的方式是造成这一问题的原因之一。

这是不幸的，因为指导你的教练——围绕什么才能够帮助你及其原因展开讨论——就是加速你学习进度的最有效的方法之一。

不在你教练指导意向内的指导

"指导你的教练"不是说让你开诚布公地阐明自己期望的对话方式："当你说我总是迟到的时候，我感觉很糟糕，所以从现在开始，让我们摒弃批评。"或者："只要你用更大的字母，我的视力测试结果就会好多了。"

我们的目标不是为传递极具挑战性或造成不便的反馈设置路障；事实上，我们这样做就是为了消除障碍。你的目标就是能让你和教练通力合作从而实现清晰有效的沟通，使你能以最快的速度学会最重要的内容。目标是合作，使得干扰最小化。

这就是一场谈判。你有你的偏好，你的教练也有他的偏好。在教练看来，你的要求解决不了问题。这是此类对话的本质。这种对话的目的不是为了提要求，而是为了一同找到解决问题的最佳方案。

谈一谈"反馈和你"

你如何接受反馈？这其中有很多因素都在你意识之外。可这并不是说要你每天都花 24 小时去反思你反馈报告中提到的优点和缺点，因为无论如何，我们都会有盲点。不过，你倒是有可能意识到自己面对反馈时的一些反应——毕竟，你之所以会要求他人反馈是因为出了问题，你陷入了困境（这也包括你得不到任何指导的情况）。无论是什么问题，你都应该和向你提供反馈的人，清晰明确地谈一谈。以下就是一些例子：

在这件事上，隐晦含蓄解决不了问题。请清楚明确地说出来，不要担心会伤害我。你的话不会伤害我的感情。

一开始，我往往都会为自己辩护，之后我就会回过神，并想明白这个反馈其实对我有帮助。所以，如果我看起来极具防御性，请不要放弃。我一定会仔细思考你说的话，哪怕我看起来并不会这样做。

如果你能让你的建议看起来像是可能会有帮助的好点子，而不是"显而易见的正确答案"，我的反应可能会有所改善。如果我面对的是后者，我发现我会为了"显而易见"或"正确"而与你争执不休，从而无法思考它是否值得一试。

这就是最近我一直在做的事情，在自我完善方面，我需要：_____。这也是我眼下最需要帮助的事情，我已经把所有其他事情都推后了，尽管我知道我应该现在就去做。

对于负面反馈，我真的非常敏感。所以，请不要在我陈述过程中提出负面反馈，除非它很紧急，需要立刻处理。

另外，你需要明白，教练很容易就会忽略你的要求和担忧，他们会想，**好吧，我倒是有一个我们都喜欢的谈论反馈的方法，可是现在真正重要的**

是反馈本身。他们的这一想法有一部分的确是正确的——谈话不是你的教练不得不翻越的障碍。然而，很多时候，我们对什么才是最佳学习方式的认识会让我们接受反馈时的能力产生巨大差异。我们向反馈者解释自身特定的防御机制不是要将他们拒之门外，而是要帮助他们越过障碍，直达我们内心。

讨论优先事项、规则和共同的期望

有时候，向你提出反馈的事实上就是一位导师或执行教练，又或者是一位想要给出建议的同事或朋友。在这种情况下，在更大的范围内和他们讨论反馈类型、优先事项及聆听的挑战性将会让你受益匪浅。

有三个话题值得注意，谈话中，我们应该始终将它们铭记于心。前两个是关于接受者：

（1）你的反馈的性质和倾向性
（2）你眼下正在努力的成长领域

第三个是关于教练：

（3）他们的理念、优缺点和要求

下一页中列出了一系列问题，借助它们，你就能够进入对你有益的领域。

此外，明确以下方面会对你有所帮助，比如教练的指导是否能够保密，你们相聚的频率，你将如何衡量这一过程以及你的优先事项和目标等。你需要和反馈者就你们的目的和实现目的的方式都达成一致的意见。

我们生活中的教练还包括"偶发性教练"，譬如令你痛苦的邻居。这种情况下，讨论规则和共同的期望也会有所帮助。试想一下，你的狗每隔一段时间就会闯进邻居的花园，对此，他颇为恼火。他"指导"你选择更高的隔栏，把狗用链子拴起来；或者，最理想的解决方法是给它找一个新家，越远越好。你的邻居用一张放在邮箱里的纸条向你传达了他的指导意见。

你却并不认同他的建议。首先，你认为你的狗闯入他花园的次数没有他宣称的那么多，可是要想证明这一点很困难，因为你几乎每次都是直到第二天取信件时才发现整件事。此外，纸条上那充满敌意的口吻也令你惊讶，让你恨不得将它扔进垃圾桶。

无论情况是进一步恶化，还是稍有好转，这一切和你的狗几乎没有任何关系，只和你是否会主动迈出第一步，指导你的教练有关。你可以拿起电话，或者更好的方法是，走到邻居门口，表达你的目的，（1）收集更多关于这件事情的信息——你的狗入侵对方花园的频率有多高，当你的邻居看到它时，它做了些什么以及是否造成了任何损害或出现了某种特定行为，从而引起了对方的关注；（2）指导你的邻居，告诉他和你一起解决这个问题的最佳方式是什么；（3）设定一些你们将如何一起解决问题的共同期望。

教练和被指导者的随身问题锦囊

谁妥善地向你提出了反馈？他们的方式方法中有哪些对你有所帮助？
你是否曾经收到过不错的建议，却被你拒绝了？为什么？
你是否收到过不错的建议，而你直到多年以后才接受它？
谁给你的动机？
什么令你感到气馁、灰心？
你的学习风格是什么？可视化的？听力至上的？全景学习或以细节为导向？
什么能有助于你倾听赞赏？
你期望自己能在哪件事上做得更好？

谁接受反馈的技巧令你仰慕？
你的童年和家庭教会了你关于反馈和学习的哪些事？
你从早期的工作经历中学到了什么？
时间／阶段扮演了什么角色？
情绪和观念扮演了什么角色？
宗教或灵性扮演了什么角色？
重大生活事件对你有何影响？结婚？失业？孩子诞生？父母去世？
你最不喜欢指导的哪一点？评估呢？
什么能帮助你改变？

因此，你可以这样说："当你在院子里看到我的狗时，请立刻告诉我。如果你给我留纸条，我就得等到第二天才知道这件事，而这会让了解它跑

出去的原因变得更难。"你还可以补充说:"我一直希望我们的隔栏能够发挥作用,可是情况并非如此。请给我一点时间,让我看看是否需要将它拴起来,或是找到一个更好的解决办法。我会在周末之前给你答复。"让邻居获悉你了解他的担忧,而你需要时间了解情况并想出解决方案,这将会有助于防止矛盾升级。

层级和信任

层级会影响指导对话。在之前的章节里,我们讨论过将指导和评估分离的好处。当对你做出评估的人同时给出指导意见时,要做到这一点并不容易。有时候,这样的情况不可避免。你不可能有两个配偶,一个指导你,另一个让你决定是否离婚。不过,当他们是不同的人时,他们应该如此。最好的情况是拥有一名教练,而他恰好独立于你的职业决定和薪酬之外。

然而有时候,你的教练是你的上司,你无法逃避他们和来自他们的指导。这时,你可能会认为指导教练的对话是被禁止的:"我永远都不会和上司谈论这类事情。我的上司决定我的未来。我不能向对方做出任何暗示,使其认为我不是一个坚强的有竞争力的人。"

当然,在特定的关系中,你应该小心选择谈话内容。不过,谈论反馈并不代表你就要暴露有关过去失败的所有事情(或任何事)。你不需要坦白:"因为我犯的许多错误使公司付出了极高的代价,所以我才失去了前两份工作。你能帮助我吗?"你可以这样说:"聘请我的公司看中的是我的大局观,但是有些细节也同样很重要。现在,关注细节是我的学习重心。因此,如果你能够实时指出问题,帮我快速纠正,这将会对我大有裨益。"

当你构思反馈请求时,不妨从效果层面入手,而不是直言你的志向。不要说:"对我而言,如何有效地管理会议非常重要,因为我的目标是五年后成为一名副总裁。"同样的,你也要尽量避免空洞的套话:"对我而言,如何有效地管理会议非常重要,因为我认为这是现代工作中一项真正重要的技能。"你的反馈请求应该总是与如何更有效地从事当前工作有关:"对我而言,如何有效地管理会议非常重要,因为鉴于合并迫在眉睫,我想让团队的时间得到最充分有效的利用。"这样说就把目的和回报与当前你们双方都重视的事物联系在一起了。

此外，还有一件事对谈话双方也很重要：寻求消极反馈——对他们能改进的方面进行指导——的员工往往能收获更高的绩效考核评分。[8] 也许，展示你的学习兴趣并不会突出你必须学什么，而是会凸显你有多善于学习。

不要成为一个贪得无厌的反馈信徒

无论何人何事，寻求反馈也可能会陷入极端。年轻的丹就陷入了"指导我"的误区。一开始，他的确非常诚恳地渴望进步，然而，他反复的反馈请求却变成了一种负担。"每次和客户见完面后，他都想坐下来谈一谈他的表现如何。"他的一名同事抱怨说，"我再也无法忍受了。"

如果你试图把身边所有人都拉进你的个人学习大军，你很快会精疲力尽——不久，你就会发现你的同事们开始纷纷逃离。询问他们对你的看法，他们如何才能帮助你，这并非学习的唯一方法。你不妨试试问一些关于他们的问题：你对我们现在面对的工作问题有何看法？你过去是否发现过相似的问题？你曾看到人们在这一情况下犯过哪些错误？今天早上，是什么给了你启发，让你想到那种方式回应媒体？人们喜欢谈论自己的想法和经验。通过在他们的智慧中发掘和寻找，你学到的丝毫不会比明确向他们寻求指导得到的少。

你的教练能帮助你们同步

你的教练并非天生就是教练，他们也不可能会接受任何指导培训。他们和你一样，是一名装卸工人或律师。所以，教练的角色可能会（也可能不会）让他们感到不自在，又或者他们可能（不）善于指导他人，而且即便是最佳教练也同样有他自己的优缺点。

你问你的教练，他们认为在你们一起从事的工作中什么最富挑战性——如果有的话。你的教练可能会这样回答：

当我向你提出建议时，我并不是总能知道你怎么想。我不确定你是否同意我的观点，而且我也不确定如果你不同意，你是否会让自己说出来。

公司想让女员工得到来自同性的指导，我很高兴能成为你的指导。我从小和三个哥哥一起长大，现在我有四个儿子，所以对我而言，这也是一种学习体验。

在我看来，赞赏就像是吹出来的烟雾。我不喜欢收到赞赏，而我也听到有人说我不善于赞赏别人。但是，我想成为一名好指导，所以让我们一起解决这个问题。

当接受指导的是老板时

随着岁月流逝，你在成功的阶梯上越爬越高，愿意冒险向你提出坦诚指导的人也越来越少。你也许会收到许多评估——市场分析、收入数据，而提供它们的是董事会。你也会收到一些赞赏——当你站起来发言时获得的掌声，下属对你愿意给予他们时间和关注的感激。可是，真诚而坦率的指导却变得愈加罕见。

作为人类，我们往往会将指导慢慢消失的现象归因于自己的效率和技术的全面、精熟。然而，公正而言，这只是一部分原因。你能成为 CEO 或 COO 或其他高管是因为你擅长做你的工作，并且一直以来都很擅长。可是，每个人都有优缺点，鉴于成长的复杂性，你的这些优缺点更有可能成为你成长道路上的拦路虎。你需要帮助才能看到自己的盲点。就你所处的位置而言，这些盲点不仅会对你反咬一口，而且还会伤害公司利益。

哪怕你是全球银行的总裁，或者你杀入了温布尔登网球赛的总决赛，你也一样可以在指导下进步。我们都可以。一位值得信赖的顾问能够帮助你想清楚那些复杂的选择，或帮助你准备好迎接潜在的冲击。

事实上，某些形式的指导只能来自于你的下属。有什么是他们知道而其他人不了解的呢？他们知道你对他们的影响。当他们和你见面时，他们也会与你的盲点碰面。他们看到你做的事情挡住了大家的去路，阻塞了你自己的信息，或是为他们和其他人增添了额外的工作。他们还从他们的下属那儿听到了公司里其他人认为你对有些事不理解或没有投入足够关注。

我们的下属是一个非常珍贵的信息源，如果你不频繁地去他们的知识宝库里寻宝，结果只会令人震惊。这就好比你在堵塞的交通中缓缓爬行，却完全忽视了头顶上指挥交通的直升机——它拥有更广阔的视野，而这正是坐在汽车里的你所缺失的。下属让你知道前方路段何处堵塞，何处连环相撞，并告诉你哪条捷径能够以最快速度到达最远的目的地。

在组织机构中，想让信息向上流动的确很艰难。要想实现这一目标，你需要建造一些水力工程。为什么？不要忘了，绝大多数的反馈者都迫不及待地想提出他们的担忧和关注，尤其是向上层。然而，他们担心此举会破坏他们和你的关系——你会不同意他们的说法，会恼怒，会辩解，甚至报复。他们不想伤害你的感情，让你难堪，也不想因为处理不善而让自己难堪。

当我们表现出对建议感兴趣，愿意接纳它们时，此举总是能给人以莫大的鼓舞。老板很自信，才会寻求反馈，而且也会真的倾听。我愿意为这样的人工作。

你可以考虑建议一种"反向导师"关系，从中，你会收到来自公司不同层级的一个或多个反馈，从而使你能通过他们的眼睛看到这个世界，看到你自己。从基层工厂的角度来看，公司是什么样的？在年轻员工和客户的眼中，公司是什么样的？加拉加斯、卡尔加里或吉隆坡分支的员工们担心什么？他们的客户对新一轮全球市场推动有何想法？你想了解你的优先级是否与公司的相一致，它们又会产生哪些计划外的影响——这样你们就能继续一起努力适应，及时纠正错误。

……

关于指导你的教练，最后一点值得注意的就是，和同事、家人一起阅读《高难度谈话Ⅱ：感恩反馈》会令你受益匪浅——尽管这样说会让身为作者的我们显得很不谦虚。当然，这不是说让你们真的在同一时间，倒上一杯热可可，然后大声地将书中内容念给其他人听。你可以选择某一章，在午饭或晚餐时和家人、同事一起探讨该内容。你不需要提前计划，也无需为对话设定任何特别主题。就是和大家说一说你阅读时的反应和想法。你可以用书中的内容作为谈话的催化剂。挑选一些有意义的和没意义的点，然后围绕它们展开讨论。

如果你有兴趣，还可以给我们发送电子邮件。我们一定会尽力回复。告诉我们你认为哪些内容有用，哪些没用。简而言之，如果你能做到，请清楚地描述出什么是"内外区防守"式的防守。

邀请他们进来

我们之前从未提到这一点：让与你关系不亲密的人进入你的生活，帮助你**改变关系**。这不仅仅是因为学习，还因为交往本身会创造联系并让身处关系中的双方发生角色转换。你变成了一个谦逊、不易受伤害且足够自信能够开口寻求帮助的人；他们变成了一个能够帮助他人，并受人尊重和赞赏的提供指导者。

在第十章中，我们看到了为什么善于设立界限会如此重要。你必须知道何时以及如何让人们离开你的那片情感田地。不过同样的，你也必须知道如何让他们进来——无论是精心管理的花园，还是老旧的废车场。对许多人而言，这才是真正的挑战。

诚实地说，每个人的那块田地都是一个花园与废车场的结合体。你的花园可能是一团糟，也可能修剪得体；它可能是一个漂亮可人的世外桃源，也可能会是枝藤不生的荒原。但是，我们每个人的后院里都有一些东西，我们都可以借助他人帮助想明白该如何处理那些生了锈的烂金属，以及常常将我们绊倒的那些令我们蒙羞的废纸箱。让某个外人穿过花园，走进这里需要极大的勇气。而这也是亲密开始成长的地方。

在人际关系中，我们处理反馈的方式会对我们的关系造成极大影响。我们的关系通常也会随着处理反馈方式的改变而发生变化。让我们来看看四种变通方式，在每一种情况中反馈都陷入了混乱，而我们让他人走进来的方式不同，最后的结果也会因此而不同。

一个好的聆听者寻求帮助

直到几年前，罗丝安妮才发现她的人际关系失衡了："人们都来找我寻求帮助。我是一个很好的聆听者，也很善于帮助别人。我喜欢帮助他人。然而，我开始发现我的所有对话都是关于其他人的问题。我知道其他所有人的情况如何，可是即使我最好的朋友也不知道我的内心情况如何。"

一开始，她认为她的朋友和同事都太自私。"可是现在，"罗丝安妮说，"我有问题了。我不会主动地表露自己的信息，我永远都不会寻求帮助。我不断地发出信号，而我自己并没有意识到——拒绝人们，告诉他们保持距离。"罗丝安妮用沉默将自己圈在了一个安全范围内。

认识到这一点后的几个月里，罗丝安妮什么也没做。"我知道我不想让事情变成这样，我决心要改变。我决定要努力练习一种很特别的技巧：我要学习如何寻求帮助。在很长一段时间里，我能做的就只有做出这个决定。这的确有点滑稽。我身上有一百万个问题，可不知为何，这其中似乎没有一个适合寻求外界帮助。而且我又怎么知道该向谁寻求帮助，或我需要别人为我做什么？我压根就不习惯向他人开口，所以我根本就不知道该从哪儿开始。"

最终，罗丝安妮想出了一个方法。她决定开口要一位朋友帮助她做一件她真的很不擅长的事情，然而在她看来，这件事其实并没那么重要：重新打理她的衣柜。"哦，我的天啊，在开口前一定要想清楚！那感觉就像南希终于等到了这个千载难逢的机会，恨不得把她这么多年来对我穿衣风格的意见一股脑儿地全倒给我。'30 岁后就不要尝试波点风格了！'是她说的第一句话。紧接着，'让我们先说说你的发型吧。'就这样，我跨出了第一步。显然，要想得到反馈，你就得开口问。"

随着时间的推移，在那位朋友以及工作中的同事的陪伴下，罗丝安妮渐渐开始让人们走进她那片并不怎么可爱的私人田地。她和他们分享了自己在艰难的童年时期就滞留在她身上的伤疤，以及她在过往情感中所遭遇的挫折。有一些反馈的作用比她预计的还要大。不过，更重要的是，她正在建立一种更深层的联系。

在接受别人帮助的同时，也让大家了解了自己。

一位灰心的顾问开口了

克莱的情况与罗丝安妮恰恰相反："我的一个同事纳丁有个 13 岁的儿子布莱恩。布莱恩在很多方面都很棒——他是一个聪明、有趣且颇有见识的孩子。可是，他并不是一个好相处的人，发起脾气来就像雷暴。最近，他开始将父母当作发脾气的对象。纳丁和她的丈夫都不知道该如何应对，可是纳丁却不想要任何建议。她发泄一通后，就直接中止谈话。"

克莱想提供建议吗？他想。然而，根据克莱对纳丁的了解，他什么都没说。"我没有孩子，正因为如此，每次谈论这个话题，人们都对我的建议不感兴趣。可是,在成为地质学者之前,我曾参加过多次问题儿童夏令营。我知道什么会惹恼孩子,以及怎样做能让他们冷静下来。我想,这大概是因为我以前就是这种孩子吧。"

纳丁了解他的这段经历吗?"她知道,但不是很清楚。"他说,"我也曾特意提起过这一点,'噢,是啊,我以前就和一个这样的孩子住在一起。'可是纳丁从不理会,每次都直接略过。"

如果要我们指导克莱如何给纳丁提出建议,他能做的事情太多了。他可以清楚说明他做过什么,以及什么是他不知道的。他可以这样说:"根据以前我帮助像布莱恩这样的孩子的经验,我想到了一些办法。与此同时,我知道我没有孩子,所以我缺乏父母的视角。"他还可以对纳丁养育布莱恩所付出的努力表示赞赏,同时阐明他对纳丁是否采纳他的意见的包容——纳丁可以自由选择,她可以采纳他的建议,也可以不接受:"你很努力,也许,你已经尝试过这些办法。毕竟,你才是最了解他的那个人⋯⋯"

不过,这是一本关于接受反馈的书。在这个例子中,最后的结果显示,接受反馈恰恰就是帮助纳丁解决问题的钥匙。克莱做了一些他之前从没想到的事情。他向纳丁征询意见。"我当时在她家吃饭。"他说,"我们谈到了我的个人生活。有生以来第一次,我向她讲述了我对抗抑郁症的经历。谁知,纳丁刚好对抗抑郁药物有所了解,那次谈话对我帮助不小。接着,不知从何时开始,她说起了布莱恩。她谈到了最近发生的一件事,当我说出我对这件事的看法和意见时,她听得很专注。这是我们第一次认真地谈论这件事,而她就像一块海绵,把听到的一切都吸收了进去。"

克莱告诉我们,这个故事的结尾是这样的:"从那以后,我们常常会谈起这个话题,她也开始接受我的建议。而这件事也令我有所感悟。她之前就怀疑我在对抗抑郁症,她觉得自己知道一些能够帮助我的事情,可是她总认为谈论这个话题会让我感到不舒服。她的感受和我一样,想提供帮助却又担心这种不请自来的帮助会让对方难堪。我们都被自己的思想束缚了。"的确如此。

给完美的人的完美反馈

菲奥娜在肯尼亚建立了一个社区健康中心。在过去的十年当中,她一直夜以继日地工作着,创建合作关系,拓展业务,培训新员工。这个地区的人们喜爱并尊敬她。人们从非洲各地赶来,学习她的社区服务模式。

最近,菲奥娜开始有些坐立不安,随着新机会的到来,她发现自己遇到了一个令她惊讶的问题:尽管她一直竭尽全力地培训员工,可是如果有一天她要离开,却找不到一个能够接替她的合适人选。

当意识到自己计划中的这一缺陷后,菲奥娜立刻着手处理该问题。她列出了接手人需要掌握的技巧清单,并开始筹划如何让现有员工掌握这些技巧。她还开始四处探寻哪儿能找到可以胜任这一职位的新员工。

来自另一家健康中心的朋友问菲奥娜:"你做了什么阻碍了员工的学习?"这位朋友的言下之意很明白:在经营了这个中心十年后,你手下应该至少有几个知道如何管理中心的员工。对此,菲奥娜并不服气:"阻碍我的员工?你是在开玩笑吗?"她立刻指出了这些年她对员工开展的各类培训和指导。

可是,这个问题令她备受打击,如坐针毡。一天,她找到一名基层员工,她知道该员工有能力且观察力敏锐。她说出了这个令她不安的问题,不过她问的不是她是否妨碍了下属,而是她如何妨碍了他们:"你认为我做的哪些事阻碍了中心的员工?"

结果表明,菲奥娜——和许多创业者一样——在每一件事情上都留下了她的烙印。在创业早期,这能确保高质量的管理和通畅的信息传递。然而,随着中心的扩大,她对公司的审查、指导和管理的需求一如从前,这就意味着在没有获得她的首肯前,什么事都做不了。员工永远都不会有犯错的机会,也永远学不会如何发挥主动意识,或如何信赖自己的判断。

从菲奥娜的角度出发,这个反馈需要她做深刻的自我检查,而这并不容易。此外,她还需要在公司里开展许多额外的对话。最后的结果有三个:菲奥娜学会了后退一步,赋予员工以更多的职责。她和员工的关系足够强韧,从而大大减少了该工作的执行难度。最终,菲奥娜表明,没有谁是完美的,即便她自己也是如此。这一表态使得所有人都松了一口气,也让员工从错误中汲取教训变得更加容易。

转变

艾米刚刚被上司训斥了一顿。在电话会议中,当着所有人的面,而这已经不是第一次了。

她放下电话后立刻拨通了汉克的电话。之前,他们都曾是一家连锁便利店的夜班经理,从那时开始,汉克就是她最好的朋友。现在,艾米成为了该便利店的竞争对手——城内另一所超市——的经理,而汉克则成为了一名董事会成员。他知道艾米有一个新的上司伊凡,两人势如水火,这几个月来,他听到了许多关于伊凡的事情。

最新的一则消息是:伊凡召集该地区的店铺经理一早开电话会议,讨论更换运输商的事宜。艾米接通电话的时间晚了几分钟,当她切入电话时,正好听到伊凡说:"……艾米又迟到了,和往常一样。"

"他就是和我过不去,"艾米对汉克说,"这样做太不专业了。当时那个会议里一共有 18 个人,他们都听到了他的话。"

在稍后的会议讨论中,当伊凡说到新的运输商需要授权人签署流程文件时,他们又再次发生矛盾。艾米指出其他的流程供货商已经要求授权签字。"没有。"伊凡纠正道,"到现在为止还没有,但是从现在开始,一切都需要签名。每个人都应该安排人为流程运输签字。"

艾米继续对汉克说:"于是,我告诉伊凡我会把现有的签字人的名单抄送给他。很显然,我这样做只是想让他知道我们已经有了一份名单。这时,他用一种好像我听不到的声音说:'我猜,艾米真的很想让我说她是对的吧。'他说话的口吻自然得就像他根本停不下来一样。我从没见过防御心理像他这么强的人。可是在冒犯别人之前,他难道就不能先想一想再开口吗?"整个过程中,汉克若有所思地听着,时不时地回答一声"是啊"、"噢"。

当他放下电话时,汉克心想,如果他想帮助艾米,除了聆听,还能做点什么呢?

我们将自我定位是为了舒适,不是为了指导

受到批评后,懊恼的艾米做了我们所有人都会做的一件事——她伸出手,寻求帮助。发泄是一种自然的疏导反应,将刚才那一刻的痛苦一股脑儿讲给朋友和同事听,这样做能帮助我们和他人建立联系,重获平衡。

然而,很多时候,我们走到这一步就不再前进。我们要朋友充当自己的支持者,从而使自己能够重新回到平衡状态,感觉好一点。然而,我们却

错失了请求他们帮助我们完成一个转变的大好机会——将反馈变成能为我们学习所用的材料。

当然,从艾米的观点出发,伊凡的行为根本算不上是反馈;他不过是在和她作对,攻击她。可是,从攻击中提取反馈信息恰恰就是朋友们能够帮助你做的那件事。

艾米有一个直觉

当天下午,艾米再次致电汉克,感谢他给予她的支持,并向他提出了一个请求:"通常,我都能看到对方言行的意图或动机,可是对伊凡,我觉得我们之间一定有什么我不知道的事情。我不知道究竟是我触怒了他,还是他对所有人都如此。我需要你帮我弄明白这一点。"她想要汉克从支持者转变成诚实公正的指导者。

艾米的直觉听上去很合理:在艾米和伊凡的冲突中,汉克能够同时考虑到双方。他明白伊凡的评论为何会让艾米如此愤慨。可是,他也亲身体会过艾米那种渴望被肯定的感受,汉克想知道这是否是艾米的一个盲点。艾米不会仅仅因为伊凡难相处就也变得难相处。

汉克注意到艾米和伊凡已经不是第一次为了"谁对谁错"而争执。他发现了一种情形:不仅仅是伊凡触怒了艾米——艾米也同样惹恼了伊凡。"你说得没错。"艾米承认道,"可是,如果他错了,我可不会假装他是对的,尤其是在他当着其他人的面说我错了的时候。"

说到这儿,艾米顿了顿,又补充道:"你知道吗?还有一件事我之前没有提到过。"当艾米无意中听到伊凡的那句"艾米又迟到了,和往常一样"的评论时,她并没有在电话里与他争执。可是,当大家围绕装卸货物和签名开始讨论时,她忍不住给他发了一条短信:

艾米:迟到? 2分钟而已。

伊凡:5分钟。

艾米:我刚才在处理顾客投诉。

伊凡:和我无关。不要迟到。

艾米:就2分钟,最多3分钟。

回到电话中后，艾米和伊凡继续这种巧辩，只不过这一次，话题变成了签名和过去的流程操作。和之前一样，艾米似乎没有察觉到他们的争辩已经偏离了主题。

汉克的意见是，在这一点上，艾米也许想做那个最后发言的人，而这正好加剧了艾米和伊凡的矛盾。（当然，在她和汉克的对话中，艾米也在不自觉的情况下展示了这一直觉："但是你要知道，我真的只晚了 2 分钟。"在挂电话前，她特意补充道。）

为了达到目的列两个清单

汉克竭尽全力想做好诚实公正的指导者，于是，他建议艾米和伊凡列两份清单——反馈的错误之处，以及反馈里可能正确或有帮助的内容（其中包括了我们在第八章的图表中的内容）。汉克告诉艾米，每次当她为了替自己辩护或指出伊凡方法中的问题而偏离谈话主题时，她都把它记在"错误"一栏。之后，他会引导她回到可能是正确的方向中。

以下就是艾米记在纸巾上的一些内容：

反馈	反馈中的"错误"	可能正确的方向
"我猜，艾米真的很想让我说她是对的吧。" "又迟到" "别迟到"	我们是怎么回事，7 年级的孩子吗？当着所有人的面，在电话会议上说这种话实在是太不合适了。你应该一对一地和我说。 我是不是该假装他是对的，哪怕我明知他是错的？ 当我知道他错了的时候，我是不是该假装他是对的？ 我就晚了 2 分钟，可是我什么也没错过。他反应过激。	我陷入了围绕细枝末节的争辩中，而实际上，它们并不那么重要。 流程这件事并不要紧——我只是不喜欢他当着这么多人指出我是错的，尤其我知道我没错的时候。 我为什么要做最后一个发言的人？爸爸？ 我加入电话会议的时间晚了几分钟。我注意到其他人都没晚。要想改变，有什么想法？我晚 2 分钟，还是 5 分钟，其实都不像他说的那么重要。准时总是好的。

　　把一切写下来,然后讨论问题到底在哪儿,这样做给了艾米自由,使她能够看到什么可能是正确的 / 有效的 / 合理的。列这份清单并非为双方撇清责任,也不是让艾米对她和伊凡的交往得出某种想当然的结论,更不是一张评价谁对得更多,谁更应该被指责的判决书。艾米正在发掘学习信息——关于她自己和她与伊凡关系的信息。如此一来,当她带着这些想法接近伊凡时,她就能对整件事情有一个更趋于平和的观点,也能对到底什么才能改善当前情况有一个更好的认识。

　　……

　　反馈并不仅仅和建议的质量或评估的准确度有关,它还涉及到人际间的关系、你没把事情完全弄明白的表态以及你想全身心(带着你的缺点、不确定和所有的一切)投入这段关系的意愿。

第十三章

总 结

组织机构内的反馈

埃弗雷特是一家制造金属薄片公司的供销经理。他喜欢数据。

所以，当他从那份全方位测评报告中收到一大堆数据，发现自己竟然不喜欢这些数据时，他很惊讶。数据提供的信息让人困惑，而且与他的自我认识大相径庭。他想反驳——以随处可见的好数据的名义为自己辩护。他告诉每一个愿意聆听的人，为了这份测评反馈而付出的努力收效甚微且毫无意义。

有一天——哐！——他被它击中了。"反馈言之有理。"他说，"突然之间，我开始以一种全新的角度来看待自己，如此一来，很多事情就解释得通了。哦，**这**就是为何一直以来我都在挣扎的原因；**这**就是我出错的地方；**这**就是一直以来干扰我婚姻的罪魁祸首；**这**是我能够改变的地方。"现在，埃弗雷特一改初衷，对这份全方位的报告百分之三百的支持："这是获得成功的唯一办法，可是我这个笨蛋却固执得看都不愿看它。"

然而，他的许多同事并不同意他的观点。有些人觉得自己的测评报告有帮助，但它的启发性并没有那么大。有些人觉得它毫无帮助，还有一些人甚至认为这份报告具有破坏性。埃弗雷特对同事的这种态度感到遗憾："没有任何一个绩效管理系统是完美的，但是我们公司的真的很棒。我们的高管中自满的人太多。或者，他们也许只是不敢为成长付出努力。"

皮埃尔也在和他公司的绩效管理系统斗争。皮埃尔是一个服装零售连锁店的总裁。这套系统让他和员工们付出了巨大代价，让他忍无可忍：它耗费了过多的时间，结果却让员工们士气低落，还觉得自己受到了不公正对待。"在这儿工作的人大多数都棒极了。"皮埃尔说，"可是，公司里的绩效测评系统却无法发挥应有的作用。它让所有人都觉得压力重重。亟须处理的绩效问题迟迟得不到解决。我们一直都在寻找更好的方法，可迄今为止尚未找到。"最终，皮埃尔彻底叫停了整个绩效考核，完全放弃了之前所做的一切工作。

皮埃尔觉得员工很棒但系统有问题；埃弗雷特认为系统很好但人有问题。

世上没有完美的反馈系统

就"有问题的人"而言，在此前的十二个章节里，我们已经深入探讨了无论对谁而言，做一名完美的学习者都是一件极其艰难的事情。为人一生，我们会不断遭遇各种挑战，但这些挑战都是值得的，因为每当这时我们都可以清楚地看到自己，管理自己的情绪反应，并改变那些顽习固癖。人们可以学习然后改变吗？当然可以。对每一个人而言，要做到这一点都很困难，是吗？没错。

正如没有完美的学习者一样，这世上也没有完美的组织机构反馈系统。对于任何机构的反馈需求，总能找出更好的系统更好地解决问题，也总有更差的系统让问题变得更糟。然而，无论是谁，当他／她选择和应用一个特定系统时，他／她都必须应对不可避免的紧张关系，并权衡与之相关的各种利弊。

例如，任何一个系统应用于有一定规模的组织机构之后，它都会遭遇因为人的气质差异所带来的问题。这个系统会对某些人很适合，对另一些人较适合，对个别人非常不适合。还有一个不可避免的情况是，实施这套系统的管理者可能相当善于处理反馈事宜，但也有一些则不擅此道。所以，任何一套系统都永远无法实现理想的运行或得到百分百的认同，而这种对认同的挑战会形成一种不断增强的恶性循环。**别人从不在这上面花时间，我又**

为何要花时间呢?

在任何一个系统里,反馈者看到的往往都是巨大的投入成本与小的可怜的系统回报。在一个药物科研机构工作的露辛达对此了然于心:"它让我放下最基础的工作,投入时间和精力,最终却得不到任何奖励或认可。"

而且,她也不确定该如何评定她的下属。她知道他们的表现并不出众,但是她很担心消极评估会打击他们的士气。"如果我按照要求的严格标准给我的人打分,那个分数会让许多人都灰心丧气。在一个供不应求的劳动力市场上,我承担不起失去任何一名员工或破坏我们已经取得的成绩所带来的损失。因此,尽管从整个机构的角度来说,强迫我严格评分也许会让事情看起来很公平,但是对我和我的团队而言,我们只能看到它的缺点。而且根据我听到的消息,其他经理压根就不理会这套标准。如果我真的使用它,那就像是对员工加入我的团队的一种惩罚。"

就职于公园管理处的吉姆也被绩效测评系统所扰——为了另一个原因。他是搜救队的主管,其团队的表现关乎性命。"我花了不少时间招纳新人,从中选择最优秀的人选。"他解释说,"在暴风雪中,如果我派出的人员有误,所有人都会陷入危险。我团队里的所有人都是最棒的,因为和其他同级别主管不同,在评估之前我就已经完成了考核和淘汰。'硬性要求'是对我有效管理团队的惩罚。"

无法忍受它;没有它不行

从吉姆和露辛达的立场来说,他们的反馈系统看起来缺点不少:它会给做出百分百诚实考核的管理者个人带来风险。无论是反馈者还是接受者,只要处理稍有不当,这种对话就会摧毁彼此间的信任、双方的工作关系,打击工作积极性以及团队凝聚力。

然而,如果他们不作为,风险也同样存在。问题恶化,管理者和系统的可信度丧失,团队表现不佳,上层员工对他们这种消极怠工却无需承担任何后果的现状极为不满。

管理者们感觉进退两难,逃避无所不在。别忘了有 63% 的行政主管在接受调查时说,有效的绩效管理所面临的最大挑战就在于他们的管理者们没有勇气去开展艰难的绩效讨论。[①] 他们对即使是表现平平的员工也给出虚假高分,而此举会大大损害评估报告在解决绩效问题或指引决策中的有效性。在一个组织机构中,96%的员工都能收到最高的评分。[2]研究者布琳·布朗注意到,缺乏有意义的绩效反馈是人才离开一家机构组织的首要原因。[3]

抱怨系统和身处系统中的人很容易。真正困难的是弄明白什么能有助于改变现状,尤其是考虑到绩效系统亟须完成的各种目标:

· 为各角色、各职能及各地区提供稳定一致的评估报告;
· 确保报酬及奖励分配的公平性;
· 激励积极行为,管制消极行为;
· 清楚传达期望值;
· 增强问责制;
· 使个人与组织机构的目标及远景相匹配;
· 指导并增强个人及团队表现;
· 助力寻找合适的人就任合适的职位并留任;
· 协助关键领导职位的继任;
· 提升工作满意度和士气;
· 按时完成考核——当月、季度以及年度考核。

所有这些目标不可能由一个单一的系统完成,即使是诸多系统联合起来也不一定能够完成。

趋势是使系统集中化、标准化,在全体员工范围内跨职能、跨地区、跨市场地收集量化数据。这会有一定帮助,但是你无法"量化"一个事实,即反馈是一个以人际关系为基础,并带有评判的过程。正如迪克·格罗特在《绩效量化的神话》中指出的,你无法仅仅通过计算一名语言翻译者翻译的页数就对其翻译绩效做出评估。[4]你必须对翻译质量作出判断——译文是否抓住了原文的细微差异、意义和语调。此外,正如我们在书中探讨的,反馈存在于(或死于)其提出者和接受者之间的信任、可信度、关系及沟通技巧当中。

因此,每个答案都来之不易。不过,我们的主张是:系统总是不完美的。我们应该努力完善它们,但这只会让我们走得太远。最高超的手段就是帮助系统内的人们更有效地沟通，正如在反馈者和接受者之间，最能影响沟通结果的是接受者的技巧。我们需要武装接受者，使他们能够创造引导力——驾驭他们自己的学习，寻找诚实的指导者和直接的支持者，并且在自己需要额外的赞赏或指导，又或是对自己的处境感到困惑时能够大声说出这一切。随着每一位接受者的接受技巧——创造引导力——变得越来越娴熟，整个组织的反馈沟通也会变得越来越好。让我们一起齐心协力创造引导力。

······

接下来，我们会着眼于这个挑战——不完美系统中的不完美的人——并从三个不同的机构视角提出完善理念：领导层和人力资源部、团队领导者以及教练和接受者。

领导层和人力资源部能做什么

既然我们都期望领导层和人力资源部能够对绩效管理问题"做点什么"，那就从他们开始吧。他们并非唯一的参与者，但是他们是最可察觉到的、最有可能插手系统设计的人。他们能够起到的帮助有三点。

1. 不要仅仅鼓吹优点

实施和维护绩效管理系统的任务通常都会落在人力资源部。[⑤]

因为这些系统太容易被诟病，而且被诟病的次数太多，所以人力资源部的负责人会竭尽全力地阐述其积极的一面，以此作为自己的论据。然而，这种大力倡导将会衍生出一些计划外的后果，使辩论双方变得更加麻木不仁：人力资源部和高管层是拉拉队，摇旗呐喊，剩下的所有人则在一旁喝倒彩。当人力资源部不断传递出更多积极信息时，反对者就会觉得自己有义务散发出更多的消极信息。

当然，人力资源部和领导层都对真正的挑战心知肚明。一项调查发现，在高层人力资源论坛中，私下里，只有3%的人力资源主管给自己部署的绩效管理系统给出了A；58%的人给出了C、D甚至F的评分。[⑥]他们比任何人都更清楚挑战是什么，可是他们的角色决定了他们不可能公开谈论这些挑战。

对此，我们的建议是：不要仅仅渲染利益，还应该讨论和解释折中与权衡。一则来自多年前一位客户的案例解释了这样做很重要的原因。公司聘请简作为人力资源部的新主管，其主要任务就是修复绩效管理系统。简的前任曾试图推行一套新系统，可是一年后，董事会执行政委员会投票否决了该新系统，这位前任也离开了公司。

简到任后，检查了前任计划推行的工作和系统。之后，她认为当前的首要任务不仅仅是采用一个全新的绩效评估系统，而是全面推行她的前任曾大力倡导但最终被否决的那套系统。简的助理问她为何要如此大费周章：如果你想被炒鱿鱼，为何不直接在脸书上贴出自己的自毁形象的照片？这会让事情变得更容易，也更有趣。

但是简有自己的计划。她召开了执行委员会会议。会上，她在开始陈述前首先表明，她想要委员会重新考虑去年被否决的那个系统。没有人对她的这一建议表示高兴，然而当她补充说"我想要找出该系统的所有缺点"时，人们觉得这样做至少还有那么一点点意思。

委员会开始了他们的批评之旅，清单在不断地变长，简也提出了她找到的一些缺点。当清单完成后，她大声念出了每一条缺点，最后用一声惊叹"哇哦"为清单画上了句号。稍作停顿后，简接着说："这些缺点都很严重。怪不得你们投票否决了它。"有些人听到这句话不禁开始抱怨：**难道她直到现在才意识到这个计划有缺陷吗？这就是那个我们请回来解决问题的人？**

简接着说道："现在，让我们把这个系统的优点写下来。"这一次，进度一开始有些缓慢，但很快就形成了一股不可阻挡的势头。同样的，她在完成总结后把每一项优点都大声读了出来；其中有不少项都指出该拟推行的新系统优于现有系统之处，或优于委员会成员了解的其他系统，使用该系统能带来更多利益。念完后，简说："严重的缺点**和**重要的优点。"并随即补充道："我们已经了解了许多其他绩效管理系统。每个系统都有其缺点。仅就我们眼下的工作目标和要解决的问题而言，我们现在讨论的这个系统具备那些最重要的优点，而且缺点更少。我们应该采用它，因为它是至今为止最适合我们公司的系统。一旦我们发现更好更合适的系统，我向你们保证我一定会即刻采纳。"

最终，委员会全票通过了该计划。整个会议耗时 45 分钟。当被问及是什么让委员会做出了与去年完全相反的决定时，一位成员回答说："去年，我们只看到了计划的优点。今年，我们讨论了它的缺点。"

也许，这样的推理听起来有些滑稽，然而它恰恰是正确的。当我们被要求对让我们担忧的事物做出选择，而呈现在我们面前的只有其优点时，我们会自动补足其潜在的那部分缺点——有些是真实的，有些是想象出来的。随后，我们会再次以想象构建出一个解决方法：当一个没有缺点的计划摆在眼前时，我们为什么要去选择一个有那么多缺点的计划呢？就用那一个。

简找到了一个方法，把委员会成员的内心声音——他们的恐惧和担忧——带入会议室，从而使他们能够权衡和评估。当你这样做的时候，其结果可能是缺点远胜于优点，但是至少人们现在能够对其涉及的真实选择做出评估。我们的选择对象不是这个和某个尚未被发现的梦幻计划，我们要做的是在这个计划和其他也同样拥有优缺点的、具有可比性的计划中做出选择。

总而言之，当组织机构选择或实施系统时，人力资源部和领导层应该将下列信息明确告知机构内各个层次的员工：

· 清楚阐明系统的各种目标；
· 对选择该系统，放弃其他系统的原因做解释说明；
· 将其潜在的缺点和优点透明化；
· 清楚描述三心二意的参与者可能遭受的损失；
· 欢迎持续性讨论、建议和反馈的邀请。

在处理与系统有关的投诉或担忧时，请确保聆听和认可务必到位。询问可能会完善系统的具体建议。如果你打算否决一个已经提出的想法，至关重要的一点就是阐明原因："我们详细地讨论过它。它可以在这里解决问题，但是会在那里制造问题。权衡之后，我们决定不予实施。"如果你不解释原因，人们会认为你并没有彻底了解其建议的优点，他们会进一步地向你输出信息；或者，他们会认为你压根就不在乎他们的担忧或感受。

人力资源部能够疏导整个过程，但是最终，因为不得不提供和接受反馈而造成的两难困境及时间危机是一个**共有问题**，这不仅仅是人力资源部的问题。分享问题能够产生新点子，但与此同时它也能完成角色的转变：从标准的压迫者—受害者转变成共同解决问题的人。

伊斯梅尔对公司里的反馈状态已经忍无可忍，决定"分享困境"。他召开了全员大会，在会上对问题直言不讳："我听到有人抱怨说他们没有得到足够的考核反馈。我也听到有人抱怨说他们不喜欢得到的反馈。员工责怪经理，经理指责员工。所有人都指责人力资源部。我们已经推行了能够找到的最好的评估和指导系统，可是我们必须承认这样一个事实：系统并不完美，它们也永远不可能完美。没有任何系统能够让你学习，但是也没有哪个系统能够将你隔离在学习大门之外。所以，如果我们要继续前进，最好的办法就是问问自己：我想成为哪一种学习者？我想成为哪一种导师？我们是一个整体：如果你支持我的学习，我也会支持你的。"

伊斯梅尔的坦诚帮助人们看到，这并非一个行政管理问题，而是一个人的问题。他让人们介入并交谈——谈话内容不仅仅是关于挑战，还有如何承担自己的学习职责，以及想出可能的解决办法。

诚然，你不能让组织机构中的每一个人都介入设计和实施反馈系统。但是，你可以发出参与的邀请，正式的或非正式的皆可。邀请那些对系统反对意见叫得最响亮的人参与系统设计通常都会有所帮助，这样做一来能够借鉴他们的视角和观点，二来也可以让他们亲身体会对他们抱怨的系统做出有建设性改进需要面对的挑战。

2. 区分赞赏、指导和评估

一个单一的绩效管理系统无法有效地完成三种反馈沟通。每一种沟通都需要运用不同的方法。

评估需要公正、一致、清楚且可预测——在个人、团队和部门之间。我们需要明白谁对谁做出评估，评判成功和进步的标准是什么。我们需要在一年当中就目标和进步开展细致的双向对话，对话必须能及时解决问题。评估系统需要足够严格，从而确保公正性和一致性，但是考虑到不同角色和环境中的个体差异，该系统也需要有充足的灵活性。这些要求并不是新要求，但要想做到任何一点都不容易。

良好的指导要求不同的参数都能正常运转。正在进步的人需要频繁并且贴近现实的建议，以及能够供其体验小错误或改进的机会。"一年一度的，一次列出 20 条建议的指导会面"或"一年两次，每次 10 条建议的指导会面"都不能奏效，因为就其本质而言，**指导是一种人际关系，而不仅是会面**。指导者和被指导者需要连续地探讨被指导者该如何做才能适应组织机构的需求并培养个人竞争力。当他们从事不擅长的工作时，他们需要诚实公正的指导者，帮助他们看清自己；当他们取得进步的时候，他们需要简单直接的支持者，使他们安心。

正如我们之前说到的，将指导和评估混合在一起至少会带来两个问题。其一，就接受方而言，我的注意力会被评估所吸引，指导随即沉入无人问津的深渊。如果我知道我失去了承诺过家人一定会得到的奖金，我不可能再聆听你的建议：如何能让我的 PPT 更精彩。其二，如果我打算敞开心扉接受指导，我必须感觉自己是安全的。[⑦] 我需要确保承认错误或不足不会破坏我的工作安全感或职业进程。我需要对你有绝对的信任，让我确信在指导对话中敞开心扉不会对我的评估造成任何不利影响。

最后，正如我们所说，因为共同赞赏的匮乏而导致工作受阻的情形实在太多。即使是我们当中对就职环境满意度最高的人也会有抱怨的时候：为什么我为工作投入这么多，还忍受了那么多的废话，却得不到应有的赞赏？正式的赞赏行为会有帮助，可是，相对于来自公司层面仪式性的赞赏，我们更关心的是能够从身边的同事和上司那儿得到即时的赞赏。生硬的"谢谢"很快就变成没有太大意义的形式化词语，但是一句真诚的"嘿，看着你妥善处理这些复杂的工作，让我不禁开始反思自己处理问题的方式方法"，比任何奖状或礼品券都更有意义。

每个人聆听赞赏的方式都不同。[⑧] 有些人是从他们的工资支票中找到赞赏，并且对其他人要通过支票以外的方式才能感到被重视感到不解。有些人是从私下里的一句肯定或手写的感谢留言中找到它；还有一些人是从导师一遍又一遍地重复教授技巧的耐心中，或是饶有趣味的任务中找到赞赏。其实，我们想告诉大家的是，你必须有一个"赞赏体系"，或者换言之，具备一种赞赏的文明标准，从而鼓励所有人注意：（1）他人工作中的闪光点和独特之处;(2)团队成员如何聆听赞赏和鼓励,从而使得它们能以最好的方式传达给那个作为个体的人。

如何在这三种反馈中取得平衡的职责,最终会同时落在反馈者和接受者身上。萨拉从事咨询行业刚满一年,她发现她会得到许多令她备受打击的指导,但事后她对自己的处境依然一无所知。这种真空状态意味着她正非常努力地不把听到的指导当成评估。"我不知道自己的工作是否已经走上正轨,而这使得我在面对来自搭档的指导时,就像是面对执行死刑的小分队一样,忐忑不安,心神不宁。最终,我决定开口提问。我对搭档说:'之前,你给了我一些指导,你能告诉我你觉得我干得怎么样吗?根据我在这个项目中的工作职责,我的工作是否已经走上了正轨?'我的提问让他很惊讶:'萨拉,你做得棒极了!你一定能在这一行干出点成绩——你难道没有意识到吗?'我没有。不过就在他说出这句话的时候,我终于可以放松下来,专注地思考他的指导。当我能够把他的指导意见真正用在工作上,我发现这真的对我很有帮助。"

3. 倡导学习文化

在所有组织机构中,明确和隐晦的信息最终都会演变成被珍惜的和被奖励的事物。如果你想要"学习"被珍视,你就必须让它成为大家带着崇敬谈论的话题,成为商战故事中突显的重要特质,或是与职位提拔相关的重要指征。

以下就是有助于倡导学习文化的五个要点。

突出学习故事

在许多组织机构中,最常见的竞争故事就是拥有神赐般超人才能的明星人物凭借着始终如一的业绩、一点点运气和好的人际关系,在公司里扶摇直上。然而,现实通常都有别于神话。事实上,这些明星人物的真正过人之处就是**学习**。

神赐般的才能不过是斯嘉丽的同龄人在讲述她的故事时用的一种措辞。她有魅力,聪明,人见人爱,能够跻身于最好的项目中,并且很快就成为了高级会议的参与者。在同事们看来,她的快速提拔得益于她的天赋以及她玩转政治游戏的高超技巧。

然而，她的同事们漏掉了整个故事中的一个关键部分。他们没有看到斯嘉丽是一个有前瞻性且意志坚定的学习者。她专注于自己不理解的事物，敢于提问题。她开口询问她是否能参加会议，因为那个会议可以帮助她更充分地了解客户，于是，她得到了上层领导者如何扮演自己角色的第一手观察资料。她愿意接纳指导的开放性有目共睹，她从来不会让自己表现得像一个完美的人。事实上，她会快速地承认错误，并坦承自己从他人那儿学到了什么。没有人会认为斯嘉丽知道所有问题的解决方法，但是越来越多级别比她高的同事在应付最艰难的挑战时，都会把她当成值得信赖的搭档。

不幸的是，斯嘉丽的公司并没有充分利用她的学习技巧。在不断被提拔的过程中，她没有收到任何鼓励她分享学习方法的信息，也没有任何管理者这样做。所以，她的同僚和比她年轻的同事都把她的成功归结于运气和谄媚功夫，完全没有注意到（或效仿）她任何一点优秀品质。

一个组织机构的故事和它的神话（在面对不可能战胜的挑战时所展现出来的勇气、天赋或耐受力）会从某种程度上定义它的文化。一些"错误的"故事最终演变成"我们学到了什么"故事，这样的案例多得不胜枚举——每一位成功的员工和团队可能都有他们的故事——但是被拿出来分享的却少之又少。

培养成长认知

如果你想推动人们走出固定认知，获得成长认知，有两件事能帮助你。第一，教导他们。绝大多数人都对"成长认知"的概念一无所知，直到他们听到与之有关的信息。举办讲习会，探讨并解释固定认知和成长认知的差异；让人们展开讨论，提问，表达疑惑。谈一谈人们对待积极反馈和消极反馈时的方法差异，以及指导团队成员的方式方法中隐藏的深意。区分诚实公正的指导者和简单直接的支持者，并透过传闻抓住有助于成长的信息——同事们彼此帮助，使对方看到自身盲点，在处理反馈时着眼于反馈中的正确信息，而不是仅仅为其中的错误内容而抱怨、发泄。将这些信息和概念扩散开去，进入人们的意识之中。

其次,让识别反馈的原因并找到学习它们的方法所需的努力成为可以讨论的话题。人们在练习中逐渐进步,如果对话双方都意识到了来自反馈的挑战,他们练习的效果将会更高。讨论反馈引发的反应、困惑、自我防卫、盲点以及对成因和导向的解读——这些都应该成为如何做好工作的日常谈话中的一部分。

不过,"成长认知"不能被反馈者当成谈话的捷径:"你不接受我的反馈因为你不具备成长认知。"这一点非常重要。拥有成长认知并不意味着你就总是要接受反馈,事实上,它是为我们提供了一种聆听反馈的方法。

讨论第二个分数

第九章中,我们建议大家在处理具有挑战性的反馈时给自己一个第二分数。你可能对自己的评估报告不满意,或者你所做的项目最终可能会落选,不过真正让我们感兴趣的是你对这一经历做出的回应。这能够告诉我们,当挑战逐渐加大,而你所处的环境变得越来越复杂时,你能做什么。

我们并不推荐你真的"给"自己一个正儿八经的第二分数。(**现在,你会如何评判我对你的第一次评估的反应呢?这让我担心。**)但是,我们鼓励你讨论第二分数的挑战和重要性。反馈者可以鼓励接受者做的不仅仅是回顾反馈本身,还能够激励他们反思自己接受反馈的方式以及得到反馈后做了什么——反思如何才能让自己获得最高的第二分数。

创造多渠道反馈

在外交事务中,多渠道外交是指事件参与者在促成全面改变,构建和平的过程中采用的多层次手法。渠道1是政府的官方渠道——涉及谈判、峰会、制裁和各种条约。渠道2是非官方的,但通常都很重要的工作,一般由共同体成员、草根组织等完成。⑨

我们借用这一概念来描述组织机构可以用来支持个人学习的两条渠道。他们需要渠道1的架构来支持评估和指导。这其中包括绩效管理系统、指导项目、培训等。

不过,就很多方面而言,渠道2的活动对学习更加关键。这其中包括朋友、同事和导师之间的非正式指导谈话、成功和失败的故事、关于最佳办法和无效或无助力效果的技巧的讨论，以及交换彼此最喜爱的书籍。你可以在吃午饭时和朋友进行相关的谈话，也可以在各种社交活动中互相帮助，彼此学习。

渠道 2 为这些重要的非正式互动赋予了正式名称，而这将有助于你谈论它，以及更加有意识地将它引入组织机构文化。

利用积极的社会规范

绩效管理中最不招人喜欢的一部分就是被称为挑剔和被挑剔的环节。设定目标、指导和完成评价这一系列工作通常都会伴随压力更大的现有任务而来，而且当更紧急的危机出现时，首先被推迟的工作通常也是它们。于是，人力资源部或团队领导就变成了那个挑剔的人，经理们和员工们则成了被挑剔的人。

罗伯特·恰尔迪尼的研究表明，也许，我们完成这个过程的方式错了。恰尔迪尼是一位研究影响的专家，他声称谈论消极行为通常都会产生一种无意识的影响：强化消极行为会使其成为社会规范。如果我是一名经理，当我收到一封责备我评价延迟的邮件时，我会有两个反应。首先，我会觉得自己付出的所有辛苦工作没有得到应有的赏识，而这些工作也正是我会延迟评价的**原因**。我没有在我的（显然足够宽敞的）工作间里休闲、打乒乓球。我被公司要求我完成的各种不同项目缠身，应接不暇。

其次，根据这封挑剔邮件的口吻，我猜晚交报告的肯定不止我一个人。我想我在一间不错的公司里工作。如果我的不好的行为是在社会准则之内，我就会觉得没有很大的必要去严肃对待这种提醒。一个星期后，我会和其他所有人一起收到另一个提醒。这似乎就是这里的运作方式。有趣的是，直到提醒消失我可能才会真的担心错过了预期中的回应宽限期。

恰尔迪尼的研究显示，突出**好**规范比说出坏规范更能起到改变不满意行为的效果。与其用责备的口吻说"你们当中有 31% 的人还没完成报告"，不如用更有效的表达方式："69% 的人已经完成了报告，谢谢你们！"那些完成任务的人会觉得自己的付出得到了赞赏和认可；那些没完成的人收到的信息是：他们已经落后于身边的同事了。[⑩]

团队领导者和反馈者能做什么

要想改进组织机构文化,一名经理或团队领导者能做什么呢?

一个组织机构的问题实际上是所有亚文化的集合,而各个经理、各个团队以及各部门之间的亚文化又有着千差万别。你可以对自己的亚文化和队友产生重大影响,而且随着时间推移,你还可以邀请他人加入你的队伍。以下就是三个能提供帮助的要点。

1. 榜样学习,请求指导

如果你要在宣讲做一名学习者的好处和树立良好的学习榜样之间二选一,那么,我只能说这二者毫无可比性。从很多方面来说,经理就是文化 : 如果他们是优质学习者,他们就定下了学习文化的基调。

当然,树立学习榜样的第一步就是真正**做**一名优质学习者。对我们所有人而言,这并非易事。与之相比,第二步就简单多了,却常常被人遗忘 : **清楚明确地**表达你为学习付出的努力。鼓励人们和你讨论你的盲点。将指责型对话转变成共同担责型对话,并且从可能要由你承担的责任开始对话。通过向他们展示你如何承担责任,让人们不再逃避应尽的责任和义务。开展绩效考核的时候,帮助人们了解考核系统以及他们在系统中的角色,并且对他们的参与考核和致力于改变的努力表示赞赏。开诚布公地谈论接受反馈给你带来的挑战。寻求指导和帮助,求助的对象不应该仅限于级别比你高的同事,还应该包括同级别的搭档及下属。上述这些内容都是我们在别处曾提到过的,但我们之所以在这里复述,原因就是作为一名领导者,如果你想改进文化,树立榜样就是最有效的方法。

2. 像反馈者那样管理心态和认知

让我们来看看珍妮丝的情况。尽管她的专业技能过硬,个人档案里也全都是清一色的好评,但是她却一次一次地在管理岗位的选拔中落选。她很困惑,心中的怨恨情绪也越来越浓烈。她为什么会受到如此不公平的对待? 这个公司的办公室政治简直太荒唐了。

珍妮丝的主管里基知道她并**没有**受到不公平对待,她只是不具备必备的技能。她没获得提拔,原因是人们对她管理人的能力有一些有理有据的担忧——这些担忧来自里基和其他人。然而，里基从未直接向珍妮丝提出过意见，因为他担心这样做会打击她。如果她意识不到，就永远无法做出改变。里基原本是出于好意，不想伤害珍妮丝，但事实上他这样做反而伤害了她，使她的职业发展受阻。**这**对她很不公平。

里基提醒了我们，为何经理们会和员工们一样，惧怕反馈谈话。反馈者也会因为自己的认知问题而倍感纠结：

> "我不善于提出反馈。每当我尝试去做的时候，都会很明显。"
> "如果他们不同意我的话，或是对我很失望，我就一定不是一个好经理。"
> "他们不会喜欢我了。"
> "我不想让他们觉得我在控制他们，或'告诉他们怎样做事'（尽管事实上有些人显然需要我这样做）。"
> "我是一个和善的人。我不想伤害他们的感情，或表现得不支持他们。"

最后一条大概是最常见的担忧：伤害某人，无论我们本意如何，以及与我们想做一个和善的好人或支持下属的领导这一自我形象有关的内心冲突。反馈接受者需要反馈，这是事实：他们啰唆、不负责任、"态度"不佳或身上的气味不好闻。可即便如此，说起这些话题依然会让我们不舒服。哪怕是在履行我们的工作职责时，伤害或打击他人也是一件可怕的事情，所以我们会竭尽所能地避开它也合乎情理。

对此，我们的建议是我们需要明白，从长远的角度来看，那些可能给他们造成短期伤害的事情会在将来令其受益匪浅，而因为害怕造成伤害——对他们，也对我们自己——而隐瞒重要的反馈，终将给他们带来真正的打击和伤害。所有人都需要共鸣和鼓励——支持镜子，但我们也需要清楚准确的信息——诚实镜子。当我们把事情搞砸了，或搬起石头砸了自己的脚时，我们会希望有人可以告诉我们。然而，我们自己在开口前同样也会犹豫不决。当你思考究竟要不要给予反馈以及怎么说的时候，请务必也将它会给接受者带来的长期后果，以及你在短期内所遭受的认知不适这两个因素都考虑在内。

3. 意识到在组织机构中个体差异会如何发生碰撞

在组织机构中，反馈带来的挑战一部分来源于个人性情和大脑构造的差异；每个人都有不同的底线、忍受力和复原期。为了简单起见，我们不妨假设在任何组织机构中，大约有一半的员工像第七章中的克里斯塔一样，乐观，复原快，还有一半则像阿丽塔，面对消极反馈时会剧烈摇摆，而且需要很长时间才能复原。

现在，仅仅是为了娱乐，把他们两人分一组，互相提出反馈。

我们对反馈的敏感度不仅会影响我们接受反馈的方式，也同样会在我们提出反馈时发生作用。如果一名经理对消极反馈极其敏感，在向他人提出消极反馈时，他可能也同样会很不自在；他觉得他们会像他一样，因为痛苦而做出相同的过激反应。

他的这一假设可能对，也可能是错的。如果你是阿丽塔那种人（讨厌批评性反馈），遇到的是克里斯塔那种人（听不到批评性反馈，除非反馈内容极其清楚明确），你们双方可能根本无法沟通。因为担心会伤害克里斯塔，阿丽塔始终都是顾左右而言他，而这样做不仅达不到照顾克里斯塔情绪的效果，反而只会挫败她。克里斯塔最喜欢开门见山，一清二楚。克里斯塔的前任上司在和她讨论问题时会这样说："千万不要再这样做。"克里斯塔喜欢这种方式。她弄明白了问题。这样说没有伤害，只有帮助。

现在，让我们想一想当克里斯塔类型的人向阿丽塔类型的人提出批评性反馈时，会发生什么事情呢？克里斯塔很可能会忽略阿丽塔的敏感。她那种直言不讳，意在帮助阿丽塔进步的反馈——"这三件事，永远都不要再这样做"——可能会摧毁阿丽塔，使她备受挫折，根本无法实现帮助其成长的初衷。在克里斯塔看来，她那些不加修饰的话语没什么大不了——不过是提出一个小小的建议。可是对阿丽塔而言，它们会留下疤痕。没有任何帮助，只有伤害。

如果阿丽塔告诉克里斯塔这让她有多伤心，她们接受反馈的倾向性会让之前的一幕再度重演。阿丽塔会含糊其辞，隐晦地讲述克里斯塔冷酷的言辞对她造成的伤害。这种非直接的表达方式使得克里斯塔获取不到任何信息，她会用"振作起来，孩子"或"我是对事不对人"或"对不起，你想和我说什么吗？"之类的话语将之前发生的一切轻轻带过。克里斯塔没有看到任何问题，所以六个月后，当阿丽塔跳槽去了竞争对手的公司之后，她十分震惊："可是，我当初还花了那么多的心力帮助她进步！"

当然，个人性情对我们如何提出反馈的影响并不止这一种，还有很多。忧虑甚多的人们通常都会提出大量的反馈，以此来获取对周围环境的控制。对自己要求甚高的人对别人的要求也同样高得不可思议，其结果就是源源不断地提出指导和消极评估，以及在应该表达赞赏时三缄其口。管控不住内心冲动的人们常常会"指引"方向：怎样做才会有帮助，以及哪些事情没有帮助。所有这些都会导致作为反馈者的谈话个体因为各种预想不到的事而表现得感觉迟钝；另一方面，作为接受者的个体则会显得超级敏感。这也是为何你作为一名反馈者要向接受者发出请求指导的信号，因为他们的指导真的很重要。

接受者能做什么

作为接受者，当我们努力去适应组织机构、社区以及我们生活的家庭时，有几点值得注意。首先，一个小提醒：无论你身处何种环境，身边的同伴是谁，在你自己的学习中，你永远都是那个最重要的人。你的组织、团队或老板可能会支持反馈，也可能会扼杀它。无论是哪种情况，他们都无法阻止你学习。你不必依赖于你的年度评估，或上司是否愿意指导你的意愿。你可以观察、提问，并向同事、客户、搭档和朋友征求建议。你无需等待某人来培训你如何才能卖掉更多的鞋子。观察那些销售业绩最好的人——无论他是谁——尝试着弄清楚他们做的和你做的有何不同。让他们观察你。无论他们给出什么建议，你都可以放手一试。带着建议去实验，如果合适就采用。

无论你在组织机构中做什么——卖鞋子，或拯救灵魂——你的身边始终都有你可以学习的对象。

......

正如学习和接受我们的个体认知之间存在矛盾一样,组织机构反馈的核心内存在矛盾是一个永不改变的事实。本章及书中余下部分的理念将会帮助我们应对这些矛盾,让我们与他人对话。

虽然学习是一种共有的责任,但到头来它终将落在你身上。

经诺曼·洛克威尔家族机构授权印制

致谢

如果你想让生活中的批评发挥一点额外的作用,请告诉人们你正在写一本关于如何接受反馈的书。

对希拉的经典评论是这样的:"真有趣。还记得你的婚礼那天吗?"**记得,20 年前?**"哦,不管怎样,我始终觉得你的裙子……"对道格的评论则是这样:"等一等,你正在写一本关于接受反馈的书?这是不是有点讽刺,你难道不觉得吗?"**对,有一点,没错。**

是的,我们要感谢一些人——很多人。

首先,我们对每一位和我们分享自己的故事和内心挣扎的人都心存感激。本书中的所有例子全都是真人真事——客户、同事、邻居、朋友、家人。我们更改了当事人的姓名,在有些案例中,我们将几个故事糅合成了一个,但我们努力保留了每个故事最真实的情感体验。

多年来,我们享有在哈佛谈判项目与罗杰·费舍尔一同工作的特权。罗杰是矛盾管理领域的始祖,也是这个领域最富有激情的实践者。他和威廉·尤里和布鲁斯·佩顿合著的《谈判力》谈及了以利益为基础的谈判。这本书于 1981 年首次出版,是一本杰作——在众多关于人类应该如何处理差异问题的著作中,此书堪称经典。罗杰于 2012 年 8 月 25 日离开了我们,享年 90 岁。正如一位朋友在葬礼上所说:"现在由我们决定。"的确如此。

与我们合著《高难度谈话》的布鲁斯·佩顿一直都在践行罗杰的遗志——他带入每项分析中的学术严谨性以及在研究世界上最困难的冲突时所展现出来的那种不知疲倦的乐观态度。他为谈判理论、实践及其教育做出的贡献世人难以企及,而我们与他在过去 20 年间建立的宽容大度的同事关系已经成为了我们的无价之宝。

克莉斯·阿吉里斯、唐纳德·朔恩及黛安娜·麦克莱恩·史密斯、鲍勃·帕特南以及菲尔·麦克阿瑟的工作成果是支撑我们思考的另一支柱。尽管我们并未采用术语，但是"推论的阶梯"帮助我们完成了对第三章内容的组织规划，而关于归责和防御常规的理念始终都是我们思想的信息源泉。克莉斯，感谢你这一生的工作，以及你给这个世界带来的值得后世几代人思考的理念。

感谢谈判理论专家兼教育家约翰·理查森给予我们的巨大支持。约翰是麻省理工学院斯隆商学院的一名授课教师。正是约翰引导我们认识到了赞赏、指导和评估之间的基本差异。你可以在约翰与罗杰·费舍尔和阿兰·夏普合著的《侧面领导力》一书中找到关于这些理念的初始构想。这是隐藏在沟通规则中的瑰宝。

在过去的 20 年中，哈佛商学院的鲍勃·穆诺基一直都是我们的（有一点点吓人的）导师、亲密的工作伙伴兼朋友。能够与他和他的团队成员埃里卡·阿里尔·福克斯、凯西·赫鲁伯、阿兰·伦坡尔、琳达·纳什、弗兰克·桑德基、阿兰·劳伦特·维伯克一同教学是我们职业生涯中最令人满足的一段经历。

在谈判项目中，我们要感谢苏珊·哈克利、詹姆斯·科尔文、杰西卡·麦克唐纳、吉姆·塞本纽斯、丹·夏皮罗、斯蒂芬·索南伯格、古汉·萨布拉玛尼安、威廉·尤里，以及多年来为我们担任助教的学生们。我们尤其要感谢哈佛商学院的迈克尔·惠勒，是他一击即中地想到了本书的标题。

我们能够完成本书的创作，一部分是得益于亚伦·贝克、卡罗尔·德威克、艾米·埃德蒙森、丹·吉尔伯特、马歇尔·戈德史密斯、约翰·戈特曼、李·罗斯及马丁·塞利格曼等人在心理学及组织行为领域的研究及著作。衷心地感谢杰弗里·克尔、里克·李、塞利杨·罗斯和乔迪·史西尔，感谢他们对关系动态所具有的神秘视角。他们的理念遍布全书。

理查德·戴维森、凯特·福尼尔、乔纳森·海德特、斯蒂文·约翰逊和苏菲·斯科特的著作为我们提供了神经科学及行为的信息，并帮助我们理解了它们。神经科学家凯特帮助我们仔细谨慎地完成了各种概念的简化工作，从未失误。

在创作本书的过程中，我们的朋友罗宾·韦瑟里尔一直陪伴左右，辅以独到的见解、敏锐的观察结果及理念。谢谢你，罗宾，感谢你愿意做我们的诚实公正的支持者，也感谢你在众多周五晚餐中与我们开展的海阔天空的对话。你对我们的支持远超你的想象。

许多人的日程安排都非常繁忙，我们的伙伴亚当·格兰特的日程是更是异常紧凑。这位学术界最勤奋的工作者在撰写他那本卓越的《沃顿商学院最受欢迎的成功课》一书的过程中，抽空阅读了我们的草稿，为本书补充了被我们遗漏的研究、思想和理念。

科罗拉多大学的斯科特·佩皮特为本书提供的反馈是如此优雅、精确且睿智，以至于我们曾一度思考他是否在和我们开玩笑。每个人都应该开这种玩笑。俄勒冈大学法学院系主任迈克尔·墨菲特是受我们所托，第一位阅读本书草稿的人。迈克尔敦促我们简化书中内容并精简篇幅。是的，我们尝试了。哈佛法学院的鲍勃·博尔多内对本书的前半部分提出了非常实用的反馈，因此，如果你觉得后半部分不及前文，你应该知道该指责谁。

罗伯·里奇利亚诺、朱迪·罗森布鲁姆和琳达·布思·斯威尼是交叉的维恩图仅有的三位贡献者。构成维恩图的人分两类：（1）理解系统思维的人；（2）我们这种人。图标是如此精准，但令人惊奇的是这三个人从未谋面。感谢你们给出的读数和建议。

埃里卡·阿里尔·福克斯忙于自己新书《赢在内在》的创作，无暇为我们提供帮助。又或者，是不是我们太忙而无法帮助她？不管怎样，没有人给出帮助。然而，能够拥有一位亲密的朋友与我们一同写书，这的确是一种难能可贵的幸福。谢谢你，埃里卡，感谢你的关爱和鼓励。

感谢詹妮弗·阿尔巴内塞、大卫·阿尔特舒勒、拉娜·普罗科特·班伯里、斯蒂文森·查尔巴赫、萨拉·克拉克、南·科克伦、安·加里多、迈卡·加里多、吉尔·格瑞南、杰克·汉、乔伊斯·汉、罗里·范·洛、苏珊·林奇、赛莱斯特·米勒、利·埃勒迈尔·内斯比特、安德鲁·理查森、苏珊·理查森和鲍勃·理查森。汤姆·肖布、安琪丽珂·斯科拉斯、安娜·哈克比·图尔、吉姆·图尔和凯伦·瓦索，感谢你们的故事和编辑，感谢你们愿意畅所欲言地讨论这些理念。

衷心地感谢三合咨询公司的同事们：谢谢你，萨拉·塞门斯基，感谢你那富有创造性的、信手拈来的点子；伊莱恩·林，你的聪颖和人性令客户敬畏，使他们难以克制为你送来烘焙点心的冲动；希瑟·苏莱曼，你是三合的核心和灵魂，你让每一个人都保持理智，除了你自己——你看来十分寻常，除了那份对 Depeche Mode 乐队的令人惊恐的执迷。还有我们的合作伙伴黛比·戈德斯坦，你是我们见过的最人见人爱的天使——漫漫人生，跌宕起伏，我们只想一路有你陪伴。（另外，泰勒，我们找到乔吉特了。她就在她的办公室里。）

同样感谢在 2013 三合年会中与我们分享自身视角和理念的人们：艾米丽·爱泼斯坦、萨伦·格雷迪、米歇尔·格拉维尔、山姆·布朗、彼得·希德玛、奥德丽·李、莱安·汤普森、吉琳·托德和罗伯·威尔金森。我们还要感谢曾多方面帮助过我们的同事和朋友：丽莎·贝克、埃里克·巴克尔、克莉斯·本科、理查德·伯克、罗宾·布拉斯、道恩·巴克鲁、塞西尔·卡尔、劳拉·蔡辛、迪克·蔡辛，以及公共对话项目的同事：杰瑞德·科安、约翰·达纳、菲尔·戴维斯、阿兰·埃登坎普、雅克·福里、艾米·福克斯、迈克·加里多、埃里克·亨利、大卫·霍夫曼、贝尔纳·霍尔屈普、泰德·约翰逊、迪·乔伊纳、伊斯梅尔·科拉、苏珊·麦卡弗蒂、莉兹·麦克林托克、杰米·墨菲特、莫妮卡·帕克、布伦达·佩勒、珍·雷诺兹、丹尼·鲁宾和路易丝·鲁宾、加布里埃尔·萨瓦托尔、乔·斯嘉丽、玛丽·芬克、杰夫·瑟尔、奥尔加·萨瓦耶斯卡亚、琳达·希尔弗、希尔·斯内林、斯科特·斯坦科克纳、莱拉·斯蒂克维奇、弗伊泰克·苏莱曼、唐·汤普森和约书亚·韦斯。在此项目定型的过程中，爱荷华作家工作室的 BK·洛伦，以及 2012 年夏季研讨会的学生们为我们提供了宝贵的指引。在本书的最后阶段，安琪丽珂·斯科拉斯慷慨地提供了她位于剑桥的那间安静的临时住所；岳母苏珊·理查森和她的丈夫约翰·理查森欢快地承担起了家务；卡莱尔公共图书馆的员工们为我们提供了热情周到的服务，及安静舒适的工作环境。

我们与杜克公司教育的合作关系可以追溯到十几年前。他们是我们所珍视的合作伙伴，在他们的协助下，我们完成了面对全球挑战和改变时能令行政管理者及组织机构受益的项目检测。霍莉·安纳斯塔西奥、丹尼斯·巴兹利、乔纳森·贝瑟、劳里·贝尔、克里斯蒂娜·博蒂、简·博斯威克—卡弗里、内德拉·布拉德舍、辛迪·坎贝尔、迈克·坎宁、辛迪·埃穆里奇、皮特·杰伦德、莫妮卡·希尔、利亚·霍德、罗宾·伊斯顿·欧文、南希·金赛恩、蒂姆·拉斯特、莉兹·梅隆、莫林·门罗、卡丽·佩因特、鲍勃·雷因海默、朱迪·罗森布鲁姆、迈克尔·塞里诺、布莱尔·谢泼德、谢丽儿·斯托克斯，都是值得信赖的朋友兼同事。

我们要向代理商艾斯特·纽伯格和ICM团队致以最衷心的感谢。你接纳我们时，我们尚年轻，而我们对你的才能、智慧和支持的欣赏只会随着岁月流逝而加深。

这本书是我们和维京企鹅图书公司的第二次合作，其过程和结果都一如既往地令人愉悦。感谢从一开始就陪伴在我们身边的苏珊·彼得森·肯尼迪和克莱尔·费拉罗，感谢你们给予我们的信心。封面设计者尼克·弥撒尼在第一次尝试时就来了个全垒打，几乎一次性通过。尼克，在产业获奖大会上发言时一定不要忘记我们。卡拉·博尔特为我们设计了一幅全新的、充满吸引力的设计稿。宣传团队——卡罗琳·科勒本、克里斯汀·马珍和梅里迪丝，以及营销团队——南希·谢泼德、保罗·兰姆和维尼·德·摩亚，都和我们有同样的信念（这既是一本商业书籍，也是一本心理书），并为本书提供了向组织机构及个人推广的宣传营销理念。尼克·布罗姆利让一切保持稳妥的前进步伐，并确保每一个人都各就各位。

我们写了好几段话向我们的编辑里克·科特致谢，可是，里克删掉了它们，并在原处插入了这样一句话："里克很棒，句号。"我们会保留它，并补充：你头脑清晰的质疑以及（无尽的）睿智的编辑为本书增色不少，而你评论中的幽默更是让我们开怀大笑。里克，我们愿意为你赴汤蹈火。我们希望这一天永远不要到来，可是如果真有这一天，请给我们打电话。

道格想借此向对他给予支持的亲密朋友表示感谢：唐、希尔、凯特、安妮和艾玛；吉米、路易莎、苏珊娜和阿里森；永利、菲利斯、苏菲亚、亚历克莎和纳迪亚；马特、卢安娜、福克斯、霍莉、布罗斯和克劳泽以及 Sports Barn 和 Monkey Down 的所有人。不管怎样，我就像赢了大乐透奖，我知道自己有多么幸运。

还有我们的家人。这是一个高颜值团队。兰德，小时候，我一直把你当成超人，现在依然。罗比，你有一种超能力，可以使身边所有的人都感到安全、快乐（对于小时候我想向你兜售蒸馏水的事，我很抱歉）；茱莉，你是我认识的人当中动作最快、最风趣的一个，而我认为对于你的这项成就功不可没。丹尼斯、阿兰娜和大卫，感谢你们深爱着兰德、罗比和茱莉，谢谢你们让我们拥有这段不是亲人胜似亲人的关系。谢谢你们所有人，谢谢，我的外甥和侄女们——安迪、查理、卡罗琳、科林、丹妮尔、卢克和马蒂。妈妈，我会紧紧追随你和爸爸在奉献道路上的脚步。

"感谢"一词已经不足以表达希拉对其丈夫约翰·理查森，以及他们的孩子本、珀泰、阿迪的爱和感激。他们都对这一耗时耗力的项目给予了最大的包容，当我在沙发后发现那本爱的账簿时，他们全都假装这不是他们干的。感谢爸妈，你们用一生的时间教会了我接受和欣赏他人对你的观点（无论其是好的，还是坏的）并对此保持一种健康的怀疑。还有我的祖母克里斯汀，在本书的创作过程中，她以 105 岁的高龄永远地离开了我们。她在世的每一天，都在向我们展示自嘲是一种难能可贵的才能。罗伯特和苏珊，吉尔和杰森，史黛希和丹，吉姆和苏珊，弗雷德和杰西卡，安德鲁和阿曼达——你们每一个人似乎都能掐会算，总是能适时地提出要求，或给予我们鼓励。你们的反馈对我的自我认知至关重要，而你们总是那么宽容。

我们要提前感谢那些读者，谢谢你们克制住自己，没有向维京企鹅图书公司投诉。这些投诉只会让他们多一个对我们说"我早就告诉过你们"的理由。

尽管书中出现的人名代表了一定的文化及传统，但是我们从未对文化直接做出评论。当然，文化会对反馈的提出和接受方式产生巨大的影响。可即便如此，我们观察到，接受反馈时我们产生的恐惧、沮丧和触发性反应才是人性的普遍反应。

最终，我们要向所有我们已经见过以及将会遇到的、拥有勇气和好奇心、能够在反馈显得极为重要的时刻寻求并接受反馈的人们表示衷心的感谢。

相关组织机构的备注

哈佛法学院的协商研究（The Program on Negotiation，PON）

当 1979 年罗杰·费舍尔、比尔·尤里和布鲁斯·佩顿创办哈佛谈判项目（Harvard Negotiation Project，HNP）时，他们一定想不到谈判领域会成长得如此迅速。1983 年，协商研究（PON）诞生于该项目，这是一个联盟组织及大学间的联合体，专注于谈判、仲裁、争端系统及冲突解决。今天，PON 已经成为一个多学科交叉的团体，众多研究者和实践者齐聚一堂，与 HNP 和其他九个项目专注于理论构建、社会科学研究及卓越的教学和临床教学。

HNP

在系主任詹姆斯·萨本纽斯教授的领导下，今天的 HNP 项目包括大谈判者主动权和中国谈判主动权研究。HNP 正在总结过去的项目成果，其中包括 1978 年的戴维营协议，针对终结南非种族隔离制度的宪法谈判中各谈判方的培训，以及为美国和前苏联外交官设立的共同讲习班。HNP 最著名的成就可能要数《谈判力》一书中展现的"原则式谈判"理论。《谈判力》一书首次出版于 1981 年（企鹅图书公司，2011——第三版）。其他由 HNP 团队创作的书籍包括《高难度谈话》（企鹅图书公司，2010——第二版）、《谈判的技巧》（班坦图书公司，1993）、《侧面领导力》（哈珀商业出版社，1998）、《理性之外的谈判》（企鹅图书公司，2006）以及《3D 谈判》（哈佛商业评论出版社，2006）

PON

在罗伯特·穆诺基教授和执行董事苏珊·哈克利的引领下，PON 致力于培养下一代谈判教师及学者。通过对各种领域——其中包括法律、商务、政府、心理学、经济学、人类学、艺术及教育学——PON 的成员力图向世人阐明冲突的原因，并为有技巧且高效地管理冲突提供规范的建议。为何一次交易失败最终会令双方公司受益？为何一个国家能够和平地化解差异，而另一个国家却将此升级为一场血淋淋的内战？为何有的离异夫妻能够友善地调解双方的分离，而另一些夫妻的离异却演变成痛苦的争斗，最终不得不对簿公堂，支付高额法律费用？ PON 正努力在全世界范围内推动这一理论，并宣传其竞争力。

清算中心

作为其冲突管理和谈判教育的一部分，PON 一直都在积累谈判财富，其中包括谈判模拟、教育笔记、录像带展示、交互视频和电子课程。所有这些信息都能通过 PON 的清算中心和哈佛商学院出版社找到。

执行教育

HNP 率先在哈佛商学院课程中设立了谈判讲习班，HNP 和 PON 通过哈佛谈判协会（HNI）和 PON 的执行研讨班系列提供执行教育。希拉·汉、布鲁斯·佩顿和道格拉斯·斯通会通过 HNI 和 PON 执行研讨班为执行者们提供有关高难度商务对话的高阶课程。欲了解更多信息，请登录 www.pon.harvard.edu。

三合咨询集团

三合集团由道格拉斯·斯通和希拉·汉创建，是一间全球咨询和企业教育公司，总部建于马萨诸塞州剑桥市的哈佛广场。

无论你是想发起一次重大改变，还是想寻求改善高级行政执行的日常管理技巧，我们都能帮助你。我们与客户一起，共同提升个人及组织机构在诸多领域的能力：

高难度对话

谈判和解决问题

影响方程式

促使团队工作

通过系统行为加强影响

反馈和学习

经典的咨询项目包括：在遇到危机，股东有分歧时，指导一个执行团队更有效地发挥职能；帮助改进公司内部及跨职能合作；利用系统指引资源调配，优化关键举措的影响。

我们提供执行指导、团队干预、调解和引领，并为主题演讲定基调。我们与客户合作，共同设计能对其环境和挑战做出回应的计划，并以此确保方法的确切和现实。通过加强联系和训练幽默感，从而使得高层执行者能够坦诚告诉自己及他人自己面对的困境或挑战。我们了解许多处境艰难的客户，我们会一直陪伴在你左右。

我们的客户遍布各个产业及六大洲，其中包括 BAE、BHP、第一资本、凯捷、花旗集团、美国教育考试服务中心、美国联邦储备银行、健赞公司、赫斯公司、本田集团、汇丰银行、强生、麻省总医院、大都会人寿、诺华、保诚集团、普华永道、壳牌、时代华纳、联合利华及威瑞森等。

在公众领域，与我们共事过的合作伙伴包括：白宫、新加坡最高法院、埃塞俄比亚议会、UN/AIDS、大自然保护协会、北极斜坡地区公司、新英格兰银行机构。我们的团队成员曾远赴南非、中东、克什米尔、伊拉克、阿富汗和塞浦路斯，进行调解和教育工作。我们的咨询顾问任教于哈佛商学院、乔治敦法学院、达特茅斯大学塔克商学院、塔夫茨大学弗莱彻学院及医学院、波士顿学院、威斯康星大学和麻省理工学院的斯隆商学院。我们已经在这一领域出版了数十部（篇）畅销的学术书籍及文章。

请随时与我们联系，邮箱是 info@diffcon.com; 或致电（617）547-1728；或访问三合集团的网页：www.triadconsultinggroup.com。

一切都始于交谈。

关于作者

　　道格拉斯·斯通是哈佛法学院的一名讲师，同时也是三合咨询集团（www.diffcon.com）的创始人之一。除了诸如花旗集团、本田公司、强生、壳牌和特纳广播公司之类的机构客户，斯通的工作伙伴还包括记者、教育者、医生、外交官及来自南非、克什米尔和中东的政治领袖。他还曾与位于日内瓦的世界卫生组织和 UN ／ AIDS 合作过。他曾是白宫高级指定任命人的老师，也曾担任过圣保罗世界谈判大会的主讲嘉宾。他撰写的文章发表于各大报刊媒体，从《纽约时报》到《美国生活时尚杂志》，再到《哈佛商业评论》；他曾参加过奥普拉秀、美国国家公共广播电台及其他电视和广播秀的录制。他是一名毕业于哈佛法学院的研究生，也是哈佛谈判项目组的副主任。你可以通过 dstone@post.harvard.eud 与他取得联系。

　　希拉·汉是哈佛法学院的一名讲师，同时也是三合咨询集团（www.diffcon.com）的创始人之一。她的客户遍布五大洲，其中包括时代华纳、美国联邦储备银行、汇丰银行、大都会人寿、诺华、普华永道和联合利华。汉常常会和执行团队一起工作，竭力化冲突为合作，修补工作关系，做出合理决策并在复杂的组织机构中执行改变。在公共领域，她曾提供过咨询服务的客户包括新英格兰银行机构、新加坡最高法院、希腊和土耳其境内的塞浦路斯人、位于阿拉斯加巴罗的北极斜坡地区公司。汉还是白宫高级官员的工作伙伴。她的作品曾刊登在《纽约时报》和《哈佛商业评论》上，并参加过诸如奥普拉秀、福克斯新闻、消费者新闻和商业频道的《Power Lunch》节目及美国国家公共广播电台节目的录制。她是哈佛法学院的一名研究生，也是校园内教授谈判学的教师，有三个孩子。你可以通过她的邮箱 heen@post.harvard.edu 找到她。

欲了解更多有关道格拉斯和希拉的信息，以及下载可以帮助你的免费资料，请登录我们的网站 www.stoneandheen.com。

了解作者请登录 www.Stone&Heen.com。

注释

前言：从施压到引导

① **每个学龄儿童每年都要应对多达 300 份的作业、文章和测验**：在美国，年龄介于 6 — 17 岁之间的在校学生每天用于做家庭作业的平均时间为 3 小时 58 分，每年平均上学天数为 180 天。如果我们假设每天完成 1 或 2 份作业，加上学期报告、随堂测验、期中考试、期末考试和标准化测试，300 还只是一个保守的估计数值，尤其是对高中生而言。**数百万孩子在参加社团选拔或校内戏剧试镜时都必须接受评估**：每年有 3500 万美国孩子会参加有组织的体育活动；全美共有 98817 所公立学校, 19% 的公立学校（18775 所）提供戏剧活动。33366 所私立学校中提供戏剧活动的学校也不在少数。**近 200 万青少年都将接受 SAT 成绩**（www.press.collegeboard.org/sat/faq）**并面对大学录取结果，无论结果好坏**（www.statisticbrain.com/college-enrollment-statistics）。**至少 4000 万人会为了爱在线对另一个人做出评估，其中 71% 的人相信自己能够在第一眼就对爱做出判断**（www.statisticbrain.com/online-dating-statistics）。**将会有 25 万场婚礼被临时取消**（www.skybride.com/about），**还有 877,000 对夫妻申请离婚**（www.cdc.gov/nchs/nvss/marriage_divorce_tables.htm）。疾病控制中心记录了除加利福尼亚、乔治亚、夏威夷、印第安纳、路易斯安那和明尼苏达州之外的，包括废止的数据在内的所有信息。美国人口普查局的记录显示每年的离婚人数大约为 1100 万。

② **1200 万人将会失业**：人口普查局记录显示，仅 2010 年，私有企业中的失业人数为 12645000（去年的该项数据已可查）。这个数据还不包括非营利性组织和自营者。**每年有超过 50 万家公司开张营业，同时也有近 60 万家公司关门大吉**：美国小企业管理局的数据显示，在 2009 年至 2010 年，共有 533945 家小公司"出生"，同时有 593347 家公司"死亡"。

③ **50% 至 90% 的雇员今年将会接受绩效考核**：统计数据所跨区间非常大，最低值为 CEB 报告的 51% 的公司会进行正式的年度考核，最高值来自于接受调查的人力资源从业者，91% 的 HR 从业者表示他们的机构有一套正规的绩效管理项目。拥有人力资源职能的组织机构拥有正式考核系统的可能性更大；那些不具备该职能的组织

机构则具备非正式的绩效实践方式。**每年花在评估及其准备工作上的时间高达 8 亿 2500 万小时——累计 9.4 万年**：根据国际劳工办公室的 LABORSTA 数据库，全球劳工数量大约为 33 亿。哪怕只有半数的工作者会接受此类评估，根据我们预估的每份评估需要 30 分钟的准备及测评时间，总计耗时 94178000 年。执行这些评估的管理者完成的评估数量大于一，所以这可能还只是一个保守的估计值。

④《韦氏大学词典》，第九版（1986）。

⑤ **55% 的被调查者说他们的绩效考核不公正或不准确**：源自 2011 年 Globoforce 的调查。四分之一的雇员对绩效考核的恐惧甚于他们职业生涯中的其他任何事情。

⑥ 2010 年关于绩效管理状态的研究结果。该调查于 2010 年秋完成，由希伯森咨询公司和世界薪酬协会合作进行，共有 750 名人力资源从业者参与调查。只有 20% 的被调查者报告说，当公司业绩不佳时，个人的考核分数也会下降，这表明个人绩效和组织绩效之间的相关性并不紧密。40% 的被调查者说，他们的管理者会通过评估和指导的直接报告形式来设定绩效管理模式。

⑦ 欲全面了解寻求反馈行为，请参看米歇尔·科勒姆林克和弗雷德里克·安森所著《理解和鼓励反馈寻求行为：一篇文献综述》，《医学教育》2013:47:232-241，doi：10.1111 / medu.12075。Z·G 陈、W·拉姆和 J·A·钟所著的《领导成员交换和成员绩效：一个针对个体层面的消极反馈寻求行为和团队层面的授权环境的新观点》，《应用心理学期刊》2007；92（1）：202-12；及阿什福德·S·J 和特斯唯·A·S 所著的《管理效率中的自律——积极反馈寻求的角色》，《管理科学期刊》1991；34（2）：251-80。展现寻求反馈行为与创造力之间的联系的研究包括 J·周所著《通过反馈提升创造力》一文，该文收于 J·周、C·E·莎琳编撰的《组织机构创造力手册》中，纽约，劳伦斯·厄本姆联合公司 2008；125-46；及黛姆·德·斯托伯勒、S·J·阿什福德和 D·拜恩斯所著《创造力在工作中的自律：反馈寻求行为在创造性绩效中的角色》，《管理科学期刊》2011；54（4）：811-31。有关反馈寻求及采纳的探讨则参见 E·W·莫里森的《针对新来者社会化的信息探寻效果的纵向研究》，《应用心理学期刊》1993；78（2）：173-83；C·R·万勃格和 J·D·卡迈尔·穆勒所著《社会化过程中关于主动性的预言和结果》，《应用心理学期刊》2000；85（3）：373-85；E·W·莫里森的《新来者信息寻求—探索类型、模式、源头和结果》，《管理科学期刊》1993；36（3）：557-89。

⑧ S·卡雷尔等著，《对新婚夫妇的婚姻稳固性及离异的预测》，《家庭心理学期刊》14（1）（2000）：42-58。我们注意到，戈特曼的研究和丈夫对配偶意见的开放性与婚姻是否健康之间的关联尤为相关。无论戈特曼有何独特发现，我们的观点都是：以开放的心态面对任何人就有可能改善你们之间的关系。

⑨ 托马斯·弗里德曼，《这是一个 401（k）世界》，《纽约时报》，2013 年 5 月 1 日。

第二章　区分赞赏、指导及评估

① 约翰·理查森向我们引入了赞赏、指导和评估三者有区别这一概念，并在他和罗杰·费舍尔、阿兰·夏普所著的《侧面领导力：当你不是负责人时如何领导众人》一书中详细描述了该概念（哈珀商业出版社，1999）。

② 马库斯·白金汉和库尔特·科夫曼，《首先打破一切常规：世界顶级管理者的成功秘诀》。

③ 加里·查普曼，《5种爱的语言：爱延续的秘密》。

第三章　首先要理解

① 此图（反馈之箭）和接下来的概念有一部分是基于"推论的阶梯"，该工具是由克莉斯·阿吉里斯和唐纳德·朔恩开发。

② 罗杰·尚克：http://www.rogerschank.com/artificialintelligence.html ，也可参阅尚克所著《告诉我一个故事：叙事和智能》。

③ 确认偏见描述的是我们的一种倾向性：我们往往会留意到那些与自己的已有观念一致的信息。箭雷蒙德·S·尼克森，《确认偏见：一种隐藏在多种伪装下的普遍现象》，《普通心理学评论》。

④ 自我服务偏见描述的是我们的另一种倾向性：我们通常会将自己的成功归功于自身能力，而将自己的失败归结于外来因素。这会导致我们在评价他人能力的时候不由自主地对自己的能力产生一种膨胀感。与之相关的案例见欧·斯文森的《与驾驶同伴相比，我们是不是危险系数更低且更有技巧？》，《心理科学学报》47（2）（1981年2月）：143 — 48。管理者对自身绩效的膨胀感来自于2007年《商业周刊》对2000名美国管理者的一次民意测验。

⑤ 大卫·福斯特·华莱士，《这就是水：发表于一个重要事件中的、关于带着同情心去生活的一些想法》。

第四章　看到你的盲点

① 史蒂文·约翰逊，《开放的心智：你的大脑和日常神经科学》（斯克里布纳出版社，2004），31-32。如欲了解关于人类虹膜尺寸和合作的进化的精彩讨论请参阅迈克尔·托马赛洛的《只为人类的眼睛》，《纽约时报》，2007年1月13日。

② 关于心智理论的概述见阿尔文·高盛的《心智理论》，收录于《牛津哲学及认知科

学手册》。

③ 例如，见西蒙·拜伦·科恩、艾伦·莱斯利、乌塔·佛莱丝合著《自闭症孩子有一套"心智理论"？》《认知21》（1985）37-46。

④ 约翰逊，《开放的心智》，31-32.

⑤ 艾伯特·梅拉比安，《非语言交流》。艾伯特是 UCLA 的一名退休教授，他宣称，我们交流的信息中38%通过语调传达，55%由身体语言沟通，真正通过话语传递的信息量只占7%。

⑥ 乔恩·汉密尔顿，《婴儿7个月就能识别声音和情绪》，国家广播电台，2010年3月24日。同见安尼特·希尔默和索尼娅·科孜的《右半脑以外：调解有声情绪处理的大脑机制》，《认知科学走向》，10（1）（2006年1月）：24-30。

⑦ 阿图·葛文德，《个人最佳》，《纽约客》，2011年10月3日。

⑧ 苏菲·斯科特，伦敦大学学院认知神经科学研究所的研究员，2009年5月29日接受《科学》杂志的伊拉·弗拉托的采访。

⑨ 保罗·埃克曼，《显露的情绪：识别脸和情感从而完善沟通和情感生活》。埃克曼认为，由于某些面部肌肉的无意识动作，我们并不像自己所认为的那样善于隐藏自己的情绪。

⑩ 这也被称为行为者—观察者的不对称。行为者往往会将自身行为归结于环境因素，而观察者倾向于将行为者的行为归结于其性格。基本归因错误是一个相关概念，该概念称：当我们描述他人行为时，我们会过度强调性格因素而对环境因素的强调不足。

⑪ 罗伯特·I.萨顿，《坏老板，好老板：如何做最好的……及如何学习最差的》。

⑫ 阿莱克斯·彭特兰，《诚实的信号：他们如何塑造我们的世界》。如欲了解研究及应用概况，请参阅彭特兰的《发信号是人性》，《美国科学家98》（2010年5月—6月）。

⑬ 在《纽约时报》一篇名为《我知道你怎么看我》（2013年6月15日）的文章中，作者蒂姆·克瑞德讨论了收到朋友本打算发给另一个朋友的关于他自己的电子邮件的消极结果："通常，我认为网络上最具破坏力的信号……并非来自于军事或财经领域，而是你发出的每封邮件和每段文字都会即时地被公诸于众……社会的结构瞬间散乱……听到其他人说出那些未经核实的与你有关的观点是令人不悦的，它们就像是在提醒……其他所有人并非如你所愿的那样，会以一种宽恕的态度来评价你，向你支付津贴，他们不会如你所愿地总是站在你这一边。"

第五章　不要"变道"

① 《给金姆的花》，《幸运的路易》第六集（2006）。编者对其对话语言及其长度稍作

修改。

② 1977 年，李·罗斯提出了基本归因错误。李·罗斯，《直觉心理学家和他的不足：归因中的变形》，收于 L·伯科威茨，《实验社会心理学发展》（1977）。

③ 我们喜欢那些喜欢我们的，以及和我们类似的人。见罗伯特·恰尔迪尼，《影响：劝说心理学》（哈珀商业出版社，2006），尤其是第五章，"喜欢：友好的小偷"。

④ 如欲了解更多关于谈判中的自治权，请参阅罗杰·费舍尔和丹尼尔·夏皮罗的《理智之外：利用情感来为你谈判》（企鹅出版社，2006）。

第六章　识别关系体系

① 2001 年兰德尔·C·怀亚特对约翰·戈特曼进行采访，http://www.psychotherapy.net/interview/john-gottman 。

② 如欲获得商务关系体系的详细信息，请参阅黛安娜·麦克莱恩·史密斯，《房间里的大象：关系如何造就或打破领导者和组织机构的成功》。

③ 彼得·M·圣吉，《第五纪律手册：构建学习型组织的策略和工具》。"偶然的对手"由詹妮弗·凯梅尼根据其 20 世纪 80 年代的研究提出，见书 154-148 页。

④ 罗伯特·里奇利亚诺探索了冲突中体系视角的价值。见罗伯特·里奇利亚诺，《让和平延续：构建可延续性和平的工具箱》。

⑤ 丹尼尔·金姆，迈克尔·古德曼，夏洛特·罗伯茨，詹妮弗·凯梅尼，《原型 1："浇灭回火"》，见彼得·M·圣吉的《第五纪律手册：构建学习型组织的策略和工具》。

第七章　了解大脑构造及性情对你观点的影响

① 特别鸣谢神经心理学家凯特·福尼尔对此资料的评论，同时感谢罗宾·韦瑟里尔医生的视角和概述。

② 如欲阅读介绍有关适应性和主观幸福理念的经典文章，请参阅 P·布莱克曼和 D·T·坎贝尔的《享乐相对论和规划好社会》，收录于《适应水平理论》，M·H·阿普利主编（纽约：学术出版社，1971），287-305。在文献中，适应性又被称为"设定值理论"、"享乐脚踏车"和"适应性理论"。

③ D·莱肯和 A·特勒根，《幸福是一种随机现象》，心理科学 7（1996）：186-89。D·莱肯认为，50% — 80% 可能由遗传基因决定；其他研究的数值接近50%。见 S·柳波默斯基、K·谢尔登及 D·施卡德，《追求幸福：可持续性改变的架构》，《普通心理

学评论》9（2）（2005）：111-31。

④ 乐透中奖者及脊髓受伤者比较片段：P·布雷克曼、D·寇茨和詹诺夫·布尔曼，《乐透中奖者和事故受害者：幸福是相关的吗？》，《个性和社会心理学期刊》36（1978）：917-27。

⑤ 许多研究显示，幸福的个体对愉悦刺激的反应更大，而不幸福的个体对不愉快的刺激反应更强烈。见R·J·拉尔森和T·凯特拉，《对积极和消极情感状态的敏感性及个性》，《个性和社会心理学期刊》61（1991）：132-40。

⑥ 欲了解杰罗姆·卡根的工作概述，见罗宾·马兰兹·郝妮格，《理解焦虑思想》，《纽约时报》，2009年9月29日。同见杰罗姆·卡根和南希·斯尼德曼，《气质的漫长阴影》。

⑦ C·E·施瓦兹等著，《由婴儿4个月时的性情预言成年人的眼窝前额皮质和腹正中前额皮质的结构差异》，《普通精神病学档案》67（1）（2010年1月）：78-84。

⑧ 乔纳森·海特，《幸福假设：在古老智慧中寻找现代真理》。

⑨ 据悉，早在1亿多年前，边缘系统就已经开始与第一批哺乳动物一起进化。如欲了解更多关于大脑进化的评论概述，请参阅《人类大脑的进化层》。

⑩ 理查德·戴维森及萨伦·贝格利，《你大脑的情感生活：它独特的模式如何影响你思考、感受和生活方式——以及你如何才能改变它们》。

⑪ 同上，24-39.

⑫ 2012年，一份分别针对1990年至2007年完成的FMRI和PET扫描研究的评论总结：关于独特情感的"概念性"理论获得的支持多于"位置性"理论——譬如，解读情感和事件需要大脑的不同部位参与才能完成。K·林奎斯特等著《情感的大脑基础：元分析评论》，《行为大脑科学》35（2012）：121-43.

⑬ 两项基础研究：R·J·戴维森，《前额皮质在影响中的"作用"：前额脑电图不对称研究的视角》，《生物心理学》67（2004）：219-34。关于白物质差异，见M·J·全姆及P·J·瓦伦，《杏仁核—前额路径预测特指焦虑的结构完整性》，《神经科学期刊》29（2009）：11614-18。

⑭ 在《复原力因素：找到内心力量，战胜生活障碍的7把钥匙》（纽约：百老汇图书公司，2002）中，卡伦·莱维厅和安德鲁·萨特谈到了复原力的四种用途——克服童年障碍，穿越日常挫折，从重大挫折中康复以及伸出手求援获得能获得的所有支持。在此，我们所指的是生理意义上的复原，但其影响会对生理和心理都发生作用，关于这一点我们在全书提到过多次。

⑮ 戴维森和贝格利，《你大脑的情感生活》，83-85。

⑯ 理查德·戴维森制作了一张可以帮助你处理自身问题的问卷，该问卷包括：你从消极情感中复原所需的时间以及你维持积极情感的能力。见戴维森和贝格利，《你大脑的情感生活》，46-49。

⑰ 见 S·柳波墨斯基、K·谢尔登及 D·施卡福,《追求幸福：可持续性改变的架构》,《普通心理学评论》9（2）（2005）：111-31。同见马丁·E·P·塞利格曼,《繁盛：一种关于快乐和幸福的幻想性新理解》（阿垂亚出版公司，2012），157 页及 159 页。

⑱ 塞利格曼,《繁盛》, 157 页及 159 页。

⑲ 米哈里奇·科森特米哈伊,《流：最佳体验的心理学》。

⑳ 海特,《幸福假设》, 30-31。

㉑ 被我们称之为"滚雪球"效应的变体也被认为是一种灾难化。见大卫·D·伯恩斯的《感觉良好》, 哈珀出版社（于 2009 年再版重印）, P42。克莉斯·阿吉里斯在《教导聪明人如何学习》(《哈佛商业评论》1991 年 5-6 月, P104) 一文中称该现象为"末日聚焦"。

第八章　去除扭曲思维

① 对于自身思想、感情和故事与我们如何"容纳反馈"之间的关系，我们的理念来自于认知和叙述疗法领域的信息。例如，见马丁·E·P·塞利格曼的《真正的幸福：用新的积极心理学实现你实践永恒成就的潜力》；亚伦·T·贝克,《爱永不够：夫妻如何通过认知疗法克服误解、化解矛盾及解决情感问题》；迈克尔·怀特和大卫·爱泼斯坦,《终结治疗的叙述方式》。

② 丹尼尔·吉尔伯特,《蹒跚幸福路》。

③ 人们往往会高估其他人对自身的关注度，该倾向性被称为"聚光灯效应"或唯我主义。如欲了解更多聚光灯效应信息，请参阅托马斯·吉洛维奇和肯尼斯·萨维茨基的《聚光灯效应和幻想透明度：关于他人如何看我们的唯我主义评估》,《心理科学的当前方向》8（6）（1999 年 12 月）。

第九章　培养成长的认知

① 有证据表明，西方文化——欧美——更倾向于用抽象的特质语言来描述自我（我诚实，我聪明），而亚洲文化——中国、韩国、印度——则更倾向于用上下关联的语言来描述自我（我是一名学生，我是兄弟之一）。

② 利昂·费斯廷格首先提出我们会比照同辈来衡量自己的理念，该理念被称为社会对比理论。见其所著的,《关于社会对比过程的理论》,《人际关系》7（1954）：117-40。

③ 该观察结果由我们的同事杰弗里·克尔在对话中得出。

④ 引自卡罗尔·S·德威克，《心态：新成功心理学》（巴兰坦图书出版社，2006）3。

⑤ 同上，4。

⑥ 同上。

⑦ 德威克，《心态》，11，讲述了和乔伊斯·埃尔林格实施的研究。

⑧ 詹妮弗·A·曼格尔斯、布雷迪·巴特菲尔德、贾斯汀·兰姆和凯瑟琳·古德及卡罗尔·S·德威克，《为何智能信仰会影响学习的成功？一个社会认知神经科学模型》，《社会认知影响神经科学》，2006 年 9 月，1（2）：75-86。

⑨ 卡罗尔·德威克，《大脑学：转变学生的学习动机》，《NAIS 独立学校杂志》，2008冬。该文章包含关于面对挣扎或失败时的固定心态及成长心态的关键研究。

⑩ 该认知表格对德威克在《心态》245 一书中的表格做了适当修改。

⑪ 区分评定和判决的能力也许有助于解释为何拥有固定心态的人在评定自身能力方面不被人看好。拥有成长心态的人可以更准确地评定自己的当前能力，这也许是因为他们不具备固定心态的人们评判自身位置的那种意识。他们此刻的位置不过是他们走向目标的旅程中的一个临时落脚点。

第十章　我到底得做到多好

① 安妮·拉莫特，《一只小鸟接一只小鸟：一些关于写作和生活的引言》。

② 如欲获得关于如何拒绝的有用建议，请参阅威廉·尤里的《一个积极的"不"的力量：挽救交易，挽救关系，同时说不》。

第十一章　为对话导航

① 第一部使用了电脑动画和关键帧的电影短片是 1974 年的《饥饿》。（"关键帧"keyframing 是一个词，正如"插画"inbetweening。）感谢 Thythm & Hues 的约翰·休斯和波利娜·蒂斯向我们展示了电脑动画如何运作的第一手资料。

② 杰瑞德·科安和亚历克斯·彭特兰，《谈判中的薄弱环节：在最初 5 分钟内由对话动态预测结果》，《应用心理学期刊》92（3）（2007）：802-11。

③ 约翰·戈特曼和南·西尔韦，《让婚姻延续的七大法则》（三河出版社，2000），22，27，39-40。同见 J·M·戈特曼和 R·W·利文森，《婚姻进行中的分手预兆：行为、生理学及健康》，《个性和社会心理学期刊》63（1992）：221-33；及 J·M·戈特曼和 C·I·诺塔利斯，《十年述评：观察婚姻互动》，《婚姻与家庭期

刊》62（2000）：927-47。

④ 塔妮娅·辛格等著，《痛苦的移情需要情感，无需痛感》，《科学》33（5661）（2004年2月20日）：1157-62。观看他人的痛苦不会激活整个"痛苦模型"，只会触发与情感特质相关的部分大脑（双侧前脑岛、前喙扣带皮质、脑干和小脑），而不会触发其与感官特质相关的部分大脑（后脑岛/体感觉皮质、躯体感觉皮质和前扣带回上部）。你不会感觉到生理疼痛，但是你会感觉到与生理疼痛相关的情感。请注意：在两部分调查中都得高分的人的镜像神经元大脑活动也更剧烈。

⑤ 塔妮娅·辛格等著，《移情神经回应由他人的感知公平性调节》，《自然》439（2006年1月26日）：466-69。有趣的是，被压倒的人会具备报复反应，然而该结果究竟是研究中的普遍现象，还是该特定群体的一种功能尚不明确。

⑥ 打断、插话的释义在各种文化中千差万别。如果你所处的文化对打断（譬如说，一名高管或一名老者）的话具有隐晦（或明确）的反对规则，在开展对话时，你也许需要写下关键点和你听到的问题，让对方知道你做笔记是为了更好地理解他们的话。在他们说完之后，你可以在适当的时机和地点提出问题。提问的目标是表示敬意且专注对话，并与对方一起努力阐述清楚他们的反馈。语言学家黛博拉·坦嫩在《对话风格：分析朋友间对话》（牛津大学出版社，2005）中对文化和打断插话展开了一场有趣的讨论。

⑦ 罗杰·费舍尔、威廉·尤里和布鲁斯·佩顿，《谈判力：毫不妥协地赢得谈判》第三版（企鹅出版社，2011）。欲了解这些理念应用于法律及商务的特殊案例，请参阅罗伯特·穆诺基、斯科特·佩皮特及安德鲁·图勒马娄，《超越赢：在交易和争端中以谈判创造价值》（贝尔纳普出版社，2004），以及戴维·A·拉克斯和詹姆斯·K·西本斯所著的《3D谈判：在最重要的交易中扭转结果的利器》（哈佛商业评论出版社，2006）。

第十二章　重新上路

① 初始研究请参见罗伊·F·鲍迈斯特尔等著的《自我的损耗：积极的自我是有限资源吗？》，《个性和社会心理学期刊》74（5）（1998）：1252-65。参与实验者必须克制想吃饼干的欲望而吃小胡萝卜。吃饼干的实验者尝试的次数为平均34.29次，坚持的时间平均为18.9分钟，而吃小胡萝卜的实验者尝试的次数数据为19.4次，坚持的时间只有8.35分钟。由此，我们有理由展开思考：糖摄入量及血糖浓度的差异是否可能会提高吃饼干者的精力值。研究者们并没有在血糖浓度和意志力之间找到关联。关于意志力的扩展讨论，请参阅罗伊·F·鲍迈斯特尔和约翰·蒂尔尼所著的《意志力：重新发现人类最伟大的力量》（企鹅出版社，2012）。

② 阿图·葛文德，《个人最佳》，《纽约客》，2011 年 10 月 3 日。

③ 查克·里德，《葛文德的提示：外科医生作家得自教师工作指南的启发》，《哈佛大学报》，2012 年 10 月 25 日。

④ 托马斯·谢林，《自我价值感抑或自我管理的艺术》，《美国经济评论》，68（1978），290-294。同见托马斯·谢林，《冲突的策略》，（哈佛大学出版社，1981）。

⑤ 尼克·鲍姆加登，《游戏大师》，《纽约客》，2010 年 12 月 20 日。

⑥ 尼克·佩林于 2002 年提出了"游戏化"一词。该概念和方法自 2010 年后成为主流方式，商家用它来提升顾客的忠诚度，维基百科用它来增加读者投稿量（提高了 64%），教育界用它来寻找提升学生参与度的方法。该潮流也引来了众多批评。

⑦ 欲了解与之略不相同的观点，见赛斯·高登，《一本教你何时放弃、何时坚持的小册子》，（精装书出版社，2007）。

⑧ 欲获得关于反馈寻求行为的综述信息，见米歇尔·科尔默林克、弗雷德里克·安森的《理解和鼓励反馈寻求行为：一篇文献综述》，《医学教育》2013；47:232-41，doi：10.111/medu.12075。Z·G·陈及 W·拉姆及 J·A·钟在《领导成员交换和成员绩效：一个针对个体层面的消极反馈寻求行为和团队层面的授权环境的新观点》（《应用心理学期刊》2007；92（1）：202-12）中探索了消极反馈寻求和绩效考核间的联系，同见阿什福德·S·J 及特斯唯·A·S，《为了管理效率的自律——积极反馈寻求的角色》，《管理学术期刊》1991；34（2）：251-80。

第十三章　总　结

① 2010 年关于绩效管理状态的研究结果。该调查于 2010 年秋完成，由希伯森咨询公司和世界薪酬协会合作进行，共有 750 名人力资源从业者参与调查。只有 20% 的被调查者报告说，当公司绩效不佳时，个人的考核分数也会下降，这表明个人绩效和组织绩效之间的相关性并不紧密。40% 的被调查者说，他们的管理者会通过评估和指导的直接报告形式来设定绩效管理模式。

② 苏珊·希思菲尔德，《绩效评价无效》，《人力资源》。

③ 布琳·布朗，2012 年 10 月，摘自于她在加州棕榈沙漠市召开的关于全球领导力发展研究会议上的演讲。

④ 迪克·格罗特，2011 年 9 月 12 日 12:17，《绩效量化的神话》，《哈佛商业评论》博客。格罗特也是《如何在绩效评价中获得佳绩：简单高效，一击即中》一书的作者，（哈佛商业评论出版社，2011）。

⑤ 2010 年绩效管理研究结果（2010 年秋）。当被问及谁是绩效管理系统最坚定的拥护者时，73% 的被调查者的答案是 HR 顶层执行领导；30% 回答是 CEO（答案总量超

过 100%，因为答案为多选)。

⑥ 同上，5。

⑦ 欲深入了解工作地点的心理安全信息，见艾米·埃德蒙森所著的《团队合作：组织机构如何在知识经济中学习、创新和竞争》。

⑧ 欲获得更多关于工作中赞赏的分析和建议，请参阅加里·查普曼及保罗·怀特所著的《工作环境中的 5 种赞赏语言：通过激励人们来为公司助力》。

⑨ 多渠道外交的概念由威廉·D·戴维森和约瑟夫·V·蒙特维尔提出，见《佛洛伊德的外交政策》，《外交政策》45（1981-82）：145-57。这些原则基于多渠道外交学会不间断工作所得到的哲学内核概念，该学会由约翰·W·麦克唐纳德和路易斯·戴蒙德创建。

⑩ 罗伯特·恰尔迪尼，《影响：劝说心理学》(哈珀商业出版社，2006)。